I0555219

LIBERACIÓN FUNDAMENTAL PROFUNDA

EL SECRETO DE LA GUERRA ESPIRITUAL

La vida es espiritual; quien presta atención al ámbito espiritual es quien lo vencerá.

DRA. PHILOMENA

GERALD ISHENGOMA

Copyright © Año 2025.

Todos los derechos reservados por la **Dra. Philomena Gerald Ishengoma.**

Ninguna parte de esta publicación puede ser reproducida de ninguna forma ni por ningún medio, ya sea electrónico o mecánico, incluyendo fotocopias, grabaciones o cualquier sistema de exploración, almacenamiento o recuperación de información, sin el permiso por escrito de la Dra. Philomena Gerald Ishengoma.

ISBN
Tapa dura: 978-1-969844-54-6
Tapa blanda: 978-1-969844-53-9

"Si fueren destruidos los fundamentos, ¿qué ha de hacer el justo?"

(Salmos 11:3)

Table of Contents

Introducción

Una vida que clama por liberación pero nunca la recibe es una vida encadenada en una prisión invisible, un alma que se ahoga en la aflicción sin una cuerda de salvación a la vista. Es un camino marcado por un dolor incesante, una guerra continua librada en campos de batalla invisibles donde el enemigo es implacable y la víctima desconoce las cadenas que la atan. Las paredes se cierran con más fuerza cada día, pero no hay puerta, ni escape, ni luz que atraviese la oscuridad. Tal vida es aquella en la que reina la confusión.

Una persona se despierta cada mañana solo para encontrar el mismo tormento esperándola, un ciclo monótono que se niega a romperse. Nada realmente funciona; las relaciones se desmoronan, las oportunidades se escapan de sus manos, la salud se deteriora y la paz sigue siendo un sueño lejano. Cada esfuerzo por levantarse es enfrentado por una fuerza invisible que la empuja hacia abajo; cada paso hacia adelante se encuentra con un revés inexplicable. Y así, vagan en círculos, con su destino secuestrado, su propósito distorsionado, su fuerza drenada por fuerzas invisibles que han reclamado dominio sobre su existencia.

Es una realidad trágica donde la alegría es una ilusión pasajera, un atisbo momentáneo de lo que podría ser antes de ser arrebatado sin piedad. Una persona que necesita liberación ríe, pero no es verdaderamente feliz; sonríe, pero lleva una carga insoportable por dentro. El sueño no trae descanso, pues incluso la noche está llena de susurros tormentosos en la oscuridad, sombras que acechan y pesadillas que no se desvanecen con la luz del amanecer. El aire a su alrededor se siente pesado, como si el peso de mil cadenas invisibles la arrastrara más profundo hacia la desesperación. Una mente afligida por esta esclavitud nunca es libre. Está atormentada por pensamientos que no le pertenecen, plagada por miedos que se niegan a silenciarse. La ansiedad aprieta como un torno, la depresión se convierte en una segunda piel, y la desesperanza se abre paso hasta el alma. Miran a su alrededor buscando respuestas, pero no encuentran ninguna. El mundo sigue adelante, ajeno a su sufrimiento, mientras ellos permanecen atrapados en una realidad donde lo invisible dicta su destino.

La enfermedad se convierte en una compañera, una aflicción implacable que ningún medicamento puede curar. Los médicos diagnostican, se administran tratamientos, pero la sanidad nunca llega. El cuerpo se debilita, drenado no solo por dolencias físicas, sino por batallas espirituales libradas más allá del entendimiento humano. Las finanzas se desmoronan inexplicablemente, sin importar cuánto se esfuercen, como si un devorador hubiera puesto su mira en todo lo que poseen. Puertas que deberían abrirse permanecen cerradas, el flujo del favor se bloquea, y las bendiciones que deberían llegar son interceptadas antes de alcanzar a sus destinatarios. Y entonces está la soledad.

Oh, la soledad. Es un aislamiento que no puede explicarse, un exilio en medio de una multitud. Las relaciones pueden tornarse amargas sin causa aparente, los seres queridos pueden volverse distantes, y las amistades pueden marchitarse como flores sin agua. Nadie entiende; nadie ve las batallas libradas en silencio, los gritos que no se escuchan. Incluso el amor más poderoso parece incapaz de romper la barrera invisible que los separa del resto del mundo.

Mientras continúas leyendo, te pido que permanezcas abierto a todas las revelaciones que el Señor está a punto de mostrarte. No las trivialices; créelas con fe, y comenzarás a ver victorias tremendas y resultados en tu vida por el poder de Dios.

Capítulo 1:
Si los fundamentos son destruidos, ¿qué puede hacer el justo?

Liberación profunda de los fundamentos

Mirando el libro de Jeremías 1:10.

En este libro sobre liberación, nos centraremos en la Biblia, y nuestra escritura ancla será Jeremías 1:10, ya que establece la base para una liberación profunda y fundamental. Muchos cristianos entienden Jeremías 1:10 solo en parte, y por eso acceder a una liberación total ha sido un desafío. Para unos pocos que son liberados, lo más probable es que la liberación sea incompleta. Cuando ves a personas ser liberadas en una cruzada, es una liberación parcial; el objetivo de esa liberación es sostener a esa persona en su búsqueda de una liberación total y completa. Perseguir la liberación total es crucial para cada creyente, ya que la Biblia afirma que la liberación es el pan de los hijos. Entonces, la liberación nos está esperando; debemos conocerla y comenzar a buscarla en el nombre de Jesús. Alguien que ha sido totalmente y completamente liberado puede ser usado como un vaso para liberar a todos los demás que Dios ha puesto en su camino. Todo siervo de Dios debe liberarse a sí mismo antes de comenzar un ministerio de liberación. No se puede tener un ministerio de liberación si uno no está liberado.

Personalmente, nunca pensé que algún día tendría que hablar sobre la liberación fundamental. Como médica, esto estaba muy por debajo en mi lista de cosas que podría perseguir aquí en la Tierra. ¿La razón principal? Mi agenda diaria ya estaba llena, y no tenía espacio para añadir una cosa más, como abordar una liberación profunda o fundamental.

Nací y crecí en una familia católica profundamente arraigada y respetada, que amaba apasionadamente al Señor. Mi familia tenía un horario diario dedicado a Dios, aparte de todo lo demás. Un día típico comenzaba a las 6 a.m. en la iglesia antes del trabajo y concluía a las 8 p.m. con una oración nocturna. Mis padres hicieron todo lo humanamente posible para criarnos en el temor de Dios, y puedo dar testimonio de que mi familia es una de esas Hijas de Dios, totalmente entregadas a Jesús. Me refiero a toda la familia: mis abuelos, padres, hermanos y la generación actual de mi árbol genealógico.

Sin embargo, a medida que crecíamos, me di cuenta de muchas cosas que no había entendido o notado cuando era más joven. Por ejemplo, adicciones de todo tipo, alcohol, drogas, luego una vida dura, pobreza, maldiciones transgeneracionales, desobediencia, libertad hacia las órdenes de Dios aunque aún asistiendo a la iglesia, matrimonios rotos, familias rotas, hijos rotos. Las personas morían prematuramente. Cada año enterrábamos a una o dos personas, usualmente jóvenes. Dolía mucho, pero entonces escuchaba a mi gente decir que era la voluntad de Dios. Así que, no sé cómo terminar esta dolorosa "Voluntad de Dios".

Seguimos enterrando a jóvenes, y luego le tocó a mi propia familia. Mi papá murió a los 44 años, mi mamá a los 46, mi hermana menor a los 8, y mi hermano, el hijo mayor, a los 36. Aunque soy médica, pude escribir todos los diagnósticos e intentar darles sentido para encontrar paz y cierre. Pero mi corazón no encontraba consuelo, necesitaba tener una conversación con Dios sobre este asunto, necesitaba saber qué puedo hacer para detener esto de una vez por todas.

A los 18 años, justo después de la escuela secundaria, como la segunda hija y única niña entre siete hijos en la familia, asumí oficialmente el papel de madre. Criando a mis hermanos. Por la gracia de Dios, fui seleccionada para asistir a una escuela de medicina, patrocinada por un ángel enviado por Dios.

La pequeña cantidad de dinero que me dieron para pagar mis estudios y gastos de vida, también la utilicé para llevar a mis propios hermanos a estudiar en el extranjero, desde la escuela secundaria en Uganda hasta la universidad en la India, mientras yo misma también estudiaba en el extranjero. Sin embargo, originalmente nací y crecí en Tanzania. Aquí es donde encaja el dicho: "educas a una niña, educas a una aldea", esa soy yo.

Tenía preguntas, pero no había nadie allí para responderlas. Mis padres se habían ido, los amigos de la familia estaban lejos, y los parientes ocupados con sus propias familias. ¡Este fue el viaje más doloroso para una joven de 19 años! Dije: 'Dios, hay algo más que esto'. Poco sabía yo que Dios me estaba preparando para un Avivamiento, comenzando desde mi propio fundamento, pero la limpieza tiene que comenzar en alguna parte, ¿verdad?

Oré a Dios para que me mostrara un camino más claro, porque todo estaba lleno de oscuridad. Algo no tenía sentido en mi fundamento. Incluso las personas a quienes yo había pagado sus estudios, el diablo no los dejó en paz; los siguió persiguiendo. No les permitió estabilizarse en sus carreras ni en sus familias. En cambio, "Cayeron en drogas, fornicación, alcohol y desobedecieron al Señor. Un espíritu de desperdicio y un espíritu de vagabundo fueron soltados sobre ellos. La batalla fundamental ya no podía ocultarse. Una maldición, la pobreza, continuaba siguiéndolos. Sus vidas estaban realmente desafiadas." Pero Dios, en Su misericordia, siempre buscará preservar Su simiente. Él elegirá a una persona para liberar a los oprimidos. Creo que esa persona soy yo." Si por alguna razón estás leyendo este libro, entonces, esa persona eres tú. Has sido llamado para liberar a los oprimidos. Tal como está escrito en Isaías 6:8: 'Después oí la voz del Señor que decía: "¿A quién enviaré? ¿Y quién irá por nosotros?" Entonces respondí: "Heme aquí, Señor. ¡Envíame a mí!"'

Yo respondí con un corazón dispuesto. En mi caso, como doctora en medicina y madre de 4 hijos ahora, en mi primer embarazo concebí gemelos, pero solo uno sobrevivió. A pesar de mi pérdida, aún así le di gracias a Dios por lo que había recibido. Después de eso, tuve un par de abortos espontáneos misteriosos de forma consecutiva. Agradecí a Dios pensando que era la voluntad de Dios. Luego, concebí nuevamente y exactamente a los 4 meses, mi cuello uterino no era competente para sostener al bebé a medida que este crecía. Se abría continuamente. Estuve en reposo total en cama, lo que significaba que el bebé no podría sobrevivir; no había esperanza. Corrí hacia Dios, lloré, oré. Dios me escuchó y conservó a mi bebé más allá del conocimiento y entendimiento de los médicos, permitiéndome traerla a este mundo.

En el siguiente embarazo, mi hijo nació sano, pero el enemigo intentó arrebatarme a mi bebé exactamente a los 4 meses de nacido. Tuve que correr de nuevo hacia Dios con angustia y hablar un idioma que solo Dios y yo podíamos entender. Dios me escuchó, y así fue como mi hijo se recuperó de un ataque satánico severo, repentino y misterioso que le quitó la vida, donde los médicos se habían rendido, pero Dios en Su misericordia lo trajo de regreso a la vida. Recuerdo ese momento como si fuera ayer, dentro de mí decía: 'No enterraré mi simiente por orden satánica'. No lloraré por orden satánica, me niego, no quedará registrado que Satanás tuvo victoria sobre mi hijo también como lo hizo con otros miembros de mi familia. Me mantuve firme, dije: no, Satanás, hasta aquí, no más, basta ya. Mi hijo fue devuelto a la vida, la muerte fue sorbida en victoria.

Fue entonces cuando me di cuenta de que Dios está conmigo; donde el hombre pone un punto final, allí es donde Dios comienza una nueva frase. Desde ese momento, la manera en que veo al Señor cambió por completo. Tomé la decisión de buscar a este Dios con todo mi corazón y con toda mi alma. Jeremías 29:13 "Me buscaréis y me hallaréis, porque me buscaréis de todo vuestro corazón." Ahora que esta situación me cambió, en este momento mi corazón desea conocerlo, a Yahvé, y el poder de Su resurrección. Filipenses 3:10. Fue en ese momento cuando supe sin ninguna duda que Dios es real y que Él está conmigo más que nunca antes.

Nuevamente, en mi cuarto embarazo, exactamente a los 4 meses, durante un chequeo prenatal rutinario, el médico no pudo encontrar el latido del corazón. Me remitieron a un radiólogo más calificado. Aun así, no había latido. Salí de la consulta llorando, sin saber qué hacer a continuación. Fui a casa. Quise acudir a mi Señor, pero no sabía ni siquiera qué pedir. Me di cuenta de que mi batalla era más grande de lo que conocía o había visto antes y que esto debía ser más espiritual, pero no sabía cómo abordarlo. Una oscuridad desesperanzadora se apoderó de mí una vez más. Simplemente me rendí a Jesús y dije: "Que se haga tu voluntad, Señor."

Le pregunté y supliqué a Dios, diciendo: "Dios, ¿qué es realmente esto? Porque, con certeza, porque cuando pensé que la batalla había terminado, apenas era el comienzo de otra nueva batalla, hay más en esta historia. ¿Qué es? Háblame, Dios, y revélame qué es esto." Dos días después, sentí un pequeño movimiento en mi vientre. Corrí al hospital y, después de un chequeo, los médicos me dijeron que mi hijo estaba vivo. Fue en ese momento cuando me di cuenta de que algo que no entendía estaba controlando mi vida, algo más grande que yo.

Mi mentalidad cambió. Hubo un despertar. No sabía qué estaba causando esta negatividad y repetidos ciclos, pero quería averiguarlo. Comencé a buscar al Señor más que nunca. Empecé a ayunar y a orar a medianoche, y fue así como llegué al Ministerio de Liberación — lo demás es historia.

Fue casi como si mi pacto con Dios hubiera sido renovado. La Biblia dice: "Conoceréis la verdad, y la verdad os hará libres." Estaba enojada en mi espíritu y necesitaba toda la verdad que pudiera reunir.

En mi quietud, claramente escuché al Señor decir: Éxodo 14:14 "El Señor peleará por vosotros, y vosotros estaréis tranquilos." Comencé a reflexionar sobre todas las complicaciones que tuve durante TODOS mis embarazos. Mientras le preguntaba al Señor por qué, escuché que me dijo: "Esto no es más que la batalla del vientre, la batalla de los escogidos. Tus hijos son escogidos, ellos portan el cetro para territorios y naciones. Por eso el enemigo es tan feroz contra tu simiente. Pero Mi mano está sobre ti y tus hijos. Son Míos. El enemigo podrá intentarlo, pero no tendrá éxito." El Señor entonces me llevó a leer Apocalipsis 12:4–6.

Apocalipsis 12:4–6: El dragón se paró delante de la mujer que estaba a punto de dar a luz, para devorar a su hijo tan pronto como naciera. Y ella dio a luz un hijo varón, que ha de regir a todas las naciones con vara de hierro. Y la mujer huyó al desierto, donde tenía un lugar preparado por Dios.

Durante el transcurso de tu vida, para que Dios te revele los secretos profundos de la vida, necesitas sentarte a Sus pies y acceder a la intimidad con Él. En mi caso, necesitaba una respuesta. Lo que comprendí fue que, para obtener esa respuesta, debía buscar al Señor con todo mi corazón. Ahora, le pido a Dios que me guíe.

Yo hablo con Dios y le digo que, aunque aún ahora no lo entiendo todo, te aseguro, Señor, que estoy lista para que me reveles lo que está ocurriendo en mi vida. Te doy permiso, Señor, toma el control sobre mí, revela los planes ocultos del enemigo y guía mi fundamento hacia la liberación y la libertad.

El Señor me llevó a una cita — escritura — Jeremías 33:3: "Clama a mí, y yo te responderé, y te enseñaré cosas grandes y ocultas que tú no conoces." Le dije: Señor, estoy lista; estoy tocando y estoy clamando. Entonces, Dios comenzó a leer mi corazón y entendió que yo estaba interesada en aprender y conocer más de los misterios en mi fundamento.

El misterio central permanecía intacto; ni siquiera mi educación ofrecía respuestas, y aun los poderosos siervos de Dios guardaban silencio ante mis preguntas. Oraciones y ayunos constantes no podían responder mis dudas. No tenía otra opción que volver al único que me creó a mí y a mi familia; sabía que Él me respondería. A medida que comencé a tomar en serio mi relación con el Señor, prestando atención a cada detalle que Dios me enseñaba por medio del Espíritu Santo y la Palabra de Dios, me di cuenta de que Dios realmente me estaba hablando. Fui llena del Espíritu Santo; podía escuchar la voz de Dios con claridad, sin importar cuán susurrante fuera, yo escuchaba. Esto me trajo tanto gozo, porque fue en ese momento que supe que Dios era real. Ningún hombre me pudo haber llevado hasta este punto, solo Dios mismo.

Se abrió mi tierra de sueños; antes podía soñar y no recordar, o recordar solo parcialmente, y Dios comenzó a revelarme cosas en sueños; la voz de Dios se convirtió en el activo más significativo de mi vida diaria. Comencé a desarrollar un interés más profundo por las cosas de Dios.

Entonces, Dios comenzó a responder mis preguntas sobre mi fundamento, revelándome que esta era una batalla de cimientos. Lo que yo había estado viendo como manifestaciones eran solo señales superficiales de un problema mucho más profundo. Hay fundamentos malignos y plantaciones ocultas que han existido por generaciones, pasados de uno a otro. Nadie se había detenido a preguntar cómo desarraigarlos.

Escuché que Dios me decía, Salmos 11:3: "Si fueren destruidos los fundamentos, ¿qué ha de hacer el justo?" Y me dio la respuesta de inmediato: "El justo reconstruirá el fundamento destruido." Si los muros están rotos, ¿qué hará el justo? El justo reconstruirá los muros caídos. Y eso fue exactamente lo que hizo Nehemías. Volver a las raíces, investigar, poner un diagnóstico y reconstruir. Eso fue lo que Dios me dijo. Yo no sabía cómo hacer esto aparte de lo que ya conocía y había intentado, lo cual no funcionó. Aún tenía preguntas porque no sabía cómo comenzar este viaje de reconstruir los muros rotos. Entonces, escuché claramente al Señor decir: "Yo soy quien reconstruirá los muros rotos, pero necesito que te comprometas conmigo totalmente."

Me dio Santiago 4:7: "Someteos, pues, a Dios; resistid al diablo, y huirá de vosotros." Dios me dijo que sin Santiago 4:7, tratar con el fundamento y reconstruir los muros rotos es imposible. Yo dije: "Señor, estoy lista; ayúdame a que esta alma, espíritu y cuerpo aprendan a someterse." Enséñame a humillarme; enséñame a someterme de forma genuina. En cuanto a mí, te doy todo lo que soy. Me someto de todo corazón. Por favor, Dios, acepta esto como mi sacrificio a ti. En cuanto a mí y mi casa, serviremos al Señor.

Entonces el Señor me dijo: "Mira que te he puesto en este día sobre naciones y sobre reinos, para arrancar y para destruir, para arruinar y para derribar, para edificar y para plantar." Jeremías 1:10. Dios me dejó claro que debía poner esta escritura en práctica para lograr una liberación profunda y fundamental.

Dios dejó claro que no puede haber una verdadera liberación de fundamento sin Jeremías 1:10 y sin una plataforma comprometida de consistencia y disciplina en la oración continua. Solo mediante la oración persistente se pueden desarraigar verdaderamente las raíces profundas de un fundamento defectuoso. Esa fue la clave que necesitaba para comenzar el viaje de la liberación profunda del fundamento. Así fue como comencé.

Recuerdo que, en ese tiempo, el Señor comenzó a abrir mis ojos, y el Espíritu de Dios me condujo a la Universidad del Cielo, aquí mismo en la tierra, para enseñarme cosas que ningún hombre podría haberme enseñado. Yo había buscado ayuda por todas partes, pero no la encontraba, y nadie me dijo que, si el fundamento está destruido, un hombre justo necesita sentarse, someterse a Dios y comenzar a reconstruir el fundamento roto según la dirección de Dios. Esto requiere pasar más tiempo con Dios, pero muchos de nosotros preferimos pasar tiempo con hombres de Dios antes que con Dios mismo, y este también era mi caso. Pero doy gracias a Dios que me liberó de depender de los hombres y me ayudó a enfocarme más en la Cruz y en Jesús.

Además, Dios me reveló que muchos de los llamados hombres de Dios en quienes la gente confía no están realmente liberados. Viven en pecado y lo han normalizado desde sus púlpitos, practicando la fornicación, la mentira, la manipulación e incluso robando a los miembros a través del evangelio de la prosperidad. Algunos llegan tan lejos como embarazar a miembros de la congregación y ordenar abortos para rituales y sacrificios, y aun así profetizan y aparentan ser genuinos. Muchos han convertido a sus congregaciones en adoradores de ellos mismos, tratándolos como si fueran pequeños dioses. Pero solo Dios, solo Jesús, debe ser adorado, no ningún hombre.

Pero el Señor lo dejó claro: la manera de discernirlos es por la presencia del pecado en sus vidas. Las señales y maravillas que exhiben provienen del reino de las tinieblas. El Señor dijo: "Las señales y maravillas que vienen de Mí siempre están acompañadas de santidad, justicia, temor del Señor y pureza. No hay espacio para el compromiso."

Si alguien dice estar liberado pero aún vive en pecado, esa persona no ha sido verdaderamente liberada. Una señal crucial de la liberación genuina es un profundo temor al pecado. La verdadera liberación requiere esfuerzo; es un trabajo espiritual. No puedes esforzarte por ser liberado solo para volver al mismo pecado del que fuiste libre. La liberación significa que has sacrificado y pagado un precio que nadie puede valorar. Una persona verdaderamente liberada vive una vida disciplinada, marcada por la santidad, la justicia, la pureza y el dominio propio.

Dios me dijo: "Me he apartado de muchas iglesias. Lo que ves que hacen los hombres o mujeres de Dios a menudo es solo su experiencia personal, no Mi unción." En ese momento, se me abrieron los ojos. Me volví desesperada por que Dios me revelara aún más.

Lo hermoso de pasar más tiempo con Dios es que, cuando te haces disponible para Él, Él se acerca con entusiasmo. Te alimenta con el alimento del Espíritu, que es la Palabra de Dios, y nunca volverás a tener sed. Abre rollos divinos, revela misterios ocultos y te reviste con Su gloria y poder, ungiéndote para Su propósito.

Cada vez que estás en el lugar secreto con Dios, nunca sales igual; emerges del lugar secreto como una nueva persona. Si hay algo que deseo, es permanecer más en el lugar secreto con Cristo. Si muchos comprendieran esto, buscarían al Señor más que a los hombres, porque Dios te dará lo que ningún hombre puede. Oro para que, en este camino de fe, busques al Señor y pases más tiempo en el lugar secreto con Él que en cualquier otra cosa. Que seas liberado, en el nombre de Jesús, de todo lo que te distrae y te impide habitar en el lugar secreto con Cristo Jesús. Amén.

A medida que me acercaba más y más a Dios, recordaba que mi necesidad era de una liberación profunda y fundamental; sin embargo, ya había diagnosticado mi caso con Dios, y Él me había dicho que mi problema tenía que ver con un fundamento defectuoso. Dios me aclaró que no tenía nada que ver con mis padres o abuelos, a quienes he visto servir al Señor con temor y amor. Pero, en algún lugar del fundamento, permanecía una raíz maligna oculta, silenciosa, que no había sido correctamente desarraigada, y esa era mi asignación: descubrir la fuente del desorden y, sin fallar, erradicarla de una vez por todas.

Liberación profunda y fundamental: El Señor me dio instrucciones claras para prestar atención a los detalles de Jeremías 1:10, indicando que cada una de las seis acciones mencionadas debe ser abordada si quiero una liberación profunda, total y completa. Jeremías 1:10 dice: **"Mira que te he puesto en este día sobre naciones y sobre reinos, para arrancar, para destruir, para arruinar, para derribar, para edificar y para plantar, dice el Señor."** La mayoría de los creyentes han pasado por alto la primera parte de Jeremías 1:10 (arrancar, destruir, arruinar y derribar), porque es la parte más difícil, pero sí hacen las dos últimas (edificar y plantar). Edificar y plantar son las partes más fáciles.

Pero la pregunta es: si eliges edificar y plantar, ¿sobre qué fundamento estás plantando? ¿Sobre qué fundamento estás edificando? Yo creo que como hijos de Dios, sin importar cuánto intentemos evitar esas primeras cuatro acciones (arrancar, destruir, arruinar y derribar), que son las más importantes para todo aquel que busca una liberación profunda del fundamento, las cosas del fundamento seguirán estando en nuestra contra o seguirán haciéndonos daño porque estamos edificando sobre un fundamento defectuoso. Por lo tanto, lo más importante que debemos hacer antes de edificar y plantar es examinar lo que dice el Salmo 11:3: **"Si fueren destruidos los fundamentos, ¿qué ha de hacer el justo?"**

Entonces, ¿quién es el justo? El justo eres tú, un hijo de Dios que ha nacido de nuevo, que cree en Dios, que lo ama y también ama su fundamento.

Como creyentes, hemos pasado por alto el problema fundamental, aunque creemos que ha sido destruido. ¿Cómo sabemos que los fundamentos están destruidos? Examinando nuestros antecedentes familiares, podemos explorar las raíces de nuestra herencia, incluidos nuestros antepasados y ancestros. Sin embargo, si decimos que hemos recibido a Jesús y comenzamos a edificar y plantar sobre un fundamento defectuoso sin limpiar ese fundamento, la Biblia dice...

> *Mateo 7:24–26: "Por tanto, todo el que oye estas palabras mías y las pone en práctica, será semejante a un hombre sabio que edificó su casa sobre la roca. Cayó la lluvia, vinieron ríos, soplaron vientos y golpearon aquella casa; pero no cayó, porque estaba fundada sobre la roca. Pero todo el que oye estas palabras mías y no las pone en práctica, será semejante a un hombre insensato que edificó su casa sobre la arena."*

En muchos casos, los creyentes se han refugiado bajo la cobertura de la sangre de Jesús, pero siguen sin estar dispuestos a confrontar los problemas fundamentales que han quedado sin resolver durante generaciones. Estas raíces no tratadas son las que continúan hiriendo a las familias, a la comunidad, a la iglesia y a la nación en su totalidad. Recuerda: si el pueblo no está dispuesto a ser liberado a nivel familiar, entonces la comunidad se arruina, la iglesia se arruina y la nación también se arruina.

La sangre de Jesús, el poder de la resurrección y el poder de la cruz son tu pasaporte a la salvación, como hijo de Dios, para utilizarlo desde el principio del viaje de liberación hasta los tribunales del cielo, donde debes reclamar lo que por derecho te pertenece y que necesita ser liberado a tu favor. Pero muchos de nosotros no lo hacemos, porque se nos ha enseñado que, como

Jesús murió por nosotros, todo ya está terminado. Sí, estoy de acuerdo, pero eso no descarta las cosas relacionadas con los antepasados, como dice la Biblia.

Jeremías 31:28: "Así como velé por ellos para arrancar, derribar, destruir, arruinar y causar calamidad, así velaré por ellos para edificar y plantar" declara el SEÑOR.

Jeremías 31:29: "En aquellos días no volverán a decir: 'Los padres comieron uvas agrias, y los dientes de los hijos tienen la dentera.'"

Dios espera que revisitemos nuestro fundamento y hagamos lo correcto: eliminar los reinos de tinieblas que nuestros antepasados sirvieron por ignorancia y establecer el Reino de la luz, nuestro Señor Jesucristo. Al servir al reino de las tinieblas, nuestros antepasados establecieron ciertos pactos satánicos legales que aún están activos y siguen hablando. A menos que uno comprenda esto y comience a tratar con el fundamento, esos poderes, cuando Cristo es introducido forzosamente sin confrontarlos, resistirán y oprimirán al pueblo de Dios. ¿Por qué? Porque conservan derechos legales para operar dentro del marco de ese fundamento no tocado.

El pacto legal establecido es servir a Satanás, y tú deseas servir a Jesús sin seguir los pasos legales para salir de su reino. Según ese pacto, aún eres parte de ellos; eres de su linaje, eres su descendencia. Todo lo que ellos hagan aún te afectará, a menos que tomes pasos legales para cortar todo vínculo con ellos. Esto se logra mediante la confesión, el arrepentimiento, la renuncia y la petición de limpieza al Señor Jesucristo. Tristemente, muchos creyentes no han tomado estos pasos, en gran parte porque esta verdad rara vez se enseña o se menciona en muchas iglesias hoy en día en todo el mundo. Por eso tantos están heridos por asuntos de fundamento y no saben qué hacer al respecto. Dios está aquí para ayudarnos a navegar y superar los poderes de las batallas fundamentales.

La Biblia dice en 1 Juan 3:8: **"Para esto apareció el Hijo de Dios, para deshacer las obras del diablo."**

Este versículo está en el Nuevo Testamento, después de Jesús, lo que significa que incluso después de Su venida, aún existían obras del diablo que debían ser destruidas. Aun así, debe haber un vaso que sea usado para destruir esas obras de Satanás. Ese vaso somos tú y yo, por medio de la sangre de Jesús, por medio del poder de la resurrección, por medio del poder de la cruz, por medio de la Palabra de Dios, y aplicando los derechos legales que nos otorga la Palabra para reclamar nuestros derechos como creyentes, mediante los pasos adecuados de confesión, renuncia, arrepentimiento y la solicitud de limpieza por la misericordia de Dios.

Esto es lo que necesitas hacer para destruir las obras de Satanás, no a través de aceite ungido, agua ungida, pañuelos ungidos o profecías que solo te emocionan y te hacen saltar. Estas son manipulaciones satánicas diseñadas para distraer a los creyentes del verdadero camino que trae liberación completa.

Hoy en día, la iglesia se ha convertido en un lugar de entretenimiento, negocios y discursos motivacionales. Todo esto es una mentira del enemigo. No está ayudando a nadie. Día tras día, tanto la iglesia como los creyentes se alejan cada vez más del verdadero propósito de Dios para el púlpito.

¿Por qué necesitamos seguir el proceso correcto? Porque no queremos exceder la jurisdicción; no queremos ignorar los protocolos ni cruzar los límites por medio de la autojusticia, como dicen las Escrituras…

Mateo 5:25 NKJV: Ponte de acuerdo con tu adversario pronto, entre tanto que estás con él en el camino, no sea que el adversario te entregue al juez, el juez al alguacil, y seas echado en prisión.

Los cristianos han ignorado este tipo de conocimiento; por eso hemos visto tantas vidas siendo destruidas y cayendo día tras día, a pesar de ser hijos de Dios. Vidas destruidas por ciclos negativos, patrones repetitivos, destinos truncados, muertes prematuras, acoso y tormento por demonios y espíritus, enfermedades, dolencias, afecciones, destrucción de familias cristianas, pobreza, divorcio, desesperanza, etc.

No importa cuánto ores, ayunes y te consagres; el problema sigue profundizándose más y más. Todo esto ocurre porque hay un derecho legal en vigor, una puerta abierta que nadie quiere cerrar. Muchos hijos de Dios se quedan con preguntas sin respuesta: *"Muchos líderes de la iglesia, a quienes buscamos para obtener respuestas y alivio de nuestro dolor, están ellos mismos heridos. Algunos atraviesan divorcios, caos familiar, adicciones, confusión de identidad de género, aflicciones, muertes prematuras y ciclos repetidos de lucha. A menudo tienen que reunir fuerzas solo para pararse en el púlpito y animar a otros, mientras que no hay nadie que los anime a ellos."* Muchos no saben a quién preguntar ni a dónde correr. Algunos incluso piensan que Dios los ha abandonado, mientras que otros llegan a creer que la Palabra de Dios es una mentira, al punto de acusar a Dios y perder la esperanza. Algunos han optado por aceptar su situación negativa, diciendo que es la voluntad de Dios. Yo crecí viendo a mi gente sufrir por la pérdida de familiares jóvenes y diciendo que era la voluntad de Dios.

Fui yo quien vino a cambiar esa narrativa, diciendo que todo lo negativo que está ocurriendo **NO** es la voluntad de Dios. Hay misterios ocultos en el fundamento que nunca han sido descubiertos ni tratados. Dios comenzó a revelar los misterios escondidos de la iniquidad en mi familia y en nuestro fundamento. Así fue como comenzamos a tratar problemas como la muerte prematura. Se detuvo por completo. El árbol genealógico que solía enterrar a 2 o 3 personas al año desde los años 80, debido a la iniquidad, se detuvo en el año 2014, y desde 2014 hasta 2025, no ha habido más muertes prematuras. ¡Alabado sea Dios! Canté: ¡Aleluya, Amén! ¡La salvación, el poder y la gloria pertenecen a nuestro Dios! ¡Amén!

Ojalá hubiera conocido este conocimiento antes; mi familia no habría perdido tantas vidas prematuramente a manos del diablo.

Gracias sean dadas a Dios Todopoderoso, quien me enseñó cosas profundas. Dios trajo la Universidad del Cielo aquí mismo en la tierra a través del Espíritu Santo, y comenzó a enseñarme lo que necesitaba saber y poner en práctica. La Biblia dice:

John 14:26: "But the Helper, the Holy Spirit, whom the Father will send in my name, will teach you all things and bring to your remembrance all that I have said to you." He is our teacher, the Holy Spirit."

El Espíritu Santo es considerado el maestro principal del pueblo de Dios. Él nos enseña acerca de Dios, de nosotros mismos y de cómo vivir como cristianos santos, beneficiando cada aspecto de la ventaja divina aquí mismo en la tierra sin ser interferida por Satanás. Mi vida es un testimonio viviente; a medida que el Espíritu Santo me enseña, puedo dar fe de que funciona. El Espíritu Santo me ha guiado con paciencia y cuidado a lo largo de este camino, y ha sido quien me ha estado enseñando y dirigiendo.

Recuerda, el Espíritu Santo solo enseña a quienes están dispuestos a aprender. Si crees que ya lo sabes todo, si piensas que conoces la Biblia desde Génesis hasta Apocalipsis y te consideras espiritualmente demasiado elevado como para ser enseñado, entonces ya te has descalificado de Su instrucción. Y si el Espíritu Santo no puede enseñarte, olvídate de ser lleno por Él. El Espíritu Santo solo imparte a los humildes y aborrece a los orgullosos. Santiago 4:6 lo dice claramente: **"Dios resiste a los soberbios, pero da gracia a los humildes."**

En los tiempos que vivimos hoy, toda persona que desea hacer la obra de Dios debe buscar ser llena del Espíritu Santo. La Biblia dice que los que nacen del Espíritu son como el viento. Esto significa que el Espíritu los guía más allá del entendimiento humano. El Espíritu Santo está siempre disponible, listo para moverse a través de un vaso de Dios que responde a Su mandato.

Juan 3:8: *"El viento sopla de donde quiere, y oyes su sonido; mas ni sabes de dónde viene ni a dónde va; así es todo aquel que es nacido del Espíritu."*

He tenido muchas personas que me han dicho que han estado en la iglesia por mucho tiempo y aún no han sido llenas del Espíritu Santo. Una manera de atraer al Espíritu Santo para que habite en ti es cultivando una actitud correcta del corazón y de vida. Lo que atrae al Espíritu Santo no es la apariencia exterior, sino la condición del corazón. Un corazón puro y humilde, quebrantado en arrepentimiento, lo acerca, como se ve en Salmo 51:17.

La santidad y el deseo de vivir justamente también son esenciales, pues Hebreos 12:14 nos recuerda que *sin santidad, nadie verá al Señor.* La obediencia a la Palabra de Dios crea un ambiente acogedor para el Espíritu, como Jesús dijo en Juan 14:23: *"El que me ama, mi palabra guardará; y mi Padre lo amará, y vendremos a él, y haremos morada con él."*

Un hambre y sed profunda por Dios, como se describe en Mateo 5:6, invita Su presencia: *"Bienaventurados los que tienen hambre y sed de justicia, porque ellos serán saciados."*

Además, un estilo de vida de oración y adoración, como se muestra en Hechos 13:2, abre la puerta para que el Espíritu Santo hable y se mueva. Por último, la fe y la expectativa son cruciales; Hebreos 11:6 declara que *sin fe es imposible agradar a Dios.* El Espíritu Santo es atraído por aquellos que no solo lo buscan, sino que también creen que Él vendrá.

Capítulo 2:
El Espíritu Santo

Creo sinceramente que este es un tiempo en el que todo creyente reflexivo debe buscar al Espíritu del Dios viviente, porque la temporada en la que estamos va más allá de lo que el entendimiento humano puede comprender. Necesitas que el Espíritu de Dios permanezca contigo y te guíe. El Espíritu del Señor puede reposar fácilmente sobre una persona que genera intimidad con el Señor.

¿Cómo generas intimidad con el Señor? Siendo discipulado en el Señor y manteniendo disciplina en las cosas del Señor, como leer la Palabra del Señor y tener constancia en tus acciones relacionadas con tu destino dado por Dios y la asignación que Dios te ha dado aquí en la tierra. Puedes profundizar tu intimidad con Dios avivando Su fuego mediante la oración y simplemente pasando un poco más de tiempo en Su presencia. *Además, "La pureza también es esencial para cualquiera que desee ser un vaso del Espíritu Santo y cultivar una intimidad más profunda con el Señor. Si realmente buscas la presencia del Espíritu Santo, deja que la santidad y la justicia se conviertan en parte de tu vida diaria. Al hacerlo, te conviertes en un templo de Dios digno de albergar Su gloria y el Espíritu Santo reposará naturalmente sobre ti."*

Este es el camino de aquellos dispuestos a humillarse y tener un espíritu como el de un niño. Debes venir con un corazón de niño, como sugiere el Salmo 51:17, un corazón de obediencia. 1 Samuel 15:22 dice que la obediencia es mejor que el sacrificio, por lo tanto, la obediencia es el mayor sacrificio para todo creyente. Jesús sufrió para que tengamos vida en abundancia. Después de que Dios me habló a través de Su Palabra, comencé a reflexionar y a preguntarme: ¿Hay algo que falta en mi línea familiar? ¿Qué podría ser? Como hijos de Dios, no deberíamos seguir viviendo en sufrimiento porque la Biblia nos dice que cuando Jesús sufrió y murió, Él llevó todo a la cruz; la maldición fue llevada a la cruz, dice la Biblia. Isaías 53:4 declara: *"Ciertamente él cargó con nuestras enfermedades y soportó nuestros dolores."*

Eso significa que, como creyentes, necesitamos vivir una vida llena de las promesas de Dios. Vivir una vida satisfactoria como hijos de Dios. Sin embargo, la vida de muchos creyentes es lo opuesto; están marcadas por dolencias, enfermedades, rechazo, odio, pobreza, crisis financiera, esterilidad o los poderes ancestrales de la casa paterna que los dominan. Todo tipo de espíritus están inundando la vida de muchos creyentes. Cuanto más oras, más encuentran estos espíritus la manera de entrar; vienen como una inundación. Esto significa que incluso tu obediencia al Señor, demostrada por medio de la oración y el ayuno, los irrita. Sin embargo, la respuesta aquí es simple. La respuesta es:

Salmo 11:3 Si los fundamentos son destruidos, ¿qué puede hacer el justo?

Tú eres el justo del Señor; has recibido a Jesús; estás lleno del Espíritu Santo. Ya has entrado en un pacto con el Señor Jesucristo, así que tú eres a quien el Señor está esperando para comenzar a trabajar en Jeremías 1:10, arrancando las raíces profundas que han sido ignoradas de una generación a otra. Destruir las raíces depende de cuán profundas hayan crecido. La raíz podría ser profunda si nadie en la familia ha tomado en serio el árbol genealógico para la liberación. Siempre debe haber una persona, un vaso que Dios use como punto de contacto para liberar ese árbol familiar. Oro para que, si nadie en tu fundamento ha hecho eso, que el Señor te dé la gracia de asumir este proyecto con total seriedad para que las personas en tu árbol genealógico puedan ser liberadas y adorar al Señor en espíritu y en verdad.

Pero antes de que venga la lluvia, tiene que haber un hombre que labre la tierra.

Génesis 2:5: *"Y toda planta del campo antes que fuese en la tierra, y toda hierba del campo antes que naciese; porque Jehová*

Dios aún no había hecho llover sobre la tierra, ni había hombre para que labrase la tierra."

Muchas promesas dadas por Dios han sido retrasadas en muchos fundamentos, familias o naciones porque no hay un hombre serio que labre la tierra. Oro para que tú seas ese hombre, en el nombre de Jesús. Amén.

Comandante de Primera Generación

Ser un comandante de primera generación significa que eres el primero en tu línea de sangre en confrontar y romper fortalezas fundamentales que nadie antes había enfrentado en el área de la liberación.

Esto quiere decir que las raíces de la iniquidad son más profundas, y cada raíz tiene ramas. Imagina por un momento que cada raíz tiene ramas conforme a las generaciones que uno lleva. Así de profundas son las raíces. Esto significa que en la primera generación, las raíces no fueron arrancadas; en la segunda generación, tampoco fueron arrancadas y, en cambio, crecieron aún más, con más raíces, duplicando su número; en la tercera generación, las raíces se han triplicado en profundidad y cantidad. Como comandante de primera generación, enfrentarás un trabajo significativo y numerosos desafíos, si no estás familiarizado con este conocimiento, podrías estar nadando en batallas continuas y abrumadoras sin fin.

Los poderes de la casa de tu padre te desafiarán, porque nunca esperaron que Dios pudiera usar a uno de los suyos para confrontarlos. Así que tratarán de pelear contigo, pero el Señor está contigo en este camino. Alguien debe levantarse y hacerlo; no todos podemos seguir huyendo y abandonando nuestra herencia mientras nuestro pueblo sufre de una dificultad a otra. Aunque muchas personas pasan por liberación, a menudo es solo parcial, y la libertad no siempre perdura. Para lograr una liberación completa y total, uno debe volver al fundamento —a las raíces— . Yo soy una de esas personas y soy un testimonio viviente. Hubo cosas que pensé que nunca se romperían. Pero me aferré a la Palabra de Dios que dice:

Santiago 4:7: "Someteos, pues, a Dios; resistid al diablo, y huirá de vosotros."

No me gustaba la situación en la que el enemigo me hería, me atormentaba y se burlaba de mí, de mi familia y de mis hijos. Fue entonces cuando decidí profundizar y comencé a investigar mi trasfondo familiar, y descubrí que provenía de un fundamento defectuoso. Nadie antes de mí había tratado con ese fundamento dañado. Todos los miembros de mi familia eran asistentes regulares a la iglesia, religiosos, cristianos devotos o creyentes.

Ellos habían aceptado toda la negatividad en sus vidas y en su existencia diaria, creyendo que era la voluntad de Dios. Pero hoy quiero asegurarte que no existe tal cosa como la voluntad de Dios cuando se trata de patrones negativos en tu vida. Cuando las personas están sufriendo justo frente a tus ojos y dices que es la voluntad de Dios. Dios dice: ¡No! No es Su voluntad; es la voluntad de Satanás. Esa es una mentira salida del mismo infierno. Lo que promete la Biblia se cumplirá en nuestras vidas. Él dará satisfacción a nuestra alma, espíritu y cuerpo; seremos saciados, como dijo Pablo.

Ahora bien, cuando comienzas a ver que tu vida no se alinea con lo que dice la Palabra de Dios, reconoce que el enemigo está obrando. Como hijo de Dios, tienes el poder para ordenar y revertir su acción en el nombre de Jesús. La Biblia dice,

Juan 8:32: "Y conoceréis la verdad, y la verdad os hará libres."

Y la verdad es que, cuando estás seguro de que sabes que hay un enemigo, comienzas a buscar ayuda. Es entonces cuando empiezas a buscar un ministerio de liberación. Si estás en una iglesia común, una iglesia donde te reúnes a tomar café, comer panecillos y luego te vas a casa, debes saber que tu liberación tomará un poco más de tiempo, porque la liberación es solo para aquellos que están verdaderamente desesperados. En el momento en que dejas ese tipo de iglesia, la batalla parece comenzar de nuevo. Es como si experimentaras paz solo durante una hora mientras estás allí, pero tan pronto como sales, la lucha se reinicia de inmediato.

Y no hay batalla más agotadora; no hay batalla más dolorosa que las batallas espirituales. Son las batallas más brutales que cualquier ser humano puede enfrentar. Por eso, cuando estás atravesando batallas espirituales, comienzas a buscar ministerios de liberación, a ayunar y orar, pidiendo la guía de Dios. A veces, Dios te impulsa a buscar a alguien; incluso podrías ser guiado a buscar en internet. He escuchado innumerables testimonios de personas que dicen que mientras buscaban liberación, uno de mis videos apareció justo en el momento en que más lo necesitaban. Al comenzar a ver el video y orar junto a él, empezaban a recibir su liberación, a veces incluso una liberación física. Así que damos gracias a Dios por cosas como las redes sociales. Porque Dios ha podido usar a algunos ministros, ha podido extender Su brazo derecho y usar estas plataformas para Su gloria, en el poderoso nombre de Jesús.

Ahora, volviendo a las raíces: cuando comienzas a tratar con la raíz, a veces no sabes cuán profunda es la raíz con la que estás tratando. Es más fácil arrancar una sola raíz, pero si esa raíz ya tiene ramas **(lo que significa generaciones olvidadas, fundamentos olvidados)**, el trabajo aquí necesitará una capa adicional de fuerza espiritual y autoridad para poder arrancarlas mediante **Santiago 4:7**: *Sométete al Señor y resiste al Diablo, y él huirá de ti*, y también manteniendo disciplina con las cosas de Dios y constancia en la búsqueda del Señor mediante la oración, el ayuno, la lectura de la Palabra de Dios y comprometiéndote plenamente con el Señor.

En este caso, tú eres el comandante de primera generación, lo que significa que nadie en las generaciones anteriores a ti trató con la liberación en la raíz. Y ahora, esa raíz no tocada ha crecido ramas, afectando muchas áreas de la vida en la línea familiar. En este caso, no se puede lograr con un solo acto de liberación. En cada familia, Dios pondrá una carga de liberación sobre una persona, una persona que comenzará a tomar en serio las cosas de Dios, una persona que empezará a investigar por qué algunas cosas no tienen sentido en el árbol genealógico o la línea de sangre; alguien que cuestionará si realmente es la voluntad de Dios, y esta persona iniciará la liberación del fundamento al responder al llamado de Dios según:

> **Isaías 6:8: "Después oí la voz del Señor, que decía: ¿A quién enviaré, y quién irá por nosotros? Entonces respondí yo: Heme aquí, envíame a mí."**

Todo este camino de la liberación, por supuesto, es para darnos entendimiento de que hay asuntos abandonados en los fundamentos que el enemigo está usando para *robar, matar y destruir a la familia* [Juan 10:10]. Caminamos por este proceso con entendimiento, no con ignorancia, tal como nuestros antepasados ignoraron por completo el fundamento. A medida que atraviesas la liberación, una de las acciones principales que realizarás repetidamente es: confesar, arrepentirte, renunciar y pedir la limpieza de los pecados fundamentales, transgresiones e iniquidades, en el nombre de Jesús.

Pero la Biblia dice que **la liberación es el pan de los hijos** (*Mateo 15:26*). ¿Quiénes son los hijos? Los hijos son aquellos que han recibido la salvación por medio de Jesucristo. Si aún no has recibido a Cristo en tu vida, o si te has apartado, te invito a hacerlo ahora mismo orando esta sencilla oración de salvación, para que puedas obtener el beneficio completo de lo que Dios está haciendo en todo este libro sobre la liberación profunda; de lo contrario, estaríamos desperdiciando el tiempo de Jesús aquí.

Oración de Salvación:

Padre Celestial, vengo a Ti hoy tal como soy. Confieso que soy pecador, y te pido que me perdones. Creo que Jesucristo es el Hijo de Dios, que murió por mis pecados, y que resucitó al tercer día. Hoy decido dejar mi vida pasada y seguirte. Te invito, Señor Jesús, a entrar en mi corazón y ser mi Señor y Salvador. Lléname con Tu

Espíritu Santo, y ayúdame a vivir para Ti desde este día en adelante. Gracias por salvarme. En el nombre de Jesús, Amén.

Ahora, como hijo de Dios, tienes derecho a avanzar al siguiente paso, que es: confesar, arrepentirte, renunciar y pedir limpieza.

1. ¿QUÉ ESTÁS CONFESANDO?

2. ¿DE QUÉ TE ESTÁS ARREPINTIENDO?

3. ¿A QUÉ ESTÁS RENUNCIANDO?

4. ¿DE QUÉ ESTÁS PIDIENDO SER LIMPIADO?

Confesión y renuncia al pecado en la 1ª generación, como la hechicería, adivinación, derramamiento de sangre, adulterio, fornicación y brujería. Esto es lo que dio origen a lo que hoy se manifiesta en la 2ª generación como transgresión, porque nadie renunció ni tomó medidas para removerlos.

Confesión y renuncia de transgresiones en la 2ª generación: rebeldía, idolatría, amargura, injusticia, impureza, inmoralidad y avaricia. Esto es lo que dio origen a lo que hoy se manifiesta en la 3ª generación como iniquidad, porque nadie renunció ni tomó medidas para removerlas. En la tercera generación, estas se convirtieron en aflicciones.

Pedir limpieza de iniquidad en la 3ª generación, que trajo aflicciones como:

locura, confusión, insania, esterilidad, pobreza, esclavitud, enfermedades, muerte, adicción, vergüenza, oprobio, opresión, vanidad, ceguera, rechazo, opresión demoníaca, violencia, abuso, tristeza, cautiverio, contaminación, divorcio, suicidio, homosexualidad, brujería polígama, masturbación, pornografía, esterilidad, depresión, negación, limitación, ceguera espiritual y muerte prematura.

La liberación fundamental es profunda y detallada. Si tiendes a ser parcial en la liberación, dejarás algunas raíces pequeñas sin atender, y estas se unirán y crecerán de nuevo. Por lo tanto, en nuestra liberación, somos conscientes de esto. La liberación total y completa es un proceso; no es rápida, y no es algo de un solo día. Muchos, incluso vasos de Dios, han rechazado la liberación. Están ministrando a las ovejas, pero ellos mismos no están liberados. Muchos que se sientan en la iglesia han intentado la liberación, pero nunca han experimentado libertad completa, debido a la falta de conocimiento. En su lugar, han despertado profundos problemas espirituales y opresión demoníaca por causa de la **liberación parcial**. Otros fueron liberados una vez pero no mantuvieron su liberación, nuevamente por falta de conocimiento.

En la Biblia vemos el caso de Jehú; Dios lo ungió para destruir toda la casa de Acab y Jezabel, pero Jehú accidentalmente dejó viva a Atalía, hija de Jezabel, y así fue como la maldad de la casa de Jezabel continuó aun después de la muerte de Acab y Jezabel. 2 Reyes 11:1-12

Por eso la Biblia dice en Santiago 4:7: *"Someteos a Dios; resistid al diablo, y huirá de vosotros."* Y así es como tomamos autoridad en Jeremías 1:10: arrancar, derribar, destruir, y luego Él dijo: "derrocar".

¿Cómo destruyes?

Y te aseguras de que la raíz no vuelva jamás a la faz de la tierra declarando:

> **Hebreos 12:29: "Porque nuestro Dios es fuego consumidor."**

Y ordenar que lo que ha sido arrancado sea encendido en fuego y reducido a cenizas, y que nunca más se manifieste en mi fundamento, ni siquiera en la generación aún no nacida, en el nombre de Jesús. En este punto, te has convertido en la generación de Juan el Bautista. *"Desde los días de Juan el Bautista hasta ahora, el Reino de los cielos sufre violencia, y los violentos lo arrebatan por la fuerza."* Este es el punto donde declaras: "¡Basta ya de lo que estoy viendo en mi línea de sangre!" Tomas una posición firme para asegurar el arranque y la liberación de los cautivos del poderoso, tal como dice la Escritura, que *todos ellos serán liberados.*

Isaías 49:25: Pero así dice el SEÑOR: "Ciertamente el cautivo será rescatado del valiente, y el botín será arrebatado al tirano; porque yo contenderé con el que contiende contigo, y salvaré a tus hijos."

Tenemos la ventaja de la sangre de Jesús, el poder de la Cruz y el poder de la resurrección; tenemos todas las armas necesarias para librar la guerra y vencer las batallas generacionales sin convertirnos en víctimas, a través del conocimiento y la comprensión de los protocolos y leyes de la guerra espiritual.

BORRAR LA LEY FUNDACIONAL Y ESCRIBIR UNA NUEVA LEY DIVINA

La batalla que ves es el resultado de una ley espiritual activa en funcionamiento. Mientras libras guerra como comandante, tomas autoridad en el nombre de Jesús y borras todas las leyes espirituales que alguna vez fueron escritas en tu contra, contra tu línea de sangre y tu fundamento, con la sangre de Jesús. Escribes otra ley y le colocas una firma con la sangre de Jesús; sellas esta ley para que nadie pueda estar por encima de ella ni intente borrarla. Cualquiera que intente deshacer lo que el Señor está haciendo en mi fundamento (reconstrucción) pagará con su primogénito y su último hijo, según Josué en la Biblia. En otras palabras, basta ya de patrones negativos, ciclos negativos, *basta de ataques de espíritus y demonios, y las maldiciones generacionales deben terminar conmigo.*

Josué 6:26: En aquel tiempo Josué hizo un juramento solemne: "Maldito delante del SEÑOR sea el hombre que se levante y reedifique esta ciudad de Jericó: 'A costa de su primogénito echará sus cimientos, y a costa de su hijo menor asentará sus puertas.'"

Es entonces cuando puedes estar cómodo y seguro de que, al menos por primera vez, la raíz en tu fundamento ha sido sacudida. Ahora puedes abordar la segunda parte de Jeremías 1:10, que implica edificar y plantar, ya que el fundamento ha sido limpiado. Empezarás a ver que las cosas se alinean lentamente a medida que plantas y edificas mediante la autoridad en el nombre de Jesús.

La liberación a veces puede llevar mucho tiempo porque la mayoría de nosotros quiere aplicar solo la segunda parte de Santiago 4:7: *Resistid al diablo, y él huirá de vosotros*, pero eso no siempre es así. Dios quiere que primero nos sometamos completamente a Él, para que Él pueda ayudarnos con las batallas fundacionales porque no es fácil; debes primero someterte a la voluntad de Dios. No puedes resistir al diablo antes de esa sumisión, porque es en la sumisión donde ocurre el avance; es en la sumisión donde se encuentra la gloria. En la sumisión es donde está el poder de Dios. Además, tu liberación será rápida y fácil si los motivos son correctos.

Las batallas fundacionales a menudo tienen derechos legales y pactos activos establecidos, muchos de los cuales las personas desconocen. Sin estos pactos, Satanás no tendría acceso a un hijo de Dios. Solo Dios puede revelarnos estos pactos ocultos, para que podamos tratarlos eficazmente mediante la Palabra de Dios.

También, ten en cuenta que nadie puede liberarte de las batallas fundacionales excepto Dios. He escuchado a poderosos hombres y mujeres de Dios admitir abiertamente que evitan tratar con la liberación. ¿Por qué? Porque entienden cuán feroces y profundamente arraigados pueden estar estos poderes fundacionales, requieren tiempo; esto no es una liberación de un solo toque como a la que tu iglesia está acostumbrada. Pero de nuevo pregunto: ¿Quién, entonces, liberará a los hijos de Dios? Incluso si eliges no participar en la liberación del pueblo de Dios, tu iglesia puede estar llena, pero estará llena de personas en detención espiritual y ataduras crónicas. Los números no equivalen a libertad. Y si tú mismo estás verdaderamente liberado, no temerás liberar a otros. ¿Por qué? Porque no eres tú quien hace el trabajo, es Dios. Por eso Dios ordena que todo siervo debe buscar su liberación de parte de Él si realmente desea hacer Su obra en los últimos tiempos. Para que Dios te use poderosamente, primero debes ser libre.

¿Por qué deseas liberación?

Dios realmente nos examina en esto. Dios quiere que seas sanado, liberado y restaurado, para que a tu vez puedas dar a otros y liberar tu fundamento. El diablo conoce nuestros motivos e intenciones; por eso lucha constantemente para detener nuestro progreso, decepcionarnos y agotarnos con batallas intensas día tras día. La Biblia dice en Mateo 7:24-27: *"El insensato construyó su casa sobre la arena, y el hombre sabio edificó su casa sobre la roca."*

Así que ahora, esta edificación ocurre cuando comienzas a construir como un hombre sabio. Antes de eso, estabas edificando como un hombre necio. Por eso el viento seguía viniendo y derrumbando tu fundamento en Cristo, porque lo estabas edificando sobre el fundamento defectuoso de tus antepasados y no sobre Cristo Jesús. Sin embargo, después de haber trabajado en Jeremías 1:10, estás comenzando a edificar y plantar sobre la roca que es Cristo Jesús.

Es una base sólida. Una base fuerte: comenzarás a construir sobre la roca que ahora eres tú. Eres llamado un hombre sabio, lo que en otras palabras significa que muchos de nosotros no éramos sabios antes, porque estábamos pasando por alto protocolos espirituales y pactos legales que nuestros antepasados establecieron y que no agradaban a Dios. Por eso el enemigo seguía resistiéndonos, negándonos el derecho de servir y disfrutar de Cristo. Y creo que nuestros antepasados evitaron esas cuatro cosas (Jeremías 1:10: arrancar, derribar, destruir, y derrocar) porque requieren mucha disciplina y pureza. Cuando comienzas a trabajar en esta escritura, el Señor abrirá tus ojos. El Señor comenzará a mostrarte a través de sueños y visiones. El Señor te lo mostrará claramente mientras ayunas y oras. Así fue como lo hice yo.

La batalla espiritual gira en torno a cinco reinos principales: el Reino Marino, el Reino de la Hechicería, el Reino del Espíritu del Agua, el Reino Serpentino y el Reino Animal. Mientras estos reinos permanezcan activos, trabajarán para evitar que cualquiera cumpla su destino dado por Dios. Lo robarán, lo cambiarán, lo matarán, lo destruirán. Por eso Dios quiere trabajar contigo para asegurarse de que estos cinco reinos sean derribados en el nombre de Jesús. Dios es fiel y te revelará el espíritu y el reino que aún necesitas vencer, así como el tipo de reino que necesitas enfrentar. La razón por la que Dios te muestra esto es porque estás listo, y Él te está confiando la victoria en el campo de batalla.

Para que la liberación sea completa, todos los cinco reinos deben ser enfrentados, porque a menudo trabajan juntos. Si eres liberado solo de uno, los otros aún pueden tener acceso a tu vida, y parecerá como si hubieras escapado de un problema solo para entrar en otro. Lo cual significa que todavía hay puertas satánicas abiertas a través de estos reinos, así que, ¡todos deben ser tratados, y todas las puertas, portales y altares satánicos deben ser cerrados! Sin acceso, zona de no vuelo.

¿Cuáles son esos reinos?

1. Reino Marino

El concepto de un "reino marino" o la "bestia del mar" en la Biblia, especialmente en los libros de Daniel y Apocalipsis, se utiliza a menudo simbólicamente para representar reinos o imperios poderosos y opresivos que surgen de un estado de caos y desorden. En la imaginería bíblica, el mar frecuentemente simboliza el caos, la confusión y la rebelión contra la autoridad divina. Estos reinos emergentes son presentados como confusión, saliendo del mar y resistiendo el orden de Dios. En Daniel 7, el profeta describe una visión de cuatro grandes bestias que suben del mar, cada una simbolizando un imperio mundial dominante que gobernaría la tierra y perseguiría al pueblo de Dios. Estas bestias sirven como una representación profética de los poderes mundanos que se oponen al reino de Dios, enfatizando la batalla espiritual entre la autoridad divina y la rebelión terrenal.

¿Qué son los Espíritus Marinos?

Aun así, los espíritus Leviatán y Pitón a veces se agrupan bajo la categoría más amplia de "espíritus del agua" o "espíritus marinos". Otros nombres comúnmente asociados con esta clase incluyen Rahab, Tritón y Sirena. Según algunas tradiciones, estos llamados "espíritus marinos" habitan en el agua y se sienten incómodos en ambientes secos. La referencia de Jesús a los "lugares secos" en Lucas 11:24 a veces se cita como respaldo para esta creencia. Además, los demonios conocidos como Legión, que Jesús expulsó de un hombre que vivía entre los sepulcros, son considerados por algunos como espíritus marinos porque entraron en una piara de cerdos que luego se arrojó al mar (Lucas 8:26–33). En esta tradición, un espíritu marino también puede manifestarse como un súcubo o un íncubo, formando una relación de "esposo espiritual" o "esposa espiritual" con una persona. Se cree que estas entidades promueven la lujuria sexual y la perversión. Sin embargo, el verdadero remedio para la lujuria, la fornicación y otros pecados persistentes no se encuentra en reprender a los llamados espíritus marinos, sino en la oración, el discipulado y la sumisión humilde a Dios (Santiago 4:7). No sirve de nada culpar a las sirenas, conversar con espíritus malignos o construir nuevas mitologías; la victoria viene por medio de la fe, la obediencia y el poder transformador del Espíritu Santo.

Sueño:

Soñar que estás amamantando a niños extraños mientras experimentas esterilidad en la vida real, o encontrarte embarazada en un sueño a pesar de tener infertilidad crónica, puede indicar manipulación espiritual. Tales sueños pueden ser una señal del trabajo del reino marino o de espíritus familiares que buscan falsificar o robar tus bendiciones. Asimismo, los sueños que involucran relaciones sexuales, ya sea con personas desconocidas o conocidas, pueden representar actividad demoníaca en la que agentes espirituales recolectan esperma o esencia reproductiva y la llevan a laboratorios satánicos para producir descendencia demoníaca.

Otros sueños perturbadores, como dar dinero a extraños o conocidos, a menudo simbolizan la pérdida o transferencia de virtud financiera. Ver un gemelo o un sustituto en un sueño puede representar un espíritu demoníaco enviado para robar tus bendiciones justo antes de que se manifiesten. Este tipo de sueños a menudo preceden síntomas reales como milagros que se pierden, fracasos repetidos al borde del avance, y decepciones persistentes. Todos estos son indicios de opresión espiritual, particularmente de poderes marinos y espíritus familiares. Tales sueños sirven como advertencia y como un llamado a involucrarse en oración enfocada, guerra espiritual y liberación para reclamar lo que ha sido robado y romper el ciclo de retraso y derrota.

Puntos de Oración:

1. Abba Padre, vengo ante Ti en el nombre de Jesús, pidiendo liberación de toda iniciación de espíritu marino sobre mi vida y la de mi familia, en el nombre de Jesús.

2. Por la autoridad en el nombre de Jesús, rompo todo pacto hecho consciente o inconscientemente con espíritus marinos, en el nombre de Jesús.

3. Padre, en el nombre de Jesús, por Tu poder, arranco de raíz toda influencia del reino marino sobre mis finanzas, herencia generacional y derecho de nacimiento generacional, en el nombre de Jesús.

4. Por el poder y la autoridad en el nombre de Jesús, cancelo y destruyo todo altar de espíritu marino levantado contra mí por la sangre de Jesús.

5. Mi Padre y mi Dios, envía a Tus ángeles guerreros para que luchen a mi favor contra todo espíritu marino, en el nombre de Jesús.

2. Reino del Espíritu del Agua

Los espíritus del agua son seres sobrenaturales asociados con cuerpos de agua, incluidos ríos, lagos y océanos. Presentes en diversas culturas y folclores, a menudo se los representa como cambiaformas, a veces benevolentes y otras veces malévolos, y pueden aparecer en muchas formas, incluyendo humanos, sirenas, animales o monstruos marinos como el Leviatán. En la Biblia,

Leviatán es representado como una poderosa criatura marina que simboliza el caos y el mal. El Salmo 74:14 describe a Dios aplastando a Leviatán y dándoselo como alimento a las criaturas del desierto.

Isaías 27:1 habla de Dios castigando y matando a Leviatán, la serpiente tortuosa, mientras que Job 41 ofrece una descripción detallada que enfatiza su inmensa fuerza y naturaleza temible. Representa fuerzas malignas que buscan oponerse o impedir al pueblo de Dios. La Biblia advierte consistentemente contra adorar a dioses falsos y ser engañados por espíritus malignos, incluidos aquellos vinculados al agua. Se exhorta a los creyentes a mantenerse vigilantes, rechazar las influencias malignas y, en su lugar, buscar el poder, la guía y la protección del Espíritu Santo.

Sueño:

Soñar que siempre estás cerca de cuerpos de agua puede ser una señal espiritual de que tus tesoros, como bendiciones, virtudes, dones, talentos o incluso el matrimonio, han sido robados, intercambiados u ocultos en o bajo el agua. Tales sueños pueden indicar esclavitud espiritual vinculada a poderes marinos o dedicaciones ancestrales a espíritus acuáticos. En algunos casos, sugiere que una persona fue dedicada a las aguas sin saberlo, a través de pactos familiares o rituales. Estos sueños no deben ser ignorados; requieren intensa guerra espiritual mediante oración, ayuno y la declaración de la Palabra de Dios. Debes levantarte en fe para perseguir, alcanzar y recuperar todo lo que te ha sido robado. A través del poder y la autoridad de Jesucristo, puedes reclamar tu destino, romper pactos impíos y restaurar lo que el enemigo ha tomado.

Puntos de Oración:

1. Mi Padre y mi Dios, te pido que elimines toda maldición y los frutos resultantes en mi vida que vinieron por la participación de mis antepasados y la mía propia con los espíritus del agua, en el nombre de Jesucristo.

2. Mi Dios y mi Rey, por favor elimina todas las maldiciones puestas sobre mi familia ancestral como resultado de sus asociaciones e involucramiento con espíritus del agua, en el nombre de Jesucristo.

3. Por la autoridad en la sangre de Jesús, rompo y cancelo todo hechizo, maldición, encantamiento, embrujo e invocación que haya venido sobre mí a través de mi participación con asociaciones malignas, espíritus del agua y espíritus ancestrales, en el nombre de Jesucristo.

4. Por la autoridad en el nombre de Jesús, rompo y revoco todo pacto de sangre, vínculo de alma, sitio y yugo conectado a los espíritus del agua en mi vida, en el nombre de Jesucristo.

5. Señor, te pido que elimines de mis hábitos, pensamientos, voluntad, emociones y cuerpo todo lo que me haya hecho caminar bajo la influencia de espíritus del agua y cualquier otro espíritu relacionado, en el nombre de Jesucristo.

3. Reino Serpentino

El Concepto de Espíritus Serpentinos en un Contexto Espiritual

En un contexto espiritual, los espíritus serpentinos a menudo se refieren a fuerzas oscuras o negativas asociadas con serpientes. Estos espíritus suelen ser vistos como agentes de engaño y maldad que operan en contra de los propósitos de Dios. La Biblia emplea con frecuencia la imagen de la serpiente para representar fuerzas de engaño, especialmente en el relato de la Caída del Hombre.

Génesis 3:1 dice: *"Pero la serpiente era más astuta que todos los animales del campo que el SEÑOR Dios había hecho. Y dijo a la mujer: '¿Conque Dios os ha dicho…'"* Este pasaje introduce a la serpiente como símbolo de astucia y engaño, llevando finalmente a Adán y Eva al pecado mediante la distorsión de la palabra de Dios.

De manera similar, en Hechos 16:16 leemos: *"Y aconteció que mientras íbamos al lugar de oración, nos salió al encuentro una muchacha que tenía espíritu de adivinación, la cual daba gran ganancia a sus amos adivinando.*" Este pasaje describe a una joven poseída por un espíritu de adivinación, a veces interpretado como "espíritu de pitón," lo cual se vincula con la influencia serpentina y las prácticas ocultas. Este espíritu no solo era engañoso, sino también lucrativo para sus amos, ya que ofrecía falsas percepciones espirituales.

Los espíritus serpentinos están comúnmente asociados con características dañinas como el engaño, la oscuridad espiritual y la destrucción. Se consideran fuerzas que alejan a las personas de Dios, de la verdad y de una vida recta. En muchas tradiciones espirituales, estos espíritus están vinculados a la muerte, lo desconocido y la perversión de la verdad divina.

Debido a su naturaleza engañosa, los espíritus serpentinos son frecuentemente considerados adversarios espirituales. Se anima a los creyentes a superar estas influencias mediante la oración, el discernimiento espiritual y la obediencia a la Palabra de Dios. La batalla contra tales espíritus se enmarca dentro de la guerra espiritual descrita en las Escrituras, un conflicto entre el bien y el mal, la luz y la oscuridad.

En resumen, los espíritus serpentinos representan fuerzas engañosas y destructivas que trabajan en contra del crecimiento espiritual y la verdad. La Biblia presenta a estos espíritus como enemigos a los que hay que resistir mediante la fe, la oración y la obediencia a Dios. Reconocer su influencia es el primer paso para vencerlos y caminar en la libertad que Cristo ofrece.

Sueños:

En el reino serpentino, las personas pueden tener sueños que involucren serpientes o incluso experimentar manifestaciones espirituales o físicas de serpientes en su entorno. Estos poderes serpentinos a menudo simbolizan fortalezas ancestrales o generacionales, especialmente cuando hay antecedentes de adoración a la serpiente o prácticas ocultas en la línea familiar, comúnmente conocida como "la casa del padre." Tales sueños o encuentros pueden indicar que los pactos hechos en el pasado aún están activos y no han sido rotos mediante la liberación. Sin buscar la libertad espiritual y renunciar a esos pactos, estos poderes pueden seguir ejerciendo influencia. Estas experiencias sirven como advertencia y como un llamado a buscar liberación, oración y una alineación más profunda con la autoridad de Cristo.

Puntos de Oración

1. Mi Dios, Poderoso en la batalla, confieso, renuncio y me arrepiento de toda asociación con el reino serpentino. Pido que todo pacto sea roto por la sangre de Jesús, y que Tú me limpies a mí y a mi familia, en el nombre de Jesús.

2. Oh Dios, pido que Tu mano poderosa y la gran espada de fuego destruyan todo espíritu serpentino que habita en mí, en mi familia y en nuestro entorno, que nos atormenta, en el nombre de Jesús.

3. Ordeno al reino serpentino y a todo espíritu serpentino que me atormenta: por la autoridad en el nombre de Jesús, traga tu propio veneno y toda aflicción que has liberado, ahora, en el nombre de Jesús.

4. Por la autoridad en el nombre de Jesús, libero la espada de fuego del Señor para cortar la serpiente en pedazos, atravesar su cuello de fuerza, destrozar su escudo de escamas y cortar su larga cola, en el nombre de Jesús.

5. Ahora tomo control sobre mi fundamento. Reclamo mi trono y recupero el Jardín del Edén de mi destino, por la sangre de Jesús.

4.Reino de la Brujería

El concepto de un Reino de Brujería

El término "reino de brujería" suele referirse a un ámbito de influencia, poder o actividad asociado con la brujería, la magia y el ocultismo. Se entiende comúnmente como un dominio espiritual que existe más allá del mundo físico, un reino invisible donde operan la magia, los espíritus y las fuerzas sobrenaturales.

Este reino se exalta a sí mismo contra el conocimiento de Dios, oponiéndose directamente a Su verdad y justicia.

Según las Escrituras, Dios ve la brujería y todas las prácticas relacionadas, como la adivinación, la hechicería y el ocultismo, como abominaciones. En Deuteronomio 18:9–15, Dios da advertencias claras a Su pueblo para que no imiten las prácticas detestables de otras naciones, que incluyen la brujería y la consulta a los muertos. Estas acciones son espiritualmente corruptas y alejan a las personas del conocimiento y la adoración del verdadero Dios.

Gálatas 5:20 menciona la brujería entre las obras de la carne, que se oponen al fruto del Espíritu. La Biblia enseña que tales prácticas son pecaminosas y conducen a la separación de Dios. En 2 Corintios 10:5, Pablo insta a los creyentes a "derribar argumentos y toda altivez que se levanta contra el conocimiento de Dios, y llevar cautivo todo pensamiento a la obediencia a Cristo". Esto es un llamado a la guerra espiritual, a resistir toda influencia que contradiga la Palabra de Dios y a someter nuestra mente plenamente a Cristo.

La postura de Dios respecto a la maldad es clara: Él odia el pecado con un odio perfecto. Isaías 48:22 e Isaías 57:21 declaran que "no hay paz para los malvados". Aquellos que eligen seguir el camino de la rebelión y la injusticia no experimentarán la paz y las bendiciones que Dios ofrece a quienes caminan en Sus caminos.

En conclusión, el "reino de la brujería" representa un dominio que se opone al reino de Dios. Es un poder falso, uno que busca engañar y destruir. Pero Dios, en Su justicia y santidad, llama a Su pueblo a rechazar tales prácticas y a buscar la verdad, la obediencia y la pureza espiritual a través de Cristo.

Sueños:

Las personas afectadas por la influencia del reino de la brujería a menudo experimentan sueños perturbadores, como comer en sueños, tener relaciones sexuales en sueños, ser perseguidos, encontrarse en cementerios o bosques, asistir a reuniones extrañas o desconocidas, o volver a visitar lugares antiguos, casas o amistades pasadas. Otros símbolos comunes incluyen aparecer en sueños sin zapatos o ropa, lo que puede representar vulnerabilidad, vergüenza o ataque espiritual. Este tipo de sueños no deben tomarse a la ligera; son un llamado a la oración, al discernimiento espiritual y un recordatorio de mantenerse firmes en la fe y ejercer autoridad a través de Cristo. Reconocer el significado espiritual de estos sueños es el primer paso hacia la liberación y la victoria en el ámbito espiritual.

Puntos de Oración:

1. Por la autoridad en el nombre de Jesús, cualquier sangre que me esté reorientando a mí y a mi familia en cualquier altar de brujería, te rechazo, te renuncio. Ordeno que el sacrificio se seque y ordeno que el altar sea demolido, en el nombre de Jesús.

2. Todo pacto con el reino de la brujería en mi vida, en mi árbol genealógico y en mi fundamento se rompe ahora por el poder en la sangre de Jesús.

3. Por la autoridad en el nombre de Jesús, ordeno que todo satélite satánico, espejo y computadora que esté monitoreando mi destino dado por Dios, y toda base de datos satánica que recoja información de mis antepasados, se haga pedazos irrecuperables ahora, en el nombre de Jesús.

4. Anuncio que todo espíritu de monitoreo y cualquier cosa plantada en mi cuerpo o alrededores por hombres malignos e irracionales para monitorear mi progreso debe encenderse en fuego y quemarse hasta las cenizas, en el nombre de Jesús.

5. Cualquier intercambio de brujería hecho en mi vida o cuerpo, sea revertido por fuego, en el nombre de Jesús.

5.Reino Animal

Cuando las personas experimentan sueños en los que animales los persiguen, a menudo se interpreta como una señal de que poderes oscuros están siendo liberados contra ellos en un campo de batalla espiritual. Tales sueños pueden indicar un conflicto espiritual creciente, pero también pueden ser señal de progreso espiritual. Satanás no desperdicia sus armas en quienes no representan una amenaza. Si estás siendo atacado, puede significar que estás avanzando espiritualmente y convirtiéndote en un objetivo porque estás ganando.

Sueños:

En el simbolismo de los sueños, diferentes animales pueden representar problemas o ataques espirituales específicos: los perros suelen simbolizar la lujuria, los leones representan el miedo, los tigres indican agresión, los toros están asociados con poderes fundamentales o fortalezas ancestrales, y los caimanes pueden sugerir peligros ocultos o amenazas depredadoras. Las cabras se relacionan comúnmente con la terquedad, la rebelión o la contaminación espiritual. Estos sueños sirven como un llamado a la oración, al discernimiento espiritual y un recordatorio para mantenerse firme en la fe y en la autoridad a través de Cristo.

Puntos de Oración:

1. Abba Padre, te doy gracias por tu protección sobre mi vida y mi familia. Que tu cobertura divina nos cubra de todo espíritu inmundo que se manifieste a través del reino animal, en el nombre de Jesús.

2. Mi Dios, Poderoso Guerrero que nunca pierde una batalla, por Tu poder, dispersa todo plan del enemigo representado por animales impuros en mis sueños o alrededores, en el nombre de Jesús.

3. Por la autoridad en el nombre de Jesús, aplico la sangre de Jesús sobre mi hogar y declaro que ningún espíritu inmundo tendrá acceso a mi vida ni a mi familia, en el nombre de Jesús.

4. León de Judá, poderoso en batalla, Padre, libera a Tus ángeles guerreros para que me rodeen mientras oro esta oración de medianoche contra animales impuros, en el nombre de Jesús.

5. Mi Dios, Rey de reyes y Señor de señores, que Tu fuego destruya todo animal impuro que represente opresión demoníaca en mi vida y en mi familia, en el nombre de Jesús.

Lucas 10:19: "He aquí os doy potestad de hollar serpientes y escorpiones, y sobre toda fuerza del enemigo, y nada os dañará."

Tú continúas luchando, orando y ayunando. Cuando queda claro que el espíritu, poder, demonio o fortaleza ha sido enfrentado, la mayoría de las veces, los sueños cambiarán, las visiones cambiarán, la enfermedad desaparecerá y los trastornos serán corregidos. Además, si el problema era un cónyuge espiritual proveniente de los espíritus marinos, ya no lo verás más. Eso significa que has sido liberado de ese reino.

Adicionalmente, el Señor dejará de mostrarte el reino que te había revelado anteriormente y, en cambio, te mostrará otro reino que aún permanece, permitiéndote comenzar a tratar con un ámbito diferente, como el reino de la brujería, una entidad serpentina o marina. Comenzarás a enfrentar un reino tras otro; es entonces cuando empiezas a experimentar avances en las áreas que Satanás había retenido por mucho tiempo; por ejemplo, las finanzas comenzarán a fluir, los trastornos desaparecerán, los sueños cambiarán, los cónyuges espirituales se irán y la brujería que te alimentaba en sueños comenzará a desaparecer. Una vez que estos reinos sean rotos y eliminados, experimentarás una mayor facilidad en tu vida de oración y verdadera libertad en tu caminar con la fe. El enemigo ya no te atacará con dolores de cabeza que te impidan leer la Palabra, y podrás ayunar aún más que antes. Y así es como la enfermedad crónica desaparecerá de ti para siempre.

Las enfermedades crónicas, dolencias y males conectados con el reino de las tinieblas están diseñados para mantenerte gastando dinero constantemente en productos farmacéuticos; esto se conoce como *Pharmakeia*. Cuando te vuelves agresivo contra ellos con oraciones de guerra y ayuno, así es como se van, porque el cuerpo, el ambiente, ya no es propicio para que se alojen, y esa es tu liberación.

Muchos de estos reinos no se rinden fácilmente; a menudo contraatacan. Por ejemplo, la brujería creará un servicio nocturno de alimentación en sueños para volver a iniciarte, y la razón es que saben que pueden capturar cada parte de tu destino y los destinos de tu gente. La buena salud generacional ha sido capturada por manos de Satanás, quien la ha comerciado en el mercado satánico, y por eso encuentras ciertas enfermedades pasando de generación en generación. El divorcio de generación en generación. Satanás se ha hecho cómodo desde generaciones pasadas; lo han capturado todo. Ahora, si encuentran a una persona conocedora como tú que entiende que la vida es espiritual, puedes comenzar a tomar una postura correcta y luchar contra ellos arrancándolos con la arma de la Palabra de Dios, la sangre de Jesús y el nombre de Jesús.

El enemigo no ama a las personas con entendimiento espiritual; el enemigo se siente cómodo con personas espiritualmente ignorantes. Las personas con conocimiento espiritual buscan la verdad; no se conforman con menos porque la Biblia dice: *"Conoceréis la verdad, y la verdad os hará libres."*

Así que ahora, cuando comiences a buscar, conocerás, y cuanto más conozcas, más recuperarás.

Jeremías 33:3: "Clama a mí, y yo te responderé, y te enseñaré cosas grandes y ocultas que tú no conoces."

Los poderes de la casa de tu padre han comenzado a atacarte; ahora están cazando tu vida. Deben asegurarse de derribarte porque saben que has descubierto el secreto y estás a punto de destronarlos del lugar que han robado generación tras generación. El Señor ha revelado el secreto oculto.

Estabas ciego, pero ahora ves; estás comenzando a preguntar al Señor, y el Señor te está mostrando. Serás la primera persona en arrancarlos y limpiar tu fundamento. No quieren a alguien como tú. Quieren a los ignorantes, a los que se toman las cosas a la ligera. No quieren a los que se preguntan por qué y cómo persiste este problema negativo. ¿Por qué esta información negativa sigue ahí, por ejemplo, la muerte prematura o el suicidio? ¿Por qué este problema continúa, como las enfermedades o crisis financieras? Cuando te consideran una amenaza para su reino, trabajarán duro para volver a iniciarte y evitar que escapes de su dominio.

La reiniciación a menudo implica paralizar tu vida de oración, apagar tu fuego espiritual y provocar fuertes migrañas que te obligan a dormir y descansar en lugar de orar y adorar a Dios. También puede incluir ataques mentales y sentimientos de enojo hacia Dios.

La iniciación suele experimentarse en sueños, ya sea mediante alimentación o encuentros sexuales. Es cuando ves un aumento de comidas en sueños, sexo o violaciones en sueños, ataques de criminales en sueños—todo se hace en el sueño para reiniciarte a la fuerza. A medida que te fortaleces en la oración y profundizas tu fuerza espiritual, tu hombre interior se vuelve más poderoso. Con el tiempo, obtendrás la capacidad de vencer los sueños sexuales y de alimentación. Puede que sigan ocurriendo, pero los reconocerás y los confrontarás incluso dentro del sueño.

El viaje de la liberación es, sin duda, un desafío y una batalla. Si no has comenzado tu liberación, no has iniciado la verdadera batalla fundamental. Es una batalla que no quieren soltar, y han estado aferrados a todo durante muchos años. Recuerda, cuando eres liberado, no es solo para ti; es para toda tu línea de sangre.

Dios necesita a alguien a quien pueda usar para liberar a Su pueblo. Cuando recibes la liberación, está destinada a cualquiera conectado a tu línea de sangre, a cualquiera relacionado contigo por ADN, y por eso el enemigo está enojado. El diablo está furioso porque estás despoblando el infierno.

En otras palabras, ellos han tomado todas las generaciones, incluso a los no nacidos. Puede que tengas hijos que se porten mal, desobedientes y rebeldes, y esto se debe a que ya han sido tomados; están bajo manipulación y control satánico, proyecciones malignas; están bajo espíritus de vigilancia y proyección astral. Por eso cada creyente debe cortar el cordón de plata de la proyección astral cada día, para que nadie pueda proyectarse en tu vida.

Es por eso que ves a niños pequeños sufriendo de TDAH, desarrollo lento, parálisis cerebral, Síndrome de Down y autismo. Esto es porque ya tienen sus almas en prisión, en cautiverio; sus almas han sido comercializadas en el mercado satánico. Están plantando semillas satánicas, y estas almas funcionan bajo sus órdenes hasta que alguien se levante a clamar por ellas para que sean liberadas, en el nombre de Jesús.

Estos poderes de las tinieblas lucharán contra cualquiera que los descubra y busque eliminarlos. La Biblia dice en 2 Tesalonicenses 2:7: *"Porque ya está en acción el misterio de la iniquidad; sólo que hay quien al presente lo detiene, hasta que él a su vez sea quitado de en medio."*

Los poderes de oscuridad en la fundación saben claramente que esta es su última opción; el territorio está siendo capturado, arrebatado y devuelto a su dueño original, que es el Hijo de Dios. Dios te mostrará exactamente lo que está pasando; no estás solo en esta batalla generacional. La razón por la que Dios te está mostrando esto es porque tú eres el ingeniero. Él te llevará por los detalles de este proceso para asegurarse de que ninguna raíz quede sin arrancar. Dios te ha dado la capacidad, la sabiduría, las armas y toda la fuerza que necesitas para estas tareas especiales. No puedes ser una baja en combate; saldrás victorioso.

Este no es el momento de decir, "ya oré," y luego ir a dormir. No, este es el momento de velar y orar. Pregunta: ¿Cuál es la condición y posición del enemigo? Dios te lo revelará todo a través de sueños y visiones. Y si el enemigo sigue activo, ve tras él otra vez sin descanso hasta que se rinda completamente al poder de tu Dios, el Señor Jesucristo de Nazaret.

¿Recuerdas las plagas de Egipto? Fue Dios mismo quien luchó por los israelitas. Pero ¿sabes por qué Faraón era tan terco? Es el mismo proceso que estás experimentando; el enemigo no se rendirá inmediatamente, y aun después de rendirse, te perseguirá para ver si aún tienes la fuerza para luchar otra vez. Por eso, incluso después de ser rescatado, no dejamos de luchar; no volvemos a dormir. Tu hombre interior debe estar siempre fuerte y alerta, "velad y orad en todo tiempo."

Estás bien si Dios está contigo. El reino de las tinieblas aún permanece y continúa operando, luchando por retener su territorio. Se unirán y contraatacarán. Cuando veas que te están iniciando a través de sueños, ¡lucha! Esto no significa que estés fallando o perdiendo. ¡No! Están peleando porque saben que su tiempo se ha terminado; siguen luchando, porque Dios está contigo y la batalla es del Señor.

¿Cómo sigues luchando?

Hemos creado numerosos recursos para ayudarte a navegar estos desafíos. Encuentra tiempo para orar con estos videos todos los días mientras el enemigo se intensifica; ora de acuerdo con las cosas que Dios te ha mostrado a través de estos videos; lucha contra un reino tras otro. Especialmente si tu fundamento no ha sido tocado en términos de liberación, también es posible que no sea solo un reino el que esté en tu contra.

Es un proceso: un reino a la vez caerá. Puede que pienses que estás luchando contra el reino de la brujería, y comienzas a soñar con serpientes, a soñar con esposos espirituales, y a soñar que estás en cuerpos de agua. Incluso podrías comenzar a soñar que recuperas tu caja del tesoro del reino marino; eso es una señal de victoria. Pero antes de que comenzaras a buscar la liberación de fundamentos, estos reinos nunca habían aparecido ni se habían manifestado hasta que tomaste la decisión de comenzar el viaje del árbol genealógico y la liberación fundamental.

En el viaje de la liberación, Satanás teme al que es serio y sabe lo que está haciendo. Es entonces cuando envía sus armas más grandes desde los cinco reinos para atacar y potencialmente detener a esa persona. Satanás no desperdicia sus armas más poderosas en alguien que no representa una amenaza para su reino.

También necesitas entender que a Satanás no le preocupa si no lo estás confrontando o amenazando su reino. De hecho, está perfectamente bien con que seas un creyente tibio.

Vivir en, normalizar o incluso legalizar el pecado, como la fornicación, la mentira, las relaciones ilícitas, los matrimonios impíos, tener hijos fuera del matrimonio, la idolatría, el consumo de alcohol, el uso de drogas, las fiestas o ir a clubes, y rodearte de influencias impías mientras aún asistes a la iglesia y lees la Biblia, es una contradicción peligrosa. Es un engaño que obstaculiza el crecimiento espiritual genuino y la intimidad con Dios.

Incluso si estás yendo a la iglesia y abriendo tu Biblia, aferrarte a estas prácticas pecaminosas mantiene la mano de Dios lejos de tu vida. Estas no son solo decisiones de estilo de vida: son trampas espirituales, a menudo enraizadas en la influencia satánica, diseñadas para evitar que camines en verdadera santidad y poder.

A Satanás eso le parece bien; no desperdiciará sus armas para luchar contra ti porque sabe que ya estás alineado con su agenda. Pero en el momento en que te pongas serio con Dios y busques una verdadera liberación, Satanás comenzará a revelar que tu aflicción es más profunda de lo que pensabas, que estás enredado con los cinco reinos, tanto en tu vida como en tu línea de sangre.

La liberación es un viaje; es un proceso, y no es rápido. Si sabes que tienes prisa, olvídate de una verdadera liberación profunda; si sabes que necesitas una solución rápida, no existe tal cosa. Cualquiera que te prometa algo así te está engañando y preparándote para más trampas.

La liberación es el pan de los hijos, dijo Jesús, y no es para creyentes de palomitas de maíz. Por eso, cualquiera, ya sea un hombre o una mujer de Dios, o simplemente una persona común que ha pasado por la liberación, es cauteloso con el pecado. La razón es que la liberación consume mucho tiempo y exige un alto nivel de pureza, santidad, justicia, obediencia y constante consagración profunda. Ahora bien, si has invertido todo esto, ¿crees que permitirás el pecado fácilmente? Eso no es posible; me gusta cuando conozco a personas que han sido liberadas. Una cosa que puedo decirte es que son cautelosas con todo: con el entorno, el tipo de círculo en el que se permiten estar, la comida que comen, y a dónde ir y a dónde no ir. Sé cauteloso con todo porque el mundo en el que vivimos es muy astuto, y la Biblia nos dice que no seamos ignorantes de los planes del astuto.

Capítulo 3:
¿Cómo Intensificar tu Liberación?

No necesitas una liberación uno a uno; lo que necesitas es tiempo. Independientemente de tu agenda ocupada, debes asegurarte de ver un video sobre liberación o guerra espiritual al menos una vez al día. En este caso, puede que no veas resultados inmediatos en el ámbito físico, pero en el ámbito espiritual estás avanzando y progresando; el fuego se está intensificando, y todos los espíritus y demonios no pueden sobrevivir al fuego. Ahora, lo que queda es la fortaleza. Pero a través de la constancia y la búsqueda disciplinada de las cosas de Dios, envías un mensaje claro y audaz no solo al infierno, sino también al Cielo, de que estás decidido a caminar en victoria y cumplir tu propósito. En este punto, Dios sabe que mi hijo o mi hija está siendo sincero, y Satanás también lo sabe y sabe que está a punto de perder territorio.

Tengo muchas personas testificando, incluyendo aquellas que han escuchado las oraciones anteriores en el video sobre temas específicos de liberación. El Señor nos ha dicho en el Salmo 107:20, que *Él envió Su palabra y los sanó a todos, los libró a todos.* Dios está tratando de hacer nuestro trabajo más fácil. Así que, cuando escuchas al Espíritu Santo, el Espíritu de Dios te guiará a elegir el video que te liberará. Nuestros videos de liberación están disponibles en todas las plataformas principales y son de acceso gratuito.

Mateo 9:37: "Entonces dijo a sus discípulos: A la verdad la mies es mucha, mas los obreros pocos."

Dios está en el negocio de elegir y usar a los suyos de una manera tan tremenda que ningún hombre puede entender. Dios está en el punto de demostrar Su Palabra, de que usará lo necio del mundo para avergonzar a los sabios. Dios está amplificando la voz del vaso que Él ha escogido para usar, y ningún hombre, demonio, espíritu, poder del infierno, ni ninguna personalidad puede detener lo que Dios está haciendo ahora mismo. Así fue como acepté la obra de Dios, aunque no sabía cómo se hacían estas cosas. El Espíritu del Dios viviente es verdaderamente fiel, un maestro constante que me ha enseñado y continúa guiándome en cada paso del camino. Le doy gracias al Espíritu de Dios por Su guía. Le agradezco por haber escogido este vaso roto y por manifestarse a través de la liberación para Su gloria.

Estarás seguro de que has sido liberado cuando dejes de ver reinos en tus sueños. Por ejemplo, los perros están asociados con el espíritu de lujuria, las serpientes representan el espíritu de adivinación y el reino serpentino, y los familiares muertos son espíritus familiares. ¿Qué significa esto? Significa que el reino que aún ves en sueños o visiones es el que está en control de tu vida. Recuerda, la vida es profundamente espiritual. Lo que ves en tus sueños refleja la actividad en el ámbito espiritual —esa es tu verdadera realidad. Si el reino satánico está controlando tu vida espiritual, significa que ellos tienen el control remoto, dictando el curso de tu vida. Y mientras permanezcan activos, continuarán manipulando e interfiriendo con tu destino. Debes luchar por tu liberación y asegurarte de que el control remoto espiritual de tu vida sea arrebatado de las manos del enemigo y devuelto a las tuyas; eso es lo que llamamos liberación total y completa.

Y lo que te estoy diciendo es que soy un testimonio viviente. Lo que sé ahora, ojalá lo hubiera sabido hace diez años. También desearía que las iglesias tomaran el tema de la liberación con más seriedad y enseñaran a la gente la verdad sobre ella, en lugar de guardar silencio al respecto y dejar a las personas atadas en diversos tipos de cautiverio. Permitan que las personas busquen su liberación. Estoy muy seguro de que un pastor liberado querrá que toda su congregación sea libre también. Esa es la actitud de una persona que ha sido verdaderamente liberada. Si alguien le niega la liberación a sus miembros, eso significa que él mismo no ha sido liberado.

En muchas iglesias que he visitado, me aseguraron que Jesús lo había terminado todo, pero solo para descubrir que cuanto más creía que Jesús lo había terminado todo, más avanzaban mis batallas, porque no se había tratado un fundamento defectuoso. En la iglesia, nadie hablaba de batallas fundamentales; nadie hablaba de liberación. Nadie estaba listo para comenzar el camino de la verdad. Ningún hombre de Dios podía ayudarme; la ayuda en oración solo era temporal, pero la batalla real seguía en curso. En algún momento, sentí que incluso Dios no me estaba ayudando. Este es el caso de muchos. Muchos están luchando batallas silenciosas; muchos no quieren hablar de ello. Esto incluye a muchos hombres de Dios en el púlpito que no han sido liberados.

Han decidido dejar esa parte como si no les concerniera. Sin embargo, la verdad es que la liberación requiere un alto nivel de disciplina en cuanto a pureza y constancia. Debido a esto, muchos deciden pasar por alto la liberación e ignorar los asuntos fundamentales; nadie les presta atención, sin importar las aflicciones en sus vidas. Hasta que Dios escuche el clamor por liberación, Él elige a alguien y lo envía para liberar a las personas; estos son los llamados por el Señor. Son sus vasos escogidos, y cuando responden, comienzan a escuchar atentamente al Espíritu Santo y a seguir Su guía. A través de ellos, el Señor empieza a moverse poderosamente en sus familias, iglesias y fundamentos, restaurando lo que el enemigo ha desperdiciado: El enemigo ha desperdiciado tiempo, temporadas, destinos e incluso linajes completos.

Así que, la liberación, dijo Jesús, es el pan de los hijos; hemos buscado este conocimiento y perseguido la liberación. Una vez haces esto, el elemento que ha desperdiciado tu vida comienza a desvanecerse poco a poco, y todas las promesas de Dios comienzan a cumplirse; también los desórdenes comienzan a desaparecer y el orden gubernamental celestial de Dios se alinea.

Pero el punto ahora es: si los fundamentos son destruidos, ¿qué puede hacer el justo? Por lo tanto, todo justo debe regresar y reparar el fundamento dañado. El fundamento ahora se confunde aún más cuando se dan cuenta de que tú eres uno de ellos, pero perteneces a Jesús, eres un defensor de Jesús. Es como si los lanzaras a la confusión repentinamente, comienzan a contraatacar.

En esta etapa, se convierte en una cuestión de poder contra poder. Por eso es crucial estar espiritualmente preparado y seguro de lo que estás haciendo antes de traer el nombre de Jesús a la batalla. Asegúrate de que no haya bases legales en tu fundamento que ellos puedan usar en tu contra, porque las buscarán, especialmente desde la base de datos satánica de tu fundamento. Yo debo ser quien traiga fuego sobre ellos porque mi tiempo ha llegado; ahora conozco la verdad, y estoy tan decidido que esta vez debo ser libre y mi fundamento debe ser liberado y devuelto al Reino de Dios.

Los poderes de oscuridad que me han retenido, tienen que perder el terreno que hicieron como de bronce para mí, perder mi territorio para que el Espíritu de Dios pueda tomar el control, porque el hijo de Dios se ha levantado; la asombrosa gracia de Dios me ha localizado a mí, a mi familia y a mi generación, estábamos ciegos pero ahora vemos.

Si la asombrosa gracia me ha encontrado, yo estaba ciego pero ahora veo, mi trabajo es asegurarme de que la liberación y la libertad sean establecidas en mi fundamento al arrancar las raíces malignas que aún estaban allí; de esa manera, no querrás ser como el hombre necio que construyó su casa sobre la arena. Comienzas a edificar y a plantar sobre el fundamento que ha sido liberado y está libre de toda conexión satánica. Jesús dice: 'Sobre esta roca edificaré mi iglesia, y las puertas del Hades no prevalecerán contra ella.'

Ahora puedes llamarte con valentía un hijo de Dios nacido de nuevo, porque estás construyendo tu vida sobre un fundamento sólido e inquebrantable. Y ahora que conoces la verdad, recuerda que la Biblia dice que es la verdad la que te hace libre, en el nombre de Jesús.

Muchos creyentes aún no han descubierto la verdad. Por eso reclaman el nombre de Jesús pero no muestran evidencia de libertad, sentados en la iglesia, atados por cadenas espirituales, leyendo sus Biblias mientras siguen en esclavitud. Es la verdad la que libera a uno. Si no has aceptado la verdad, permanecerás en esta esclavitud para siempre.

Guerra contra los poderes de las tinieblas

En el libro de Efesios 6:12, la Biblia dice: *Porque no tenemos lucha contra sangre y carne, sino contra principados, contra potestades, contra los gobernadores de las tinieblas de este siglo, contra huestes espirituales de maldad en las regiones celestes.*

En la escritura anterior, ves batallas espirituales. Es una realidad que alguien no puede expresar porque es complicada. Las batallas espirituales son a menudo profundamente personales; son el tipo de luchas que nadie más puede ver o entender verdaderamente. Incluso si tienes un esposo o una esposa, puede que no comprendan completamente por lo que estás pasando. Es tu batalla, entre tú y Dios, y es algo que solo tú puedes pelear con Su fuerza. Por eso puede llevarte fácilmente a la depresión, pensamientos suicidas, aislamiento, cambios de humor y sospechas. Nadie puede entender las batallas espirituales por ti. Puedes ser padre, pero si tu hijo está pasando por batallas espirituales, no puedes verlas; no puedes ayudar porque no lo entiendes.

A menos que seas una persona que camine en lo sobrenatural, conectada con el Espíritu del Dios viviente, permanecer cerca de Dios es como Él te revelará y te mostrará los secretos ocultos del enemigo, mientras te acercas a Él mediante la oración, el ayuno y la consagración. Muchas veces estas batallas se manifiestan en nuestros hijos o miembros de la familia como aflicciones (desobediencia, calumnias, aislamiento, tendencias suicidas, terquedad, fracaso escolar, ira, rechazo, obesidad, adicción, etc.). Por eso la Biblia dice que no luchamos contra carne ni sangre.

"La vida es espiritual, y es una batalla interminable porque el reino de las tinieblas subestimó a los hijos de Dios en cuanto a las cosas del Espíritu." Las batallas físicas que puedes ver son más fáciles que las espirituales. Ves el arma; conoces la guerra, pero la batalla espiritual es otra cosa que te mantendrá en esclavitud, dejándote sin saber qué hacer ni cómo proceder. Sin embargo, damos gracias a Dios porque hoy en día hay muchas soluciones. Necesitas entender más sobre las batallas espirituales y cómo ayudarte a ti mismo y a los miembros de tu familia porque tú eres la respuesta para esta generación. Puedes experimentar liberación por ti mismo simplemente escuchando enseñanzas sobre liberación y participando. Así que, como hijos de Dios, si no estás buscando la liberación, significa que no estás siendo serio con tu liberación, porque el conocimiento está disponible, los materiales son accesibles; es simplemente una cuestión de ti y tu tiempo.

La liberación es trabajo duro, y es más profunda, especialmente si eres un comandante de primera generación o un líder; no puedes esperar que alguien haga todo por ti. Puedes orar para que Dios ponga a alguien cerca de ti como guía. Ellos interpretan tus sueños y te aconsejan que ores oraciones específicas; algunos incluso pueden sugerirte ayunar, dependiendo del sueño y de lo que la persona sienta que el Espíritu Santo le guía a hacer. Las batallas espirituales requieren que emprendas este camino y declares guerra después de ponerte toda la armadura de Dios y toda la armadura de la luz, porque es una empresa muy dura. Ahora bien, cuando comienzas a buscar liberación profunda de ataduras profundas, entenderás que hay cosas más ocultas; en el momento en que empiezas a tocar el tema de la liberación, es como si todo el infierno se desatara contra ti. Puede que empieces a tener múltiples sueños a la vez y eso es una señal clara de cuán defectuoso está tu fundamento. Es el reino espiritual revelando la profundidad de lo que necesita ser tratado, liberado y sanado.

Dios, en Su misericordia, está tratando de mostrarte que no se ha trabajado nada, así que empieza a trabajar y toma el viaje de la liberación muy en serio. Dios te está mostrando que hay poderes en el fundamento que están hablando en contra de lo que estás a punto de hacer, persiguiendo la liberación total y completa. Hay altares antiguos que tienen derechos legales. Altares y pactos han estado en su lugar durante siglos y han permanecido intactos. Así que, cuando comienzas a tocarlos, todo el infierno se desata.

Algunos creyentes en iglesias influyentes a menudo pasan por alto un problema esencial: el problema con tales iglesias es que la unción de un hombre o mujer de Dios poderosa a menudo los cubre. No has sido liberado; solo estás cubierto o protegido por un momento. Por eso descubres que cuando tales personas dejan esa iglesia o esa cobertura, todo el infierno se desata de nuevo porque no fuiste liberado; caminabas bajo la unción de alguien más, y ni siquiera te dijeron que trabajaras en tu liberación porque quieren mantenerte esclavizado. Por lo general, no enseñan sobre la liberación ni revelan secretos al respecto; en cambio, te hacen creer que estás liberado porque caíste bajo la unción y estás bajo el liderazgo de un hombre o mujer de Dios poderosa.

Quieren mantenerte siempre dependiente de ellos, lo cual me parece extraño porque la Biblia dice que la cosecha es mucha, pero los obreros pocos. Siento que la unción que el Señor ha puesto sobre mí es para distribuir este material y conocimiento a cada persona, para que muchos puedan trabajar en su liberación y ser libres, permitiendo que el Señor los use en Su viña. Recuerda que, antes de ser liberado, no puedes ser utilizado completamente, o estarás limitado en cuanto a la información que Dios puede revelarte. Porque ¿qué sucede cuando eres completamente liberado? Dios puede confiar en ti y darte el secreto del Reino, junto con todas las armas necesarias para conquistar al enemigo en la batalla. Todas las armas esenciales que necesitas, todo el apoyo vital que requieres, ya sea sabiduría financiera o conocimiento, cualquier cosa que necesites, Dios te la dará cuando estés total y completamente liberado.

Así que, si no estás completamente liberado, imagina que Dios derrama Sus bendiciones y riquezas sobre ti; esos poderes persistentes aún ligados a tu vida intentarán quitarte todo. Robarán lo que Dios tenía destinado para ti, porque el fundamento legal aún no ha sido roto ni removido.

Por eso Dios me ha dado una asignación para liberar y esparcir este mensaje. Esto es un avivamiento; que tantos como sea posible sean liberados. Si debo ser un vaso que Dios usará para liberarlos por la gracia de Dios, o si tienen que hacerlo por sí mismos, debo enfatizar esto para que las personas comprendan la importancia de la liberación, que puedan ser purificados y estar listos para ser usados completamente por Dios.

Si no estás dispuesto a ser completamente liberado, no puedes acceder a toda la gloria de Dios ni a tu destino dado por Él. Los derechos legales espirituales que aún están en pie te están negando tus derechos como hijo de Dios. La Biblia dice que Josué, un sumo sacerdote, todavía tenía una vestidura sucia sobre él, y Satanás estaba allí mismo para acusarlo y negarle lo que Dios le estaba liberando. Por eso me escuchas insistiendo en la liberación al pueblo de Dios. Trabaja en tu liberación. Asegúrate de que sea completa, así cuando seas usado para traer liberación a otros, Satanás no te acuse con tu vestidura sucia si aún no has sido liberado. Por eso debes entender que no debes caminar en ignorancia, declarando: "Soy un hombre de Dios", mientras llevas vestiduras sucias en el espíritu. Tenemos que tomar la liberación en serio. Sin ella, no podemos caminar plenamente en lo que Dios nos ha dado. El enemigo seguirá buscando formas de robar, matar y destruir mientras haya una puerta abierta en nuestras vidas.

Mientras haya acceso, pueden hacerte daño porque te perciben como una amenaza para su reino y para ellos mismos. Asegúrate de caminar en la plena cobertura de la sangre de Jesús y con toda la armadura de Dios, que incluye el yelmo de la salvación, la coraza de justicia, el cinturón de la verdad, las sandalias del evangelio de la paz, el escudo de la fe y la espada del Espíritu. No permanezcas en ignorancia pensando que todo está bien. Una vez que tocas el Reino de las Tinieblas, la liberación de batallas profundas viene con repercusiones y represalias. Así que, mantente entendido a medida que inicias este viaje; debes permanecer siempre vigilante. Debes estar listo; la Biblia dice: "Te he puesto por atalaya sobre los muros de Jerusalén". Ahora bien, ¿cómo puedes ser un atalaya y escoger horarios? Un atalaya está de guardia en su puesto asignado todo el tiempo.

Durante mi proceso de liberación, enfrenté una gran turbulencia y batallas porque, al principio, me resistían, pensando que tal vez me rendiría. Sin embargo, estaba determinado porque sabía que uno de nosotros se rendiría al final, y esa no sería mi porción. A medida que continúas participando, ellos comienzan a perder la batalla. Ahora entras en la fase de crucero, donde ya no tienes que luchar en la zona de guerra, en sueños ni visiones, porque estás en control. Incluso si sientes un alivio en tu espíritu, no descanses; sigue luchando, aunque no haya guerra; sigue haciendo lo mismo todos los días. ¿Por qué? Porque se están escondiendo, puedes volver a dormir pensando que has sido liberado, y luego pueden volver como un torrente.

Por eso debes permanecer en tu puesto de asignación, que en este caso es la oración. Muchos reinos ya están saliendo, pero los hombres fuertes y fortalezas fundamentales son difíciles de eliminar. Por eso no debes dejar tu puesto, no importa cuánto alivio sientas. Esos hombres fuertes y fortalezas son agentes del infierno en tu familia; son sacerdotes y profetisas. Siguen nutriendo el fundamento defectuoso al empoderar pactos legales corruptos, manteniéndolos así vivos, activos y en su lugar. Les están sacrificando; tienen esa asignación de alimentarlos continuamente a diario, mensual o anualmente, dependiendo del pacto. Todavía tenemos algunas tribus y religiones en mi país que van a visitar las aldeas cada año, donde realizan rituales en el cementerio donde están enterrados sus seres queridos, abuelos o padres, y participan en varias actividades, incluidas oraciones, comidas y bebidas, entre otras. Creo que muchas personas no son conscientes, pero la sacerdotisa de la familia está al tanto de todos los sacrificios que hacen a sus dioses cada año; es un pacto en pie y un espíritu de cementerio, el espíritu de los muertos que controla esa familia.

Las personas hacen estos sacrificios y muchos no saben lo que están haciendo; simplemente siguen. Tenemos algunos que son ignorantes; están haciendo eso y no conocen las implicaciones.

Sin embargo, algunos de ellos reconocen que están alimentando el pacto porque debe haber alguien que continuamente haga sacrificios; pasan el bastón o el cetro de generación en generación, al menos a un miembro de la familia comprometido a hacerlo. **Satanás es tan astuto, y ha gobernado tu familia desde siempre. Incluso si lo echas ahora, aún tiene que dejar un representante, al menos uno.** Satanás no está listo para rendirse por completo; es una batalla. Esta batalla le pertenece a Dios.

Estos pactos pueden ser tan profundos y brutales, dependiendo del poder de tu clan con esos dioses. No importa cuán fuerte haya sido o sea tu tribu, algunos de ellos requieren carne y sangre humanas. En esos lugares, suele haber una prevalencia de muertes por accidentes o enfermedades, secuestros y pérdida de niños. ¿Dónde están los niños? Han sido sacrificados. Cuanto más amenazadas se sienten estas potestades por tu presencia, más sacrificios deben exigir. Muchos hijos de Dios están comenzando a entender que estos sacrificios diarios son la fuente de su cautiverio, dolor, decepción y fracasos. Esto es para asegurarse de que sigan siendo aún más fuertes y manteniendo el control.

Si no pueden obtener suficiente sangre, atacarán a mujeres embarazadas, es decir, si hay mujeres embarazadas alrededor del clan o la tribu, lo que significa una recurrencia constante de mujeres que pierden sus embarazos. Yo fui una de ellas; mi semilla, mi embarazo, también fue atacado. Pero Dios, en Su misericordia, tenía un propósito para mi vida. Él ha diseñado mi vida de tal manera que yo lucho batallas difíciles y escapo sin una cicatriz. Eso se debe a que me levanté en ese momento y dije: "¡No! Hasta aquí y no más. Exijo una generación pura; mi vientre será una representación del cielo, y mi semilla será una semilla de una generación pura. Satanás tiene prohibido ahora y para siempre poner manos sucias sobre esta semilla, el fruto de mi vientre. A partir de ahora, deben ser líneas de sangre limpias; debe ser una generación limpia de la cual Dios se sentirá complacido de esta creación humana."

Tuve que ponerme mi armadura y luchar una batalla como si fuera una pelea física. Tal vez la gente no entendía por lo que yo estaba pasando, pero yo sabía que esto seguiría afectando a otras generaciones si no luchaba. Tuve que aprender a orar para defender a mis hijos. Así que oré por la fuerza de Dios para que me ayudara, para poder finalmente terminar esta batalla de una vez por todas y asegurarme de que mis hijos, nietos, bisnietos y la generación aún no nacida no tuvieran que soportar este fundamento defectuoso.

Como mencioné anteriormente, las mujeres embarazadas deben tener cuidado con los sacrificios. Una vez que concibes, no hay espacio para excusas; necesitas comenzar la batalla de medianoche y cubrir a esos hijos. La mayoría de las veces, usan a los niños no nacidos para alimentar sus altares, lo cual es la razón por la que incluso los gobiernos legalizan el aborto, porque el bebé es sin pecado, y ese es el sacrificio más alto para el Reino satánico.

Esto es aún peor cuando tienes a alguien cercano a ti, tal vez un padre, una madre, un tío, un hermano o una hermana, que todavía practica la adoración al diablo. No será fácil porque tienes a un miembro inmediato de la familia que se somete allí. Sin embargo, si ya has comenzado el viaje de liberación, Dios, en Su misericordia, revelará todo lo que está sucediendo, y el ministro de liberación proporcionará orientación sobre qué hacer a continuación, todo con la ayuda del Señor.

Cuando yo crecía, solíamos enterrar al menos a una o dos personas al año. Tal vez desde los años 80 hasta 2014, sucedía que alguien tenía que morir cada año por aborto, accidente, muerte repentina o enfermedad. Le pregunté a Dios por qué era así, y se me abrieron los ojos para ver que había alguien que era un sacerdote demoníaco causando estas muertes de personas en mi familia/clan. Todavía había portales satánicos y pactos en pie que nuestros antepasados dejaron, y nadie tenía idea de cómo cerrarlos y abrir el portal divino. Como dice la Biblia, nuestros padres comieron uvas agrias, y los dientes de los hijos tienen la dentera.

PORTALES:

¿Qué es un Portal?

Los portales espirituales y los portales divinos a menudo se entienden como puntos de acceso divinos o portales a través de los cuales la presencia, el poder y la revelación de Dios se manifiestan en el ámbito natural. En contextos bíblicos y espirituales, un portal no es una puerta literal, sino una apertura simbólica o sobrenatural que permite que las realidades celestiales se crucen con las experiencias terrenales. Estos portales pueden abrirse mediante actos de adoración, oración, ayuno, obediencia y encuentros divinos. Por ejemplo, en la Biblia, lugares como Betel (donde Jacob vio la escalera que llegaba al cielo) o el templo en Jerusalén se consideran lugares donde el cielo tocó la tierra— portales espirituales donde la presencia de Dios era especialmente tangible.

Se cree que los portales divinos están alineados con la voluntad y el propósito de Dios, ofreciendo a los creyentes momentos únicos de visitación divina, avance espiritual o revelación profética. Pueden ocurrir en lugares específicos, temporadas o durante actividades sagradas donde Dios decide revelarse más profundamente. Estos momentos o "portales" a menudo se marcan por un sentido elevado de la gloria de Dios, claridad de visión espiritual y un llamado a una intimidad más profunda con Él. A diferencia de las puertas espirituales ocultas o impías que buscan poder aparte de Dios, los portales divinos están arraigados en la autoridad y santidad de Dios y conducen a la transformación, alineación con Su voluntad y empoderamiento para el servicio. En esencia, los portales espirituales y divinos nos recuerdan que los ámbitos espiritual y físico están profundamente conectados, y que Dios elige soberanamente los momentos y medios mediante los cuales se acerca a Su pueblo.

Cerrando portales satánicos y abriendo los divinos

Todos los creyentes, como hijos serios de Dios, deben caminar en completa liberación; debemos convertirnos en expertos en portales espirituales: cerrar los portales del infierno y abrir los portales del cielo.

Los portales satánicos a menudo se abren a través del pecado, altares malvados, pactos generacionales y rituales oscuros. Estos portales permiten el acceso demoníaco a vidas, familias, ciudades e incluso naciones. Pero cuando un creyente se pone serio con Dios, Satanás reconoce la amenaza y envía sus armas más poderosas de los cinco reinos para detenerlo. No desperdicia sus recursos en aquellos que no representan una amenaza, pero en el momento en que buscas verdadera liberación y alineación con Dios, todo el infierno se desata para oponerse.

A veces, la persona que consistentemente te ataca o resiste puede ser un representante de un portal del infierno. No puedes vencerlos hasta que ese portal esté cerrado y uno del cielo abierto justo donde estás, incluso en tu oficina. Tu oficina debe ser más que un lugar de trabajo; debe convertirse en un portal del cielo, donde los ángeles ascienden y descienden. Tu silla, tu escritorio, todo puede ser una puerta a la presencia divina.

Donde existen portales satánicos, los demonios y espíritus del infierno infiltran e influyen en organizaciones enteras. Por eso debemos ser intencionales: cerrar todo portal demoníaco y abrir los divinos. Aprende a especializarte en abrir portales del cielo en ciudades, territorios y naciones para traer avivamiento. Viaja por las naciones, cerrando portales del infierno y abriendo portales de sanidad, liberación y restauración. Estás convirtiéndote en un experto espiritual en portales.

Algunos de nosotros literalmente dormimos sobre portales del infierno. La ubicación de tu casa, tu cama o incluso tu habitación podría haber sido un portal abierto a través de actos de pecado, quizás alguien previamente cometió fornicación allí. Regresa y cierra ese portal. Abre uno divino mediante arrepentimiento, adoración y la sangre de Jesús.

Puedes tener una gran idea, negocio, carrera o ministerio, pero si un portal satánico está controlando tu vida, todo estará atado a la oscuridad. Algunos están enfermos debido a un portal de enfermedad en su hogar. Otros están atrapados en la pobreza debido a un portal de desperdicio, un lugar donde la actividad demoníaca drena los recursos. Cuando cierras ese portal, las brujas se irán, porque los demonios y espíritus no pueden quedarse donde no hay un portal abierto para ellos.

Tanto en aldeas como en ciudades, los portales empoderan el trabajo de la brujería. Los ocultistas prosperan porque saben dónde están estos portales. Van allí de noche descalzos para reabrirlos y capturar almas. Caminan por la ciudad, manteniendo puntos de acceso para la actividad demoníaca. Hasta que la Iglesia se levante y localice estos portales para cerrarlos y abrir los portales celestiales, no veremos un verdadero avivamiento.

Los falsos profetas operan a través de portales demoníacos. Algunas sinagogas e iglesias están construidas sobre portales del infierno. La gente va a adorar y es capturada sin saberlo por los espíritus que operan a través de esas puertas. Muchos de ustedes perdieron su dinero, su estrella, su destino en esos portales, pero ha llegado el momento de cerrarlos y recuperar lo que se perdió en el nombre de Jesús.

Las Batallas Espirituales Profundas Requieren Conciencia de los Portales

No se pueden ganar batallas espirituales profundas sin cerrar los portales del infierno. Las áreas donde se reúnen prostitutas, bares y discotecas no son solo lugares físicos; son portales espirituales que deben ser cerrados. Si no lo haces, tus hijos podrían un día pasar por ellos y caer bajo la misma esclavitud.

Muchos hoteles satánicos están construidos sobre portales del infierno. Jesús mismo viajó a través del mar con un solo propósito: cerrar un portal. Se paró sobre una roca y declaró: "Sobre esta roca edificaré Mi Iglesia, y las puertas del Hades no prevalecerán contra ella." Esa roca era una puerta conocida del infierno, pero Jesús anunció un nuevo comienzo, un portal del cielo y autoridad para Su pueblo.

En cada ciudad, hay portales del infierno en colinas, cerca de puertos marítimos, incluso en áreas donde se reúnen falsos profetas, pastores y brujas. Algunos líderes de iglesias son conscientes de los portales debajo de sus púlpitos, portales activos de oscuridad, pero no toman acción.

Jesús le dijo a Natanael: "Verás el cielo abierto, y a los ángeles de Dios subiendo y bajando sobre el Hijo del Hombre." Estaba describiendo un portal. Juan 1:51. Cuando Jacob despertó de su sueño, dijo: "Ciertamente el Señor está en este lugar, y yo no lo sabía... ¡Qué temible es este lugar! No es otra cosa que casa de Dios y puerta del cielo." Génesis 28:16. Ese lugar era un portal de Dios, por eso los ángeles del cielo tenían acceso, subiendo y bajando.

Un portal puede estar fijado a un lugar específico o estar unido a un dispositivo móvil. Cuando Israel viajó por el desierto, una nube los seguía, un portal divino en movimiento. A dondequiera que iban, la presencia de Dios estaba con ellos. Éxodo 40:36-38. A lo largo de todos los viajes de los israelitas, cada vez que la nube se levantaba de encima del tabernáculo, se ponían en marcha; pero si la nube no se levantaba, no partían—hasta el día en que se levantara. Así, la nube del Señor estaba sobre el tabernáculo de día, y de noche había fuego en la nube, a la vista de todos los israelitas durante todas sus jornadas.

Declaro que en todo lugar donde vayas, habrá un cielo abierto sobre tu vida. Imagina si tanto un portal está abierto sobre ti como otro en el lugar donde estás—cuando el cielo está sobre tu vida y el lugar está consagrado a la presencia de Dios.

Oro para que muchos de nosotros seamos serios en abrir portales celestiales que sometan los portales del infierno y traigan el mover de Dios que construirá un portal más grande de oración al cerrar las puertas del infierno y provocar el avivamiento de la iglesia del tiempo final.

Cuando el portal del cielo está abierto, fluyen sanidades, liberación y milagros. Cuando Pedro caminaba, un portal se movía con él; su sombra sanaba a los enfermos porque el cielo reposaba sobre él. No necesitaba luchar en oración; las personas eran sanadas simplemente al entrar en el alcance del portal. Hechos 5:15. Como resultado, sacaban a los enfermos a las calles y los ponían en camas y camillas, para que al pasar Pedro, siquiera su sombra cayera sobre alguno de ellos.

El Espíritu del Señor me dijo que yo podía detener el mal fundacional simplemente hablando y revirtiendo el mal al cerrar el portal maligno y abrir el portal divino en el fundamento. Decidí hablar la palabra y comencé a observar cosas manifestarse de inmediato. Noté que las muertes prematuras fueron cortadas, así como todos los demás ciclos y patrones negativos. Si hubiera sabido esto antes, habría detenido muchas muertes en mi fundamento. Recuerdo que dije en 2014, sobre la tumba de mi hermano, que esa sería la última muerte satánica/prematura de cualquier persona en mi linaje. Quien decida seguir al Dios que yo sigo, Jesucristo de Nazaret, nunca enfrentará muerte prematura, porque el Señor Dios Todopoderoso me lo revelará antes de que ocurra, y será revertido. Le agradezco a Dios que ha estado revelando muchas cosas, y muchas vidas han sido salvadas de la muerte. Desde entonces, no ha habido muertes prematuras inesperadas en mi árbol genealógico. Incluso mis familiares pueden dar testimonio de ello. Nuestro Dios es misericordioso, fiel y maravilloso. Nuestro Dios es bueno.

Entonces, la parte del hombre fuerte y la fortaleza es robar, matar y destruir en silencio; están trabajando arduamente para completar la tarea en sus pactos sin perder tiempo. Vigila y ora, decreta cosas, ordena cosas; la palabra de Dios tiene el control, y por tanto, tú tienes el control, estás prevaleciendo en el nombre de Jesús.

Capítulo 4:
Altares

La contienda que ves es porque hay un altar activo que está hablando. El altar que construyeron tus antepasados es el que te está combatiendo. Ahora, como hijo de Dios, necesitas levantar un altar que represente el reino de nuestro Señor Jesucristo. Es imperativo construir un altar porque el altar que está hablando proviene de un fundamento defectuoso, y por eso está luchando contra ti y resistiendo todo lo que intentas hacer en Cristo Jesús. Así que, tendrás que derribar ese altar y levantar otro; es una situación de altar contra altar.

Tu altar será poderoso porque Dios es el altar más grande, y ese sobrepasará a todos los demás. Cuando edificas un altar a Jesucristo, literalmente abres el portal al reino de Su gloria. Los ángeles están ascendiendo y descendiendo para actividades espirituales. Cuando plantas ese altar, la intervención divina entra en acción para establecer el Reino. Los ángeles ascenderán y descenderán frecuentemente porque pueden localizar el portal que has abierto para Dios. Cuando edificas un altar, estás diciendo: "Jesús, desciende sobre mi altar y establece Tu Reino en mi familia, mi nación, mi generación, mi linaje o mi sangre."

Eso es lo que significa cuando construyes un altar. Un altar es diferente a una reunión de oración. Oramos, ayunamos, y a veces intensificamos nuestra devoción erigiendo un altar. Ahora bien, cuando construyes un altar, demuestras tu seriedad porque debes establecer algo en Cristo Jesús que supere lo que se hizo antes en tu vida o en tu familia.

Así como Jesús dijo, este tipo no sale sino con oración y ayuno. Esto demuestra la seriedad con la que debes abordar tu práctica espiritual: tienes un altar en su lugar cuando oras y ayunas. Este es otro nivel en el camino de la liberación. Debes establecer una base sobre la cual sostenerte cuando comiences a invocar a Jesús.

Por supuesto, el altar supremo es el Altar de la Cruz de Jesús. En el libro de Éxodo 20:24, Dios le ordenó a Moisés que le hiciera un altar en la tierra, para sacrificar una ofrenda quemada y hacer una ofrenda de comunión de ovejas, cabras y ganado. Entonces dijo: Si haces ese altar para mí, haré tres cosas por ti:

1. Haré que mi nombre sea honrado. Otra versión dice que grabaré mi nombre en lo que vas a orar sobre ese altar. Cuando tienes un altar, eso significa que Dios está grabando Su nombre allí.

2. Mi presencia estará allí. La presencia de Dios está con nosotros porque oramos junto con Cristo. El altar es para Jesucristo; la presencia de Jesucristo está presente.

3. Te bendeciré. En otras palabras, no serás el mismo nuevamente. Las bendiciones de gracia son las bendiciones de Abraham, Isaac y Jacob.

Esas son las cosas hermosas que suceden cuando construyes un altar. Oro para que Dios te dé la gracia de ver profundamente el beneficio del altar y levantar uno, para que no te lo pierdas.

En el libro de Mateo 18:18, Jesucristo dice: "De cierto os digo que todo lo que atéis en la tierra será atado en el cielo; y todo lo que desatéis en la tierra será desatado en el cielo."

En el versículo 20 está escrito: "Porque donde están dos o tres congregados en mi nombre, allí estoy yo en medio de ellos." Cuando edificamos un altar en Su nombre, Él se manifiesta; sí, Dios es omnipresente, pero el altar atrae Su atención de una manera especial. Además, cuando lo hacemos, nos unimos en unidad, como el Padre, el Hijo y el Espíritu Santo.

Y cuando construimos un altar, Él nos da autoridad. Después de venir en el nombre de Jesucristo de Nazaret, recibes el poder— el poder de Dios para obrar dentro de ti. El poder de Dios comienza a funcionar. Job 22:28 dice: "Determinarás asimismo una cosa, y te será firme." Así que, cuando declares y tomes autoridad, solo cree que está hecho.

El reino de las tinieblas se toma muy en serio sus altares y sacrificios porque ese es su portal. Tuve que tomar el asunto de los altares muy en serio después de darme cuenta de que mis enemigos operaban desde el altar. Antes de eso, no sentía su importancia. Hasta que levanté uno en el nombre de Jesucristo, fue cuando comencé a ver muchos cambios, incluso en las batallas de fundamento. Estoy tratando de proteger mi liberación porque he hecho un trabajo extenso en esta área hasta ahora, y debo resguardar lo que he logrado a lo largo de los años. He hecho un trabajo extenso a lo largo de los años, y no permitiré que ese progreso se deshaga. Me niego a haber llegado hasta aquí solo para abandonar ahora.

Asegúrate de que el altar que estaba presente en el fundamento sea demolido mientras construyes tu altar en el nombre de Jesús. Gedeón recibió instrucciones para destruir el altar.

Hay poder en un altar espiritual; atrae poderes, dependiendo del dios al que esté dedicado. ¿Está dedicado a espíritus acuáticos, sirenas, espíritus serpenteantes, marinos, esposos o esposas espirituales, reuniones extrañas en sueños, o brujería? Todo esto puede revelarse en tu sueño. Es muy importante que examines el altar que sirves o el altar que sirve tu fundamento o tu familia.

Asegúrate de derribar todos los altares demoníacos en tu fundamento, tu línea de sangre —del lado de tu madre y del lado de tu padre. Lamentablemente, los hijos de Dios han sido tan ignorantes de las cosas del espíritu; tendemos a ignorarlas, y sin embargo, son las que más nos afectan. Pero esta es la ruta correcta a seguir. No hay una opción fácil; si quieres que tu fundamento sea limpiado, no hay alternativa.

La Biblia dice: "El temor del Señor es el principio de la sabiduría." Una cosa que puedo asegurarte es que si alguien ha pasado por este tipo de liberación, no toma a la ligera las cosas de Dios. Teme al Señor. Está postrado y temblando porque ha sido un viaje arduo y doloroso. Este tipo de personas guían a otros por el camino correcto —hacia Cristo— y les dicen la verdad de que la liberación es posible, guiándolos hacia el arrepentimiento.

¿Qué necesitas para derribar el altar?

La fe es lo primero que necesitas para derribar el altar; la fe es el motor de la liberación. La fe en la Palabra de Dios genera el poder de Dios. Cuando tienes fe a bordo, posees el poder de Dios, la fuerza de Dios y la autoridad de Dios. En el libro de Mateo 21:21, Él dijo: *Si crees, recibirás todo lo que pidas.* Cuando tienes fe en Jesucristo, Él te dará poder. Harás Su obra. La Palabra del Señor a Zorobabel fue: *Quiero que hagas algo, pero no es con fuerza ni con poder, sino con el Espíritu del Dios vivo y todopoderoso.* La fe en Dios libera Su poder para derribar todo altar opuesto.

Ahora bien, lo segundo que necesitas al derribar el altar es una declaración. *Declaro en el nombre de Jesucristo de Nazaret que este altar demoníaco es desarraigado.* Declaramos que será neutralizado. Derribamos las fortalezas sobre este hogar. Es muy importante derribar esos altares y luego comenzar a construir unos buenos.

> *Job 22:28: "Determinarás asimismo una cosa, y te será firme."*

Entonces, derribamos altares malignos declarando. Y luego, lo tercero que debes hacer al derribar el altar maligno es reemplazarlo construyendo un altar piadoso, reemplazando así el que has derribado.

> *Jeremías 1:10: "Mira que te he puesto en este día sobre naciones y sobre reinos, para arrancar y para derribar, para destruir y para arruinar, para edificar y para plantar."*

Cualquier altar demoníaco en esta familia que se levantó debido a la avaricia, el egoísmo, la ignorancia y la pobreza, lo derribo. Lo neutralizo con la sangre de Jesucristo, en el poderoso nombre de Jesucristo de Nazaret, conforme a la Palabra de Dios y con fe. Necesitas hablarle a Satanás en el nombre de Jesús: Ya no tienes poder en esta familia. Ya no tienes poder en este fundamento. Ya no tienes influencia en este lugar. Porque voy a construir un altar en el nombre de Jesucristo de Nazaret. Por lo tanto, en el nombre de Jesús, te derribo; te destruyo en el nombre de Jesús, te derroco, según Jeremías, en el nombre de Jesús. Tu cabeza está rota y tu brazo está roto. Ya no tienes influencia ni autoridad en este lugar. En el nombre de Jesucristo, ya no tienes autoridad en esta línea de sangre, en esta generación, en este fundamento. Por la sangre de Jesucristo de Nazaret, el nombre de Jesucristo prevalece, y la Palabra de Jesucristo prevalece. Lo que ato en la tierra será atado en el cielo; lo que desato en la tierra será desatado en el cielo, y desato en el nombre de Jesús toda fortaleza en este lugar. Te corto. Corto tus cadenas; te quemo con fuego consumidor.

Hebrews 12:29: My God is a consuming fire.

Ora:

Toda plantación maligna en mi fundamento y en mi línea de sangre que Dios no plantó, ordeno que el fuego consumidor la consuma, y no estará allí más. Ahora, construyo un altar divino y apropiado a Jesucristo. Y levanto un altar adecuado a Jesucristo de Nazaret.

Capítulo 5:
Miembros de la Familia Bajo la Adoración Satánica

Miembros de la familia que aún están conectados al Reino de las Tinieblas — ¿cómo afecta esto a alguien que está buscando una liberación de fundamento? En el libro de Levítico 18:21, la Biblia dice:

No entregarás a ninguno de tus hijos para ofrecerlo por fuego a Moloc; no profanarás el nombre de tu Dios. Yo soy el Señor.

Esto significa que cada vez que alguien se somete a este Reino, trae vergüenza al nombre de nuestro Dios y también al Reino de Dios. Entonces, como hijo de Dios, estás involucrado en la liberación; estás trabajando diligentemente para hacer todo lo posible y correcto ante el Señor. Pero justo a tu lado, hay otra persona que está trabajando incansablemente en tu contra a través del otro reino de oscuridad para obstaculizar la misión de Dios en tu vida y frustrar tu destino dado por Dios. Por eso encuentras que la liberación para tales personas es muy complicada; debe llegar a comprender a las personas que lo rodean —miembros familiares inmediatos y amigos— porque una vez que comienzas el viaje de liberación, Dios, en Su misericordia, obra y camina contigo en cada paso del camino. El Espíritu del Señor entra en ti como vaso y comienza a guiarte y dirigirte. Él está contigo en el fuego, en la tormenta, en el valle y en la montaña. Está contigo, y no solo obra contigo, sino que también camina contigo; Él te equipa. Entonces, tendrás que tomar este viaje de liberación muy en serio.

Ya que estás equipado, tus oraciones se convierten en la mayor arma de guerra; cada oración que liberas cambia cosas en el reino de las tinieblas. Es una oración cargada con las armas de guerra, que es el Poder de Dios. Todo lo que liberas con entendimiento y autoridad va directamente al reino de las tinieblas. Comienzas a ver que el Señor está obrando a tu lado. Él comienza a mostrarte, a través de sueños o visiones, lo que exactamente necesitas abordar y lo que está sucediendo. Dios te muestra un vistazo, como una película, de lo que tus oraciones de guerra están haciendo en el Reino de las tinieblas. Así es como recibes la fuerza para seguir luchando, porque puedes ver cómo estás avanzando en el Reino Espiritual.

Las cosas que te mantendrán creciendo fuerte, permaneciendo firme y avanzando en el reino espiritual o el reino sobrenatural son las batallas a medianoche, el ayuno, la consagración, la disciplina y la constancia en la oración. Así es como puedes derribar a tus enemigos. Pero el enemigo no solo está observando; él también está luchando. Los enemigos están aumentando su poder, mejorando sus armas y buscando contrarrestar el efecto de tu guerra espiritual.

Eso es lo que ves en el campo de batalla espiritual: aumentamos en autoridad y mando según cómo la voz de Dios nos guía en la guerra, y nuestras flechas dan en el blanco. Cuando las flechas son muchas, el fuego es muy grande. Esto los afecta, y todo el reino comienza a temblar y desmoronarse; ahora entienden que no están tratando solo con un ser humano, sino con una unción y una autoridad. Entonces, ¿qué hacen? Aumentan la presión. Recuerda, te dije que no pueden rendirse fácilmente porque han invertido mucho en ti a través de tu nombre, tus estrellas, tu generación y tu fundamento.

Así que no van a rendirse fácilmente; se espera una batalla y no debe subestimarse. Rendirse significa entregar todo lo que han robado de tu fundamento, que han tomado de tu gente ignorante. Por lo tanto, si no aumentan la guerra contra ti, deben entregar lo que los está haciendo prósperos, famosos y exitosos aquí en la tierra. Por eso intensificarán la lucha y contenderán contigo. Recuerda todo lo que Satanás te ha robado o ha puesto sobre ti. La batalla tiene como objetivo recuperar lo que Satanás ha robado e intercambiado de ti y de tu pueblo.

Aumentarán la guerra y la presión sobre la persona conectada a ti que se somete a su reino. La atormentarán para que pueda ir tras de ti. Para ellos, todo se trata de su reino, nada menos. No les importa la vida que se pierde ni el dolor que están causando; no les importa. Estos son los agentes satánicos conectados a ti. Deben hacer lo que se les ha pedido, sin importar el afecto que puedan tener hacia ti. Este es el punto en el que incluso pueden acabar con tu vida y matarte porque los estás molestando y bloqueando sus agendas malignas. Esto es muy importante para los hijos de Dios cuando comienzas a exigir lo que por derecho te pertenece. Recuerda, Él está observando muy de cerca; la Biblia dice: *"El que habita en los cielos se reirá."* Hay una inmunidad diplomática celestial automática para ti. No hay nada que Satanás pueda hacerte; estás altamente protegido, sentado a la diestra del Padre con Cristo Jesús. Dios no puede colocarte al frente y luego abandonarte; es imposible. Él es quien está haciendo el trabajo; tú solo eres un vaso que Él eligió usar para traer liberación a tu fundamento y a Su pueblo. Oro para que tú seas quien traiga la victoria fundamental a tu familia.

Por eso, una vez que te etiquetan como una amenaza, te conviertes en su objetivo, y su deseo es que caigas para que ya no luches ni ores contra ellos. La unción sobre ti es para perseguir, alcanzar y recuperar todo sin fallar. Para mantener continuamente tu posición en la batalla, debes mantener tu fuego encendido; debes mantener pureza, santidad y justicia, y el temor del Señor no debe apartarse de ti. Por eso algunos de nosotros hemos llegado al punto de no volver atrás, y libramos guerra como profetas enloquecidos. Es una batalla diaria en nuestro Altar de Liberación, conocido como *Jesus Deliverance Clinic International Ministries*, y es nuestra plataforma diaria de medianoche que el enemigo tanto teme debido a la constancia y disciplina que hemos mantenido durante los últimos años. Cada medianoche, libramos guerra. Estas son las razones por las que el fuego arde continuamente.

Dios dijo al principio de este año que está buscando personas constantes. Cuando eres constante, seguramente podrás vencer este reino oscuro con la ayuda del Señor Jesucristo. El enemigo investiga sobre nosotros y calcula hasta qué punto podemos luchar; el enemigo nos entiende mucho mejor de lo que nosotros nos entendemos a nosotros mismos. No hay manera de que no logres vencerlos cuando eres constante. Cada vez que estás en el altar, estás fortaleciendo tus músculos espirituales y profundizando en los ámbitos espirituales a través de la oración y la Palabra de Dios.

Si eres constante en hacer esto todos los días, inevitablemente cambiarás. Cada día, alcanzas nuevos niveles de poder, oración y autoridad. Sin embargo, cuando eres parcial, perderás lo que un guerrero de tiempo completo puede lograr, tanto en los ámbitos espirituales como físicos. En nuestro ministerio, solo somos de tiempo completo y sobretiempo, porque las batallas que estamos librando no son batallas para personas de medio tiempo. Estamos avanzando en el reino espiritual diariamente, capturando territorios y naciones, porque eso es lo que estamos llamados a hacer como la Generación de Nehemías, para reconstruir los muros caídos y restaurar. Somos la Generación de Juan el Bautista, para tomarlo del enemigo con fuego y fuerza; la Generación de Jehú, para demoler reyes y su descendencia maligna.

MALDICIÓN:

Una maldición es una declaración, a menudo hablada o escrita, que trae daño, desgracia o consecuencias negativas sobre una persona, lugar o grupo. En términos espirituales y bíblicos, a menudo se considera un juicio o consecuencia que resulta de la desobediencia a Dios, como el pecado o la ruptura de pactos divinos. Las maldiciones pueden afectar a individuos, familias o incluso naciones, y a veces se extienden a lo largo de generaciones. En las Escrituras, las maldiciones son lo opuesto a las bendiciones: mientras que las bendiciones traen favor y protección, las maldiciones traen sufrimiento y dificultad. Deuteronomio 28 describe claramente este contraste, vinculando la obediencia con las bendiciones y la desobediencia con las maldiciones. En muchas culturas, también se cree que las maldiciones son el resultado de hechizos o rituales. Sin embargo, en el cristianismo, la muerte y resurrección de Jesucristo proporcionan el poder para romper toda maldición, especialmente aquellas arraigadas en el pecado o la opresión espiritual. A través de la fe, la confesión, la renuncia, el arrepentimiento y la oración de limpieza, los creyentes pueden ser liberados de las maldiciones y restaurados a una vida de bendición.

> *Proverbios 26:2: "Como el gorrión en su vagar y como la golondrina en su vuelo, así la maldición sin causa nunca llegará a cumplirse."*

Muchos religiosos—nacidos de nuevo, hijos de Dios—toman este versículo a la ligera. Cuando pronunciamos una maldición sin una razón válida, como un gorrión fugaz o una golondrina veloz, no tendrá impacto y no "aterrizará" en su objetivo. Sí, estoy de acuerdo, pero lo que estás olvidando es que Levítico 18:21 dice: *No entregues a ninguno de tus hijos para ser sacrificado a Moloc, para que no profanes el nombre de tu Dios. Yo soy el Señor.*

Algunas personas en tu línea sanguínea y fundación todavía están entregando a sus hijos al reino de las tinieblas para sacrificio. Esto significa que, como están conectados contigo por la sangre, eso podría actuar en tu contra. Están furiosos pero contentos y decididos a que nunca te mantendrás firme en Dios. Este es el momento en que necesitas ser estratégico en tu guerra espiritual y asegurarte de que tu avión vuele por encima de todas las montañas y turbulencias, para que no te estrelles, permitiéndote permanecer por encima del enemigo y mantener el fuego de la oración encendido. De lo contrario, terminarás rindiéndote, sintiéndote decepcionado y, en última instancia, fallando en tu misión. La Biblia dice:

> *Salmos 110:1: "Dijo el SEÑOR a mi Señor: Siéntate a mi diestra, hasta que ponga a tus enemigos por estrado de tus pies."*

Y así es como todos tus enemigos se convierten en bajas y mueren porque están bajo tus pies.

El Reino de las Tinieblas está bastante satisfecho con su estado actual. Son empleados de tiempo completo—son disciplinados en su trabajo. No son de medio tiempo como muchos de nosotros los hijos de Dios. Trabajan sin descanso para asegurarse de que no socaves su reino. Influyen en individuos dentro de las familias para oprimir a otros; es entonces cuando escuchas a alguien decir: *"Estaba embrujando a mi hijo, pero no era mi voluntad." "Estaba entregando a mis hermanos, a mi hermana y a los niños pequeños al reino demoníaco, pero no era mi voluntad."* Apuntarán al eslabón más débil en tu vida para hacer exactamente lo que quieren porque saben que esa persona es la mejor candidata para revelar secretos sobre la persona de interés en la familia que representa una amenaza activa para su reino.

Si puedes sostener esta batalla, no solo ganarás para ti, sino que ganarás para toda tu generación. La Biblia dice:

Proverbios 6:31: *"Pero si es sorprendido, pagará siete veces; entregará todo el haber de su casa."*

Cuando Dios libera, libera completamente. Todo lo que las langostas han comido, Dios lo reúne: el saltón, el revoltón y la oruga, y lo restaura al mismo tiempo. Eso es lo que están combatiendo; no quieren perder su control sobre las generaciones pasadas (y a veces incluso sobre la generación no nacida). Por eso debes mantenerte firme y luchar. Verdaderamente hay caos en su campamento demoníaco, y están sorprendidos porque nadie había llegado tan lejos para adquirir tal conocimiento y comenzar a sacudirlos.

La Biblia dice que algunas flechas vuelan de día y otras de noche. Entonces, si no pueden atraparte por la noche porque estás ocupado orando, te acecharán durante el día, cuando estás desprevenido. ¿Por qué tendrían que enviar las flechas de noche si pueden atraparte durante el día? Te atraparán en tu momento de descuido. Esto es para iluminar a aquellos que están seriamente comprometidos con la liberación: siempre debes asegurarte de estar sumergido en la sangre de Jesús, y puedes interceder detrás de escena. Debes ser consciente de que tus enemigos están trabajando diligentemente para derribarte, vivo o muerto.

Este es el momento en que debes asegurarte de que toda la armadura de Dios esté sobre ti, no solo sobre ti, sino también sobre tus hijos, tu esposa, tu esposo, tus hermanos y hermanas. Porque si no pueden atraparte a ti, se asegurarán de atrapar a cualquiera cercano a ti. Así que este es el momento. No tienes que salir a buscar a una persona justa para romper las cadenas; tú te has convertido en esa persona justa. La manifestación completa de tu destino es gloriosa y resplandeciente—es una luz ardiente y brillante, la bendición de Abraham, Isaac y Jacob, llena de la gloria de Dios. Tu destino está cargado de todo.

Mi asignación es asegurarme de que las personas entiendan estas cosas y trabajen diligentemente en su destino para que no se pierdan el hermoso propósito para el cual el Señor los ha creado. Además, si no estás abrazando completamente tu destino, Dios no puede usarte completamente como Él desea. Por estas razones, serás incubado hasta que seas iluminado de esta manera y comiences a trabajar hacia el cumplimiento de tu propósito. Entonces, Dios podrá liberar exactamente lo que necesitas. Además, en el libro de Gálatas 3:13, la Biblia dice que *Cristo nos redimió de la maldición de la ley, habiéndose hecho maldición por nosotros, porque está escrito: "Maldito todo el que es colgado en un madero."*

Sí, Él nos redimió de la maldición de la ley. Cuando lees un versículo como este, tiendes a animarte pensando que no hay necesidad de hacer nada, porque Jesús ya lo terminó todo. Sí, Jesús lo hizo, pero esto no significa que puedas vivir en pecado porque Jesús lo terminó todo. Esto no significa que no puedas confesar, renunciar o arrepentirte porque Jesús lo terminó todo. Todavía se requiere que vivamos una vida santa, cuidadosa y disciplinada.

> *Levítico 18:21: "Y no darás hijo tuyo para ofrecerlo por fuego a Moloc; no contaminarás así el nombre de tu Dios. Yo Jehová."*

Mientras aún haya personas conectadas a ti que se someten al reino de las tinieblas, la maldición seguirá vigente en tu familia/generación. Por supuesto, como cristiano nacido de nuevo, si mueres hoy, irás al cielo, pero tu vida y la de tus seres queridos permanecerán atadas hasta que alguien levante la trompeta para rescatarlos.

Por eso Dios está confiando en ti. Por eso Dios dice: Estoy buscando a una persona justa, porque el secreto del Reino es para los justos. Él sabe lo que una persona justa puede hacer y hasta dónde puede llegar. Para alcanzar un estado de justicia, debes haber trabajado diligentemente y entendido el alto precio de la santidad y lo que puede lograr. Dios honra a los justos; te carga con Su gloria, y puedes derribar el reino de las tinieblas bajo Su autoridad. De esta manera, podrás exponer a las personas conectadas a ti que se están sometiendo al reino de las tinieblas. Dios trabaja contigo lado a lado porque puede confiar en ti.

No eres una persona que siempre da excusas; no eres alguien que busca razones para no hacer la obra de Dios. Y cuando Dios está de tu lado, sabes que la victoria está garantizada. Te niegas a rendirte; te niegas a dejar cualquiera de tus bienes en manos de Satanás. Al luchar por liberarte, estás siendo usado como un instrumento de liberación para tu familia. Entonces Dios pone un manto sobre ti para comenzar a liberar territorios y naciones. Él amplifica tu voz, y los poderes de las tinieblas huyen cuando escuchan que estás en su territorio. Derribas el Reino de las Tinieblas, y eventualmente, cualquiera conectado a ti, cualquier altar demoníaco construido, comienza a desmoronarse y caer. Los sacrificios continuos que se han hecho comienzan a ser anulados por el poder de Dios.

La Biblia dice en Juan que *tú eres una luz ardiente y brillante.*

Entonces, estás trayendo luz a la oscuridad. Y todos los demás eventualmente vendrán a la luz y se someterán a tu Dios. Oramos para que Dios traiga salvación a nuestro pueblo y a nuestros familiares más cercanos. Cuando la oración es constante y se hace con profundo entendimiento, el reino de las tinieblas comenzará a retroceder.

Y no tendrán más opción que someterse al señorío de Jesús. Hoy en día, vemos a personas del reino oscuro abandonando sus asignaciones porque cuando decimos: "¡Fuego sobre tu altar, fuego!", el fuego cae sobre sus santuarios, y comienzan a huir en el ámbito espiritual. Una oración de autoridad puede lograr mucho e incluso cerrar la obra de todo un reino. Todos necesitamos llegar a este punto de autoridad cuando representamos a Jesús; el mismo poder que lo resucitó de los muertos está dentro de nosotros si consagramos nuestros cuerpos como templos del Señor Jesucristo.

Hay un punto de oración que oramos con frecuencia: *Que todos sus sistemas de transporte se estrellen en pedazos irrecuperables.* En verdad, caerán y se destrozarán en el poderoso nombre de Jesucristo. Otro punto de oración: *Interrumpo todos sus sistemas de comunicación. Cierro el primer y segundo cielo por el poder que resucitó a Jesús de entre los muertos*, lo que significa que no pueden comunicarse. No hay comunicación entre los agentes en la tierra y los poderes superiores de las tinieblas, incluidos principados, potestades, fuerzas y dominios en los cielos primero y segundo.

> *Efesios 1:20–22: "La cual operó en Cristo, resucitándole de los muertos y sentándole a su diestra en los lugares celestiales, sobre todo principado, autoridad, poder y señorío, y sobre todo nombre que se nombra, no sólo en este siglo, sino también en el venidero. Y sometió todas las cosas bajo sus pies, y lo dio por cabeza sobre todas las cosas a la iglesia."*

Tu oración está interrumpiendo su sistema de comunicación, lo que significa que has frustrado todos sus planes para ese día. Sin embargo, ellos no se cansan fácilmente; mañana lo intentarán de nuevo. Es entonces cuando tú dices: *"Por el poder en el nombre poderoso de Jesucristo, disperso sus satélites y espejos."* ¿Qué están haciendo con sus espejos? Están monitoreando cada paso de tu destino, rastreando tu agenda diaria. En esencia, tienen control sobre tu vida. Por eso planifican muerte, accidentes, sacrificios, confusión, contienda, decepción, fracaso, deshonra, miedo y más. Tienen agentes especiales llamados *espíritus de monitoreo* (esto puede ser físico o espiritual) que te observan espiritualmente desde un satélite y espejo satánico, monitoreando tu presente y tu futuro y controlando tu vida como con un control remoto.

Cuando dispersas sus satélites, espejos y sistemas de transporte, ya no pueden acceder a tu vida. La próxima vez que intenten llamarte en su espejo, aparecerá el rostro de Jesucristo. Siempre oramos esta oración: *"Esta vez, cuando llamen mi nombre, cuando mencionen el nombre de mi familia o a mis hijos, ¡que el fuego responda!"* Y, en verdad, el fuego responderá. Cuando comienzas a involucrarte en este tipo de guerra espiritual, verás que ya no pueden reclamar dominio sobre ti. Confesarán que ya no pueden contigo, y huirán de ti.

Entonces es cuando experimentas una liberación. Comenzarás a ver cómo los reinos de las tinieblas caen, uno tras otro. Si te encuentras luchando contra fuerzas específicas en tus sueños, como serpientes, comenzarás a matarlas. Si ellos sirven al dios del agua, aquellos afectados pueden experimentar problemas como matrimonios espirituales. En tales casos, comenzarás a decapitar a los cónyuges espirituales en tus sueños, ya sea que aparezcan como tu esposo, esposa, o incluso alguien de tu pasado con quien aún tienes un lazo de alma no resuelto.

Cuando veas a estos espíritus, toma la espada de doble filo y comienza a decapitarlos, incluso en el sueño. Dios te dará la gracia para verlos en tus sueños, enfrentarlos y terminar la batalla allí. Así es como derribamos reino tras reino. Si ves una sirena en tu sueño, esto significa que el reino marino está activo en tu vida. Puedes sentir enojo o desesperación en el sueño, pero eso es porque tu ser interior está despierto y alerta, incluso mientras duermes. Libera fuego sobre la sirena, porque ella está allí para robar, matar y destruir. Mientras oras, verás cómo las sirenas caen y se incendian. Comenzarás a ganar la guerra en el mismo sueño.

Esto es liberación, y tomarse en serio la liberación significa entrar al lugar secreto como un hijo de Dios que está enojado y desesperado en el espíritu. No estás aquí solo por ti, sino por toda tu línea de sangre. Declaras: *"Deja ir a mi pueblo,"* como lo hizo Moisés. Es hora de que el pueblo de Dios adore al Señor, y tú, hijo de Dios, eres el vaso por medio del cual eso puede suceder.

La Biblia dice en Jeremías 33:3: *"Clama a mí, y yo te responderé y te mostraré cosas grandes y ocultas que tú no conoces."* Me gusta emparejar esto con Santiago 4:7: *"Someteos, pues, a Dios. Resistid al diablo, y huirá de vosotros."* Primero, debes someterte. ¿Cómo te sometes? Permaneciendo en el lugar secreto, cultivando intimidad con Dios. Sé Su amigo, y permite que Su Palabra toque tu corazón, no solo tu boca.

> ***Proverbios 4:23: "Sobre toda cosa guardada, guarda tu corazón; porque de él mana la vida."***

¿Por qué es esto importante? Muchos cristianos hoy en día se enfocan en la salvación como algo que se dice con la boca, pero Dios presta más atención a la condición de nuestro corazón, pensamientos y acciones cuando nadie nos está viendo. Debemos buscar conocer a Dios profundamente, buscando esa intimidad de padre e hijo. Esto se llama una *relación de filiación*. A medida que te acercas más al Señor, Él te revelará cosas cruciales para tu liberación.

Por eso es tan importante mantenerse cerca de Dios. Si Dios no está en la batalla, estarás luchando por tu cuenta, y puedo asegurarte que perderás. En la liberación, no tenemos como objetivo perder porque las consecuencias de perder no son agradables. Incluso en la oración diaria, Dios te mostrará exactamente por qué debes orar. Él revelará tanto a las personas buenas como a las malas en tu vida y cómo tratar con ellas sin causar conflictos innecesarios.

Cuando Dios comenzó a mostrarme cosas, me sorprendió ver que personas en quienes confiaba y consideraba amigas cercanas comenzaron a aparecer en mis sueños. Las vi haciendo brujería, no solo una vez, sino muchas veces. Vi a miembros de mi familia con malas intenciones hacia mí. Dios nos muestra estas cosas para que seamos cautelosos. Lo que vemos en el mundo espiritual a menudo difiere de lo que experimentamos en el mundo físico.

La Biblia dice: *"Clama a mí, y yo te mostraré cosas grandes y ocultas que tú no conoces."*

Muchas personas buscan brujas lejos, pero la verdadera bruja puede ser alguien cercano a ti, alguien en quien jamás sospecharías.

La primera estrategia del enemigo es usar a un agente demoníaco cercano a ti porque te conoce bien y puede operar sin levantar sospechas. Tú confías en esa persona, compartes comida, ropa y tu vida con ella, pero está en una misión, ya sea hombre o mujer. Por eso la Biblia dice: *"Clama a mí, y yo te mostraré cosas grandes y ocultas que tú no conoces."*

Podrías descubrir que una madre está controlando a su hija mediante la brujería, causando abortos repetidos como sacrificio. La verdad es que no es la madre en sí, sino un espíritu que la controla. Estas son cosas ocultas, difíciles de creer, pero verdaderas.

Cuando te digo que te sometas completamente a Dios, es porque Él te iluminará. Te revelará cosas; no necesitarás enojarte. Será algo hermoso porque sabrás cómo luchar de manera efectiva.

La Biblia dice en Efesios 6:12: *"Porque no tenemos lucha contra sangre y carne, sino contra principados, contra potestades, contra los gobernadores de las tinieblas de este siglo, contra huestes espirituales de maldad en las regiones celestes."*

En la liberación, no te enfocas en una persona cuando ves el mal manifestándose en un sueño. Ya sea un amigo, hermano, primo o miembro de la familia, enfócate en el espíritu detrás de ello. El verdadero enemigo es el poder que está obrando dentro de ellos. Dirígete directamente al espíritu en tu altar, y lanza tus oraciones en consecuencia.

Capítulo 6:
El Miedo como Arma Satánica

El miedo es una respuesta emocional natural ante un peligro o amenaza percibida, que nos ayuda a mantenernos a salvo activando la reacción del cuerpo de "lucha o huida". Puede desencadenarse por situaciones reales o por temores imaginarios, como el fracaso o lo desconocido. Aunque el miedo puede protegernos, se vuelve dañino cuando es constante o irracional, causando ansiedad, estrés y problemas de salud.

Espiritualmente, el miedo se ve de dos maneras: el temor a Dios, que significa reverencia y asombro; y el temor al mundo, que implica preocupación e inseguridad. La Biblia anima a los creyentes a no vivir en miedo, recordándoles a través de versículos como Isaías 41:10 que la presencia de Dios trae paz y valentía. A través de la fe y la confianza en Dios, el miedo puede ser reemplazado por confianza y paz interior.

El miedo es el arma más eficaz que Satanás usa contra las personas que atraviesan procesos de liberación. Siempre que alguien se involucra en una guerra espiritual contra el reino satánico, sus esfuerzos a menudo se enfrentan a una resistencia, cuando el enemigo interrumpe su trabajo y lanza contraataques.

Uno de estos ataques es el miedo. ¿Por qué el enemigo infunde miedo? Recuerda que si eres el primero en buscar liberación en tu familia, tu fundamento nunca ha sido confrontado con oraciones de guerra espiritual. El enemigo ha estado cómodo en tu fundamento y no tiene planes de salir. Esa base ha estado bajo vigilancia satánica y manipulación demoníaca por generaciones.

En Su misericordia, el Señor pondrá una unción especial sobre una sola persona para buscar la liberación de toda la línea sanguínea. Dios está tocando tu corazón y llamándote a ser aquel que ha escogido para liberar a tu generación. En otras palabras, tú eres quien debe detener la opresión, levantarse y decirle a Satanás: *Aquí estoy, no en mi nombre, sino en el nombre de Jesús.*

La razón por la que vengo ahora es que la gracia asombrosa me ha encontrado. Estaba ciego, pero ahora veo. Y lo que veo es un fundamento defectuoso, una generación que adora al diablo, una generación desobediente y rebelde. Una generación que no teme a Dios. Lo que veo es un fundamento que carga con culpa. Veo un fundamento que necesita la misericordia de Dios.

Dicho esto, no me quedaré callado observando. Me pondré el manto de Jehú y me levantaré para demoler la casa de cualquier Acab y Jezabel que aún habite en mi fundamento y lo siga hundiendo en el satanismo. Me levantaré como Ester para rescatar a una nación, a mi pueblo, a mi linaje. Me multiplicaré como Moisés para liberar a mi familia, a los cautivos. Me levantaré como Débora para borrar una antigua ley escrita por hombres malvados en mi fundamento y escribir una nueva ley que favorezca a los hijos de Dios, una ley que introduzca a Cristo y traiga luz.

Mateo 16:18: "Y yo también te digo, que tú eres Pedro, y sobre esta roca edificaré mi iglesia; y las puertas del Hades no prevalecerán contra ella."

Entonces, cuando hablas, se lo anuncias al enemigo. La Biblia dice: *"Y conoceréis la verdad, y la verdad os hará libres."*

El enemigo ama a los cristianos ignorantes; no tiene ningún problema con ellos. Pueden citar versículos bíblicos desde Génesis hasta Apocalipsis, pero aún así están sin poder. El enemigo no les teme porque él también conoce las Escrituras. El enemigo teme a los cristianos que poseen el fuego de Dios, el poder de Dios, valentía, un entendimiento profundo de su identidad en Cristo, y un celo ferviente por Dios, así como la autoridad que tienen en Cristo Jesús.

En el momento en que te abres al conocimiento de Dios, el Espíritu Santo es fiel para impartirte los siete espíritus del Señor: conocimiento, entendimiento, sabiduría, espíritu de Dios, espíritu del temor del Señor, espíritu de poder y espíritu de consejo. Serás empoderado hasta un punto que ni siquiera puedes comprender.

Te encontrarás entrando en otro nivel del Espíritu, porque Dios está buscando personas así.

La gente se burla de los hijos de Dios porque han sido víctimas del enemigo. El enemigo se ríe de ellos y pregunta: *¿Dónde está tu Dios ahora?*

> **Salmos 42:10: "Como quien quebranta mis huesos, mis enemigos me afrentan diciéndome cada día: ¿Dónde está tu Dios?"**

Hay una necesidad de que el pueblo de Dios se levante y diga: *Dios no está en esta situación; esto es obra de Satanás, y Jesús vino a destruir las obras del enemigo.* Esta negatividad—dolor, enfermedad, pobreza, luchas, vida difícil, aflicciones, adicciones y muerte prematura—no es lo que dice la Biblia; no es lo que Dios ha dicho. Entonces, si hay alguna manipulación satánica, debo indagar más profundamente. Ten en cuenta que cuando comienzas a profundizar, provocas que Dios te revele misterios, porque *si hay un hombre que profundiza, hay un Dios que revela los secretos ocultos.*

> **Daniel 2:22: "Él revela lo profundo y lo escondido."**

Cuando vas profundo, el Señor también revela cosas más profundas; los secretos están ocultos en las profundidades. Incluso Pedro tuvo que echar su red en lo profundo.

> **Salmos 42:7: "Un abismo llama a otro a la voz de tus cascadas; todas tus ondas y tus olas han pasado sobre mí."**

Muchos cristianos aún están en lo superficial. ¿Ves cómo obra Dios? Dios te revelará cosas conforme al nivel de tu fe y tu fortaleza en Él. Si decides quedarte en lo superficial, Él también te dará revelaciones superficiales, hasta que puedas estirarte un poco más. Pero cuando lees versículos como estos, sabes que hay cosas más profundas, y eso te ayudará a presionar más para que Él pueda revelarte más. Si algo es profundo, tú debes ser aún más profundo para abordarlo eficazmente. Si algo es profundo, no puedes seguir siendo superficial y esperar resolver asuntos profundos; debes adentrarte en el reino espiritual. En ese reino, te encuentras con Dios en el lugar secreto. Es allí donde Dios comenzará el diálogo contigo, como dice el libro de:

Isaías 43:26: "Hazme recordar; entremos en juicio juntos; habla tú, para justificarte.

Ahora te sientas con Dios—Abba, el Rey de reyes, el Rey de gloria, el Dios de todos los dioses, el Dios de toda carne. Aquí, te rindes a Él porque reconoces que esto está fuera de tu control; has hecho lo que puedes—ayunaste, oraste—pero no puedes revertir la situación negativa. Cuanto más haces esto, más se intensifica la batalla. Entonces, le pides que te revele todo secreto o agenda oculta.

Debes entender que cuando el enemigo ha estado socavando tu fundamento por mucho tiempo, lo que ha hecho es despojarte de tu autoridad. Así que, aunque estés librando guerra espiritual, tu dominio ha sido usurpado.

Daniel 7:12: "A las otras bestias les había sido quitado su dominio, pero les fue prolongada la vida hasta cierto tiempo."

La autoridad puede ser quitada. ¿Por qué está teniendo éxito el enemigo? Porque el enemigo tiene autoridad sobre ti, te controla a distancia. Estás trabajando, pero has perdido tu dominio a manos de Satanás. Por eso la Biblia dice en:

Génesis 1:28: Dios los bendijo con estas palabras: "Sean fructíferos y multiplíquense; llenen la tierra y sométanla. Dominen a los peces del mar, a las aves del cielo, y a todos los seres vivientes que se mueven sobre la tierra."

Pero no puedes ganar la batalla si no tienes dominio; si no tienes autoridad. Por eso es muy importante consultar al Señor. Y el Señor te revelará exactamente lo que está ocurriendo mientras libras la guerra para recuperar tu dominio, tu autoridad y tu trono, para que puedas comenzar a luchar, ordenar y declarar desde una posición de autoridad. En el libro de:

Oseas 14:2: "Lleven con ustedes palabras de súplica y vuelvan al Señor. Díganle: 'Perdona todos nuestros pecados y acéptanos con gracia, para que ofrezcamos el fruto de nuestros labios.'"

Este es el momento en que te das cuenta de que ya fue suficiente. Ya has entendido que hay un problema, y ellos (el reino de las tinieblas) ya saben que su control sobre tu familia está llegando a su fin.

En este punto, muchos se rinden y deciden no tener nada que ver con la liberación, se conforman con menos y dicen: "Déjame seguir con lo que tengo." Pero unos pocos deciden *perseguir, alcanzar y recuperar todo.* Esas son las personas que Dios está buscando, y Él los equipa.

Yo luché al principio del proceso de liberación; se sentía como una batalla intensa. El enemigo te oprime al punto que preguntas a Dios si Él realmente está contigo. Pero el Señor Dios está contigo con Su poder. Por eso tienes la fuerza de levantarte al día siguiente y seguir adelante. Sin embargo, el enemigo usualmente contraataca: puedes experimentar pérdidas repentinas, ataques que se sienten como migrañas severas, decepción y confusión familiar. Todo esto está diseñado para distraerte de lo que estás haciendo, de destronar al enemigo y recuperar tu trono. En ese punto, necesitas estar firme y tranquilo, sin importar lo que el enemigo te lance, porque sabes que estás involucrado en un proceso de liberación y que *debes ser liberado.*

Vístete con toda la armadura de Dios y continúa, porque el Señor está contigo.

Antes de comenzar la liberación, necesitas prepararte: debes ayunar y consagrarte. Asegúrate de estar en una posición adecuada para iniciar esta liberación profunda. *Apártate.* ¿Qué significa eso? Significa que no habrá nada de lo cual Satanás pueda acusarte. La Biblia dice en:

__Jeremías 31:29:__ "En aquellos días ya no dirán: 'Los padres comieron uvas agrias, y los hijos tienen la dentadura destemplada.'"

Una liberación profunda requiere *sumisión total a Dios;* si aún hay en ti alguna resistencia a someterte, elimínala antes de entrar en esta sesión de liberación profunda.

Capítulo 7:
Más Cerca del Lugar Secreto

Ayuno – Beneficios Espirituales y Físicos

El ayuno es una disciplina espiritual profundamente significativa con una variedad de propósitos sagrados, que frecuentemente se practica junto con la oración para cultivar una comunión más profunda con Dios. Sirve como un medio para buscar la guía divina, permitiendo que las personas sintonicen su corazón más claramente con la voz de Dios y disciernan Su voluntad con mayor claridad.

Además, el ayuno funciona como un acto solemne de arrepentimiento: una manifestación externa de un alejamiento interior del pecado y un compromiso renovado con la justicia. La abstención voluntaria de alimentos simboliza una postura de humildad y un reconocimiento consciente de la dependencia humana de la soberanía y provisión de Dios.

Este ejercicio espiritual también potencia la eficacia de la oración, agudizando el enfoque espiritual y fomentando una intimidad más profunda con lo divino. El ayuno fortalece a los creyentes en su resistencia a la tentación, como lo ejemplificó Cristo durante Sus cuarenta días en el desierto, enfatizando así la necesidad de autodisciplina frente a las pruebas espirituales. Asimismo, se emplea como una forma de preparación para el ministerio, un clamor por protección o liberación divina, y una expresión sincera de preocupación por el avance del Reino de Dios.

Además, el ayuno puede servir como una demostración tangible de compasión mediante actos de servicio hacia los necesitados, alineando nuestras acciones con los valores de misericordia y justicia. En tiempos de duelo o crisis nacional, se convierte en un vehículo poderoso para expresar dolor y lamentación.

En todos estos aspectos, el ayuno surge como una práctica espiritual integral que une mente, cuerpo y alma en sumisión a la voluntad de Dios y en búsqueda de Sus propósitos.

El ayuno ofrece varios beneficios físicos que contribuyen a la salud y el bienestar general. Una de las ventajas más notables es la mejora de la salud metabólica. Al darle un descanso al sistema digestivo, el ayuno permite que el cuerpo regule mejor los niveles de insulina, mejorando la sensibilidad a la insulina y reduciendo el riesgo de diabetes tipo 2.

También promueve la quema de grasa al alentar al cuerpo a usar la grasa almacenada como fuente principal de energía, lo que puede apoyar la pérdida de peso y mejorar la composición corporal.

Además, el ayuno activa un proceso llamado autofagia, en el que el cuerpo limpia células dañadas y regenera otras más sanas, lo que potencialmente reduce el riesgo de enfermedades crónicas como el cáncer y el Alzheimer. También se ha demostrado que disminuye la inflamación, mejora la salud del corazón al reducir la presión arterial y los niveles de colesterol, y favorece una mejor digestión al permitir que el sistema gastrointestinal descanse y se restablezca.

Asimismo, muchas personas reportan mayor claridad mental y energía durante los períodos de ayuno, ya que el cuerpo no está constantemente enfocado en la digestión. En general, cuando se practica de forma segura y adecuada, el ayuno puede ser una herramienta poderosa para mejorar la salud física y prolongar la longevidad.

En resumen, cuanto más ayunas y te acercas a Dios, más claramente escucharás Su voz y recibirás dirección. Cuando comes, todos los vasos sanguíneos y nervios de tu cuerpo se concentran en tu estómago para la digestión y para que se lleven a cabo los mecanismos del cuerpo. Por lo tanto, desvían su enfoque del cerebro y se concentran en el estómago para garantizar que el proceso digestivo funcione normalmente.

Cuando ayunas, todos esos vasos que normalmente se concentran en la digestión se enfocan en el cerebro. Así, aunque tengas hambre, te sientes mentalmente alerta, y al orar, puedes escuchar fácilmente al Señor—Su voz se vuelve aún más clara. Notarás que al comenzar el ayuno, experimentas una revelación constante de la Palabra de Dios al leerla; los sueños se vuelven más nítidos y Dios te revelará muchas cosas.

Por eso el ayuno es una preparación esencial para un hijo de Dios. Debes saber que la temporada que estás por entrar no se parece a ninguna otra que hayas vivido en tu vida. En otras palabras, estás enfrentando otro reino. Debes prepararte mental y físicamente.

> **Isaías 47:1: "Desciende y siéntate en el polvo, virgen hija de Babilonia; siéntate en la tierra, sin trono, hija de los caldeos; porque nunca más te llamarán tierna y delicada."**

Te apartas porque los miembros de la familia y los amigos podrían distraerte durante este proceso. Satanás traerá personas que se asegurarán de causar destrucción y distorsión en esta temporada. Podría tratarse del cónyuge, los hijos o los amigos. Por lo tanto, debes tener mucho cuidado durante este tiempo. Sin embargo, como ya tienes este entendimiento en mente, nada podrá desviarte, sin importar lo que venga. Lo manejas de acuerdo a la situación, manteniéndote firme en la asignación. Sabes que es el enemigo quien está tratando de hacer esto, y has decidido no prestar atención a ninguna distracción. Eso es lo que significa. Prepárate; permanece con mayor frecuencia en el lugar secreto. ¿Cómo puedes pasar más tiempo en el lugar secreto?

Permanece cerca de Dios. Mantente en oración. Haz más confesión, renunciación y arrepentimiento, y pide limpieza para ti mismo y para tu árbol genealógico como fundamento.

> **Juan 17:19: "Y por ellos yo me santifico a mí mismo, para que también ellos sean santificados en la verdad."**

Santifícate para la limpieza de cada miembro de tu árbol genealógico. Es Dios quien te da la gracia incluso para hacer eso. Dios está buscando a personas así. La Biblia dice que la cosecha es mucha, pero los obreros pocos.

Al santificarte, eres envuelto por la presencia de Dios y atraes a los ángeles de Dios. Te mantienes rodeado y empapado en la sangre de Jesús. La Biblia dice: 'Construye un muro de fuego alrededor de mi ciudad.' Tu morada es una zona de exclusión aérea; ningún espíritu inmundo, espíritu monitor, personalidad maligna, demonio, hechizo o encantamiento está permitido. Todos deben irse en el nombre de Jesús, porque aunque estás en este mundo, también estás en el lugar secreto. En este punto, ya no eres una persona natural; estás operando en el ámbito de lo sobrenatural. La Biblia dice,

Efesios 5:18: "No os embriaguéis con vino, en lo cual hay disolución; antes bien, sed llenos del Espíritu."

Este es el punto donde comienzas a operar desde un reino diferente, y quienes te rodean pueden dar fe de que hay un poder distinto dentro de ti, una unción diferente que no es un poder natural. La Biblia dice que Él hace a sus ángeles vientos y a sus ministros llamas de fuego. Tu vida no te pertenece; Él ordena tus pasos. Los celos de Dios te protegen. Los ángeles de Dios te rodean todo el tiempo. Y ahora puedes comenzar ese viaje de liberación profunda porque lo profundo llama a lo profundo. Es un viaje que debes emprender con un entendimiento profundo y una mente clara. Cuando comienzas este tipo de cosas, también debes saber que proyectarán cualquier cosa. Los astrólogos harán astro-proyección en tu vida; es como una parte del monitoreo de tu espíritu, así que asegúrate de orar cada día una oración contra ellos que diga: "Corto el cordón de plata de la astro-proyección." Astro-proyecta tu familia, hijos, cónyuge, negocio, ministerio, muerte prematura, sacrificio, salud, carrera, promoción y destino; toma autoridad en el nombre de Jesús y corta el cordón de plata de la astro-proyección. Muchos aún no son conscientes del ámbito espiritual; piensan que las cosas simplemente están sucediendo, y dicen que es mala suerte cuando, en realidad, es una astro-proyección.

Estás siendo observado; estás siendo perseguido; estás siendo monitoreado. Harán todo lo posible para detenerte enviando espíritus de monitoreo. Todo esto es para interrumpir lo que Dios está tratando de hacer con tu vida. Por lo tanto, debes tener mucho cuidado de no mezclarse con el entorno, ya que cualquiera puede ser un agente de oscuridad y derribarte en cualquier momento. Toma la comunión durante esta temporada si puedes, para interceptar las obras del maligno cada día en el nombre de Jesús. Invoca la sangre de Jesús para que hable por ti, porque habla mejor que la sangre de Abel.

No seas ignorante de los dispositivos del astuto.

No permanezcas ignorante ni camines desnudo; mantente cubierto y protegido por la presencia de Dios y la armadura completa de Dios. En este punto del camino, hay un blanco en tu espalda, vivo o muerto. Si no pueden atraparte a ti, cazarán a tu familia y a tus hijos. Si no pueden atrapar a tus hijos, irán por tu esposa; si no pueden atraparte una esposa, irán por tu esposo. Si no pueden con ninguno de ustedes, irán por tus hermanos o tus padres, incluso por tus propiedades, porque es una batalla y quieren asegurarse de hacerte daño. Debes llamar a todos los que estén conectados contigo por línea de sangre, aquellos que puedas recordar, y asegurarte de sumergirlos en la sangre de Jesús. Ponte toda la armadura de Dios por todos ellos: el yelmo de la salvación, la coraza de justicia, el cinturón de la verdad, el calzado del evangelio de la paz, el escudo de la fe y la espada del Espíritu. Por lo tanto, debes hacer todo lo posible con la ayuda del Espíritu Santo.

Salmos 66:12: "Hiciste cabalgar hombres sobre nuestra cabeza; pasamos por el fuego y por el agua, y nos sacaste a abundancia."

Dios está observando mientras atraviesas este fuego. Así que, en lugar de quejarte, sigue avanzando. Eres un atalaya, un guerrero, llevas un cetro generacional. Saldrás victorioso. Para que el oro sea oro, debe pasar por el fuego de refinación. La Biblia dice: "El que mora en los cielos se reirá." Dios se alegra de verte avanzar. Mientras avanzas, estás navegando a través de los cielos para alcanzar a nuestro Padre en los cielos, donde puedes sentarte con Jesucristo a la diestra del Padre en los lugares celestiales, muy por encima de los poderes de las tinieblas y los gobernadores de este mundo, muy por encima de principados y dominios.

Batalla profunda, ¿por qué batalla profunda?

Porque la raíz es profunda, ha permanecido intacta durante tanto tiempo; ha generado todas las raíces que ha podido. Para enfrentar estas raíces, también necesitas ser minucioso. Muchos de nosotros no tenemos tiempo para lo profundo; por eso las generaciones se desperdician justo frente a nuestros ojos. Las iglesias se desperdician ante nuestros ojos. Sacerdotes satánicos gobiernan la Iglesia que Dios nos ha dado en el altar; siervos en la Iglesia de Dios son hijos satánicos; grandes padres espirituales están cayendo en gran número, terminando su servicio con gran vergüenza porque se han comprometido y se han mezclado con los hijos del diablo; su unción ha sido corrompida. Esta es una poderosa lección para todos los vasos ungidos de Dios. Esta no es la forma en que quieres terminar tu servicio en el Reino de Dios. Debemos tener cuidado con quién nos asociamos. Incluso si vienen con una gran ofrenda, puede que no sea más que un intento de corromper tu unción y cambiarla, dejándote en vergüenza y desgracia. Por eso es hora de sumergirse profundamente en las profundidades. Así es como se levantan los comandantes generacionales. Gracias a Dios por el entendimiento, el conocimiento y la sabiduría. Lo llamamos la Universidad del Cielo aquí en la Tierra.

El Espíritu Santo nos está enseñando. El Espíritu Santo está revelando estos secretos del reino satánico a través de personas que están siendo liberadas y que servían al reino satánico. Saludo a cada ministro de liberación, porque esto es un sacrificio total. Así que, la raíz fundamental es tocada y sacudida. Si tenemos raíces limpias en la fundación, sin duda tendremos una familia limpia y recta, y automáticamente tendremos personas en la Iglesia de Dios que saben lo que Dios quiere y cómo guardar Sus mandamientos, permaneciendo en pureza, santidad y justicia. Personas que pueden representar el Reino de Dios aquí en la tierra.

Las raíces de una sola fundación se han ido haciendo más profundas porque nadie sabía qué hacer ni cómo proceder en esa primera generación. La raíz es el pecado, y lo que se necesita aquí es confesión y renuncia del pecado en la primera generación, como hechicería, adivinación, derramamiento de sangre, adulterio, fornicación y brujería.

Esa raíz no fue tocada, y en la segunda generación, está produciendo muchas más, incluso raíces amargas. Aquí se requiere confesión y renuncia de las transgresiones en la segunda generación: rebelión, idolatría, amargura, injusticia, impureza, inmoralidad y avaricia. En la segunda generación, esas muchas raíces están engendrando aún más rutas y se manifiestan como iniquidad en la tercera generación, que se presenta como aflicciones de todo tipo, por ejemplo: pedir limpieza de aflicciones en la tercera generación como locura, confusión, insania, esterilidad, pobreza, esclavitud, enfermedades, muerte, adicción, vergüenza, oprobio, opresión, vanidad, ceguera, rechazo, opresión demoníaca, violencia, abuso, dolor, cautiverio, contaminación y muerte prematura.

Así que, algo que comenzó como una sola raíz en la primera generación, debido al pecado, se ha vuelto más profundo en la segunda generación, y ha evolucionado en transgresión —una forma más severa de mal. En la tercera generación, se ha convertido en un estado de iniquidad, acompañado por numerosas aflicciones. Si todos preguntamos, ¿cómo llegamos hasta aquí? Uno es la falta de conocimiento. El segundo es la pereza, querer una solución rápida en la iglesia. El tercero es permitir demasiados oradores motivacionales en la iglesia, lo que hace que la gente olvide sus problemas por un momento, y presentar entretenedores de la Palabra de Dios en el altar. Además, destruir a los ministros de liberación —todo esto es Satanás queriendo tragarse la liberación para que la gente no llegue a la verdad de su fundación destruida.

Además, la Iglesia ha perdido a sus vigilantes proféticos e intercesores. La Iglesia ya no es una casa de oración, sino que se ha convertido en una cueva de ladrones; la gente está allí para obtener ganancias, entretener y motivar, en lugar de adorar. No hay reprensión, no hay arrepentimiento, no hay convicción del Espíritu Santo, porque la gente a menudo está desconectada del Espíritu Santo en muchas iglesias. Esto es evidente en el evangelio diluido que presentan a sus miembros, la superficialidad del atuendo de la iglesia y la prevalencia del pecado dentro de la iglesia. Es el infierno en la iglesia de Cristo aquí mismo en la tierra. Y nadie quiere hablar de ello. Las ovejas son enviadas al infierno por pastores en grandes cantidades todos los días. ¡Dios está mirando! Las almas están llorando, atormentadas, buscando ayuda, pero nadie tiene una solución.

Si los fundamentos son destruidos, ¿qué puede hacer el justo?

Si el fundamento de la familia está destruido, la familia está comprometida; si la familia está comprometida, la Iglesia también está comprometida. Los adoradores de la Iglesia están siendo entrenados por Satanás. La Biblia dice:

> *1 Corintios 15:33: "No erréis; las malas conversaciones corrompen las buenas costumbres."*

¿De dónde viene la solución?

Este es el tiempo en que necesitamos correr hacia:

> *2 Crónicas 7:14: "Si se humillare mi pueblo, sobre el cual mi nombre es invocado, y oraren, y buscaren mi rostro, y se convirtieren de sus malos caminos; entonces yo oiré desde los cielos, y perdonaré sus pecados, y sanaré su tierra."*

Y este es el momento y la temporada perfectos para correr hacia Dios, humillarnos y clamar juntos como iglesia y como nación. A nivel global, todo es posible. Dios está prestando mucha atención a cada detalle de nuestro tiempo y nuestra temporada. Cada uno de nosotros tiene una asignación que cumplir en el Reino de Dios. Si realmente eres de Cristo, pregúntale a Dios; Él te revelará tu asignación. Te aconsejo que no seas un espectador en la casa del Señor. ¿A qué has sido llamado? Pídele al Todopoderoso que te lo revele. Esta también es otra manera de mantener tu cuenta activa en el almacén del cielo. Cuando clamas a Dios, es fácil que saquen tu archivo y encuentren que estabas comprometido con Su Reino. Todo lo que haces en tu cuenta en el cielo es notado y registrado.

RAÍZ FUNDAMENTAL.

La raíz del pecado, la transgresión y la iniquidad se ha profundizado; comenzó con los hijos. La raíz tiene nietos; la raíz tiene bisnietos que se extienden incluso hasta los vecinos. Y nadie está dispuesto a arrancarla. Nadie está dispuesto a enfrentarse al Señor y preguntar qué hacer, porque muchos están viendo a Satanás zarandear una familia tras otra. Nos hemos convertido en una generación desobediente, además, sintonizada con Satanás para obtener soluciones que no requieren pureza ni arrepentimiento. Por eso tienes a un ministro satánico en el altar predicando a Jesús, pero en pecado profundo, enviando personas al infierno cada día. Sacerdotes satánicos en el altar demostrando poderes sobre el pueblo de Dios, mientras que la fuente de poder es Satanás. Son hechiceros, brujos y magos en el altar del Señor Jesucristo. Te ruego que cuides bien tu alma; no seas descuidado, porque Dios aún necesita tu alma. El problema que enfrentamos hoy como iglesia es la falta de obediencia. Todo lo que necesitamos y pedimos a Dios está revestido en obediencia.

OBEDIENCIA;

La obediencia es el acto de seguir voluntariamente instrucciones o mandatos de una autoridad, hecho con una actitud respetuosa y de confianza. En un contexto espiritual, significa someterse a la voluntad de Dios, obedecer Su Palabra y vivir conforme a Sus mandamientos. En la Biblia, la obediencia refleja amor y fe en Dios, como se muestra en el ejemplo de Abraham. Conduce a bendiciones, protección y crecimiento espiritual, mientras que la desobediencia puede traer consecuencias negativas. Como dijo Jesús en Juan 14:15: *"Si me amáis, guardad mis mandamientos"*, destacando que la verdadera obediencia fluye de una relación amorosa con Dios.

Obediencia significa sentarse a los pies de Jesús para que puedas ser enseñado en las cosas de Dios y seguir el camino de Cristo y Sus mandamientos. La liberación que buscamos se encuentra en la obediencia; la sanidad se alcanza a través de la obediencia; la libertad, la riqueza, el descanso, la paz y el gozo están todos en la obediencia. La obediencia es lo que mantendrá tu pacto con Cristo y hará tu camino de salvación más llevadero. Depende de nosotros elegir lo que queremos. Si elegimos la desobediencia, entonces la mano de Dios se aparta de nosotros, y ahí es cuando el enemigo entra como un torrente.

¿Qué pasó aquí?

La Biblia dice:

> *1 Corintios 5:5: "El tal sea entregado a Satanás para destrucción de la carne, a fin de que el espíritu sea salvo en el día del Señor Jesús."*

Dios sigue siendo Dios; Él sigue en el trono. Hasta que volvamos en sí, regresaremos a nuestro Padre, y Él está listo para recibirnos con amor, restaurar nuestras familias, nuestros hijos, nuestra iglesia y nuestra nación.

Busquemos al Señor; Él aún puede ser hallado, pero requerirá que nos sentemos y le prestemos atención solo a Él. Aquellos que siguen corriendo de una iglesia a otra no están buscando a Dios; están buscando al Hombre de Dios. Y el enemigo ha lanzado a este tipo de personas a iglesias de dragones, Bafomet, iglesias marinas, así como iglesias de agua. Es como si el enemigo siguiera enviándolos más a la destrucción. Buscan liberación debido al problema en el que están, pero la liberación no viene simplemente por el contacto. La liberación viene del Señor, y la Biblia dice que la liberación es el pan de los hijos. Para que Dios te dé Su liberación, debes sentarte y buscarlo a Él, y solo a Él.

Lo que percibes como aflicción en tu vida, detrás de ello se esconde pecado, transgresión, iniquidad, desobediencia, que requieren que te sientes y busques la liberación mediante confesión, renuncia y arrepentimiento.

> *Mateo 5:25: "Reconcíliate pronto con tu adversario, mientras vas con él por el camino; no sea que el adversario te entregue al juez, y el juez al alguacil, y seas echado en la cárcel."*

Muchos de nosotros hemos ignorado la palabra de Dios, y así es como el enemigo nos lanza a la prisión por nuestra terquedad, porque la palabra de Dios es clara y está establecida. Ejemplos de prisiones en las que el enemigo nos ha arrojado son: divorcio, adicción, enfermedad, dolencias, brujería, ataques malignos, contención matrimonial, muerte, fracaso, dolor, tristeza, limitación, retroceso, homosexualidad, lesbianismo, gays, etc. Dios está observando, hasta que regresemos a Él y solo a Él.

Capítulo 8:
Liberación Detallada

La liberación es como una cebolla; cuanto más quitas las capas de arriba, más profundo vas hacia el interior. Permíteme decir que la parte superior quizás tenga unos dos mil años, y esa es la que está allí, simplemente esperando que alguien la arranque y la arroje al fuego, porque ya está cansada. Si vas al centro de la cebolla, ese centro es el que te está molestando porque es fuerte, poderoso y energiza el pacto. Cuando llegas al fondo de la cebolla, esa es la cebolla fresca, una cebolla bebé, lo que significa que están creciendo raíces fundacionales jóvenes. Así que, esto es lo que significa cuando te digo que la raíz tiene hijos, nietos y bisnietos. La liberación profunda y fundacional requiere que te sientes y te conectes con Dios para una liberación total y completa. No serás liberado si no puedes sentarte. Los hombres de Dios pueden tocarte; sentirás alivio temporal. Si tu caso involucra liberación fundacional, tu camino es buscar la liberación a través de oraciones intercesoras, y eso es lo que explica todo este libro. En nuestro caso, ofrecemos oraciones proféticas intercesoras y sacrificiales todos los días a la medianoche. Así es como se arrancan las raíces profundas de la fundación, la liberación fundacional.

Algunas liberaciones pueden ser más sencillas si alguien ya ha hecho una liberación profunda y fundacional dentro de la familia. Sin embargo, la liberación más profunda, las cosas profundas de las que estamos hablando, involucran hombres fuertes y fortalezas que han estado presentes por generaciones, arraigadas en las bases familiares; estas requerirán que te sientes y emprendas un proceso serio de liberación siguiendo una dirección adecuada a través de oraciones intercesoras. Dios nos está disciplinando para que aprendamos a sentarnos en Su presencia y ser liberados.

¿Por qué necesitas sentarte?

Dios te ha seleccionado para liberar muchas almas detrás de ti. Y si vas a leer este libro y escuchar este mensaje, significa que tú eres a quien Dios le interesa; Él está contando contigo de alguna manera. En algún lugar, Él te ha examinado cuidadosamente y ha velado por ti, y ahora estás calificado para asumir esta asignación divina. Dios está listo para empoderarte y darte el conocimiento que necesitas para llevar a cabo esta asignación. Si estás leyendo este libro por una razón, necesitas entender por qué lo estás leyendo en primer lugar. Porque este no es un mensaje cualquiera, te atraerá hacia tu llamado divino. Es Dios quien te ha enviado aquí, no por coincidencia. Dios está hablando fuerte y claro: *Tú eres a quien necesito para tu familia, tu iglesia, tu generación, tu nación y tu territorio. Deja de huir como Jonás.*

Solo estás perdiendo el tiempo al huir; debes saber que terminarás haciendo un giro en U como Jonás. Huir solo te agotará y cansará, causando más destrucción y confusión. Huir solo seguirá descarrilando tu llamado divino—no cualquier llamado, sino ese llamado divino que has dejado atrás por mucho tiempo. Jonás intentó huir de un llamado divino; ahora está destruyendo propiedades ajenas, y el barco se está hundiendo. No importa cuánto te demores; no importa cuánto huyas; el Ojo de Dios aún te encontrará hasta que hagas Su asignación. Incluso después de que Jonás fue arrojado al mar, el mar se negó a matarlo; las criaturas marinas también se negaron a comérselo. Jonás luchó con Dios y con la naturaleza. Sin embargo, la asignación divina estaba en Nínive, y solo Jonás, entre todas las personas que Dios creó, fue asignado para cumplirla.

¿Podría ser este tu caso? ¿Es solo el nombre y el tiempo lo que ha cambiado? Sí, yo también fui Jonás. No sé tú. El pez se tragó a Jonás y luego lo llevó sano y salvo a tierra firme, escupiéndolo justo en la costa del mar. Jonás tuvo que rendirse porque se dio cuenta de que lo que estaba intentando hacer no estaba funcionando. Jonás, así fue como respondió al llamado. Hoy, para que Dios preste atención a la humanidad, debe llevarnos a la fuerza por la experiencia de Jonás; cada uno de nosotros tiene una experiencia única. No sé cuál es tu experiencia de Jonás, pero si me ves humillándome ante el Señor, es porque yo he tenido mi propia experiencia de Jonás, y estoy aquí con temor para responder al llamado del Dios Altísimo, Yahweh. La experiencia de Jonás que tuve fue personal, así que, por favor, no me juzgues; es la que me motiva a ir más allá en los asuntos de Dios.

Dios te da una segunda oportunidad si eres uno de los Jonás. Fue en la segunda oportunidad que Jonás lo hizo bien. Dios nos da una segunda oportunidad a las familias, iglesias, gobiernos y naciones. Dios es muy paciente con nosotros. Pero comprende el tiempo y la estación para que no vuelvas a perderte lo que Dios quiere y lo que Él está haciendo. Esta vez, harás lo correcto para que los ninivitas puedan ser salvos de la angustia de Dios, y Dios pueda llevarse Su gloria.

Tú eres el elegido para hablar la mente de Dios, para extender la voz de Dios, y no solo para diluir el mensaje de Dios para hacer que la gente se sienta bien, para poder mantener tu iglesia llena de números, pero con cero temor al Señor y cero arrepentimiento. No, debes entregar el mensaje exactamente como el Señor lo dice. Ya no se trata del número de personas en tu iglesia; se trata de a dónde estás dirigiendo estas almas inocentes. Se trata de diluir el evangelio, manipular y torcer las escrituras, y desviar al pueblo de Dios.

Cuando Dios envía un mensaje a Su pueblo, también los prepara. Jonás entregó el mensaje con facilidad, y fue recibido y puesto en práctica. La tierra y el pueblo fueron salvos porque Jonás no diluyó el mensaje. El país y la tierra fueron completamente restaurados. Ese es nuestro Dios.

¿Quién califica para liberar al pueblo de Dios?

Si no estás completamente liberado, el enemigo no te permitirá entregar completamente lo que Dios quiere que des a Su pueblo. El tema de la liberación es para todos los que nunca han hecho liberación, sin importar el título o rango. Negar la liberación es aceptar permanecer permanentemente en esclavitud, lo cual afectará a los hijos y a la generación no nacida. Es algo muy espiritual. Puedes vivir, puedes trabajar tan duro como quieras, pero mientras haya un derecho legal en algún lugar, el enemigo te esperará en el punto de tu avance; el punto de tu elevación es cuando el enemigo ataca para asegurarse de que nunca te levantes. No solo eso, sino ataques continuos a los miembros de la familia, hijos, cónyuge, ministerio, negocio, carrera, salud, divorcio, finanzas. Recuerda, Satanás no te molestará a menos que haya un derecho legal, y Satanás es un maestro de la ley; él sabe dónde detenerte solo porque has ignorado el pacto legal, ya sea en el espíritu o físicamente. El pacto te perseguirá dondequiera que vayas y hagas lo que hagas; escucharemos un escándalo tras otro, pero físicamente, aún eres un gran hombre de Dios. Las cosas deben hacerse correctamente y no ignorarse. Si ignoras el pacto, los escándalos, la vergüenza y las aflicciones, pasarán de ti a tus hijos o nietos.

Salmos 11:3: *"Si fueren destruidos los fundamentos, ¿qué ha de hacer el justo?"*

Por eso es que ves que algunos de los grandes hombres de Dios están fallando, y comienzas a preguntarte: ¿son verdaderamente hombres fieles de Dios? Es porque no han sido liberados. El pacto está buscando detenerlos; según el pacto, ellos han transgredido y sobrepasado su jurisdicción. Están cruzando límites que no se supone que deban cruzar porque el pacto está vigente. El pacto los está persiguiendo. El pacto los llama, así que esto es para todos los que no han sido liberados: no puedes seguir escondiéndote bajo el nombre de Jesús. Necesitas hacer lo correcto para que Dios pueda usarte completamente. La Biblia dice que no hay confusión donde está el Espíritu de Dios.

Si no has sido liberado, estás limitado en muchas cosas, porque aún estás bajo control satánico. Todavía hay derechos legales no atendidos. Las oraciones diarias habituales no eliminarán estos pactos legales; deben ir acompañadas de confesión, arrepentimiento, renunciación y una petición de limpieza. Si ignoras esto, te verás apoyando cosas antibíblicas porque te controlan; influyen en tus pensamientos y acciones. Por eso el pecado se ha vuelto lo "normal" en el púlpito. Incluso tienen versículos para justificar su pecado en el altar. Un hombre poderoso de Dios se asocia con un hombre malvado; la Biblia dice que las malas compañías corrompen las buenas costumbres.

Cuando estás completamente rendido, te conviertes en una nueva criatura. Dios tomará el control total de ti, y comenzarás a temer al Señor, porque el temor del Señor es el principio de la sabiduría. La sabiduría tomará control de tus palabras; tu comunicación y tus acciones estarán llenas de sabiduría. Hoy en día, tenemos a muchos detrás del púlpito con cero sabiduría, cero conocimiento del Señor y cero temor de Dios. Esto se debe a que el ministerio se ha convertido en un negocio. Si siembras una gran semilla, lo siguiente es que te llaman, te imponen manos y te dan un micrófono. Así de barato se han vuelto los ministerios. Así de fácil ha sido para Satanás penetrar en la Iglesia.

Dios está llamando a muchos a la liberación para llevarlos a alturas mayores y mantenerlos allí, pero no puede llevarlos a esas alturas hasta que no se aborden los defectos en su fundamento. De lo contrario, cualquier cosa que hayan obtenido fuera de la voluntad de Dios no durará mucho, ya sean dones espirituales o no. Dios está exponiendo estas falsedades. Aquellos que obtuvieron su conocimiento espiritual de Satanás son hechiceros y adivinos detrás del púlpito, usando el nombre de Jesús para avergonzar el nombre del Señor Jesús y cosechar almas para Satanás. Dios los está exponiendo en gran manera, y ellos pagarán por el mal que han hecho y por las almas que han desviado. Todos sus trucos están llegando a su fin; Dios está interviniendo ahora para defender Su nombre. Esas son batallas profundas. ¿Y por qué son poderosas? Por causa de los pactos. La Biblia dice:

Deuteronomio 5:9-10: "No te inclinarás a ellas ni las servirás; porque yo soy Jehová tu Dios, fuerte, celoso, que visito la maldad de los padres sobre los hijos hasta la tercera y cuarta generación de los que me aborrecen,

y que hago misericordia a millares, a los que me aman
y guardan mis mandamientos. "

¿Quién está alimentando el pacto maligno en mi fundamento?

Los pactos no sobreviven si nadie los alimenta haciendo sacrificios. ¿Quién está nutriendo el pacto? Podría ser un sacerdote o sacerdotisa satánica conectado contigo: una tía, un tío, un padre o quien haya recibido el cetro y continuado con esta asignación satánica para el árbol genealógico. Por eso el pacto de hace quinientos años todavía parece estar vivo. Cuanto más intentas hacer la obra de Dios, más parece que ellos te están dominando, te están arrastrando, aunque no veas quién te está jalando. Por eso estás luchando tanto en el ministerio, en la familia y financieramente, porque saben que una vez que todo esté en orden contigo, vas a voltear su reino de cabeza, los vas a derrocar y traerás el Reino de la Luz al fundamento. Así que van a atacarte. Aunque hayas dicho que naciste de nuevo, todavía hay un pacto de generaciones pasadas que no ha sido renunciado.

Dios es el juez justo. Es igual que nuestro Padre en el cielo; el pacto con Jesús es el pacto legal. Entonces, si los poderes de las tinieblas tienen un pacto legal sobre tu familia, no puedes simplemente decir: "He recibido a Jesús, y todo está hecho." No, eso es un boleto que llevas contigo. Ahora llevas la sangre de Jesús. Vas y confrontas a Satanás: "¿Por qué sigues en mi familia? Jesús murió por mí; soy más que vencedor; ¿por qué sigues en mi fundamento? ¿Por qué me sigues? ¿Por qué sigues desordenando todo aquí? Tengo a Jesús. Tengo la luz; ahora traigo luz." Comienzas a ordenar que toda oscuridad se aparte, ¡porque la luz ha venido, y las tinieblas no la comprendieron! Y Jesús vino para destruir las obras del enemigo. Has nacido de nuevo, eres una nueva criatura, y lo antiguo ha pasado.

Después de confesar, arrepentirte y renunciar, puedes pedir limpieza al Señor. Puedes empezar a tomar autoridad sobre el reino de las tinieblas y comenzar a ordenar cosas, porque no puedes ordenar algo que tiene autoridad sobre ti, y eso es lo que muchos de nosotros hemos estado haciendo. Una vez que tomas autoridad, Dios respaldará tu palabra, y comenzarás a ver que esas situaciones desaparecen.

Dios está levantando un remanente de un ejército que entiende lo que debe hacer ahora. La Biblia dice que desde los días de Juan el Bautista hasta ahora, el Reino de los cielos sufre violencia, y los violentos lo arrebatan por la fuerza. ¿Qué estás haciendo tú? ¿Qué quieres recuperar? Lo que han tomado, robado e intercambiado. Porque la Biblia dice que recuperarás lo anterior, lo presente y lo futuro simultáneamente. Pero Dios necesitará un vaso dispuesto a ser usado por Él, un vaso que entienda que Él es santo. Así que, para que Dios te ayude, ese vaso escogido debe rendirse a la santidad. Y ese vaso eres tú. Dios te ayudará; Él hará lo que dijo que hará. No puedes darte el lujo de seguir llamando al nombre de Jesús solo para ser avergonzado o que tu vida se desmorone por todas partes. La Biblia dice en Isaías 45:19: "No dije a la descendencia de Jacob: Buscadme en vano."

Pero si el fundamento está defectuoso, lleva la sangre de Jesús y haz lo correcto. Así es como Dios puede intervenir rápidamente a tu favor. Ya has hecho todo lo que sabes hacer: ayunaste, oraste. Cuando ves que los derechos legales persisten, eso significa que Satanás está invadiendo. Necesitas arrastrarlos a los Tribunales del Cielo.

Como creyente, vives en lo sobrenatural aunque estés en esta tierra, y tu vida es sobrenatural. Si las cosas no están saliendo bien, hay un enemigo haciendo eso. Todo enemigo en tu vida tiene un derecho legal. Sin embargo, Dios también tiene un derecho legal sobre ti después de que has recibido la salvación y vives conforme a los mandamientos de Dios. Así que, si eres salvo y el enemigo te oprime, arrástralo a la corte del cielo. Dios hará lo correcto, porque Él es un juez justo. La Biblia dice:

Daniel 7:10: "Un río de fuego procedía y salía de delante de él; millares de millares le servían, y millones de millones asistían delante de él. El juez se sentó, y los libros fueron abiertos."

¡Alabado sea Dios! Ahora bien, ¿por qué se abren los libros? Los libros se abren para tu abogado, el gran y justo juez, el defensor, nuestro Jesucristo de Nazaret. La sangre de Jesús está allí para defenderte. Ahora, cuando vas allí, ¿por qué está abierto el libro? Están revisando tu caso. ¿Por qué esta terquedad? ¿Cuál podría ser el problema? ¿Por qué no estás recibiendo una liberación? Ahora, cuando vas a los tribunales del cielo, Dios preguntará por qué tu caso no está resuelto. Los tribunales del cielo se ven igual que los tribunales aquí en la Tierra. Finalmente, Dios te concederá un veredicto. La Biblia dice que cuando el ladrón es descubierto, deberá devolver siete veces lo que ha robado. Mientras realizas tu investigación, estás seguro de que el ladrón debe ser descubierto y llevado ante la justicia. Es tiempo de una restauración siete veces mayor; es tiempo de restauración con compasión. También, la promesa en la Biblia de restaurar lo que la oruga y la langosta se han comido, en el nombre de Jesús, porque ahora te has liberado de toda conexión satánica. El grillete está roto, la cuerda está rota y la jaula está rota; estás oficialmente fuera de la esclavitud, en el nombre de Jesús.

Mi trabajo es asegurarme de que mis hijos no tengan que pasar por este tipo de batalla. Yo digo no; iré adelante y perseguiré al enemigo hasta que detenga a Satanás en el nombre de Jesucristo de Nazaret. Nuestro Dios es un juez justo. Un veredicto ha sido emitido desde los tribunales del cielo para mí y mi familia. Es hermoso escucharlo de la boca de Dios mismo en los tribunales celestiales. ¡Alabado sea Dios, aleluya! ¡Salvación, poder y gloria pertenecen a nuestro Dios! ¡Aleluya!

Estoy edificando sobre esta roca fuerte, porque la Biblia dice: "Sobre esta roca edificaré mi iglesia, y las puertas del Hades no prevalecerán contra ella." Esta es la liberación de mi fundamento. Soy lo suficientemente valiente para ponerme de pie y hablar en cualquier situación o enfrentar cualquier batalla de fundamento. La Biblia dice: "Someteos, pues, a Dios; resistid al diablo, y huirá de vosotros." Yo me sometí con mi mente pequeña. En mi pequeño entendimiento, sabía que si podía acercarme a este Dios, Él me ayudaría. Resistí al diablo, y el diablo, eventualmente el enemigo, huyó de mí, de mis hijos y de mi fundamento. Recuerda, la mayoría quiere resistir al diablo sin haberse sometido completamente al Señor Dios Todopoderoso. Por eso muchas de nuestras iglesias parecen sin poder. Grandes hombres y grandes mujeres de Dios están sin poder pero llenos de la palabra de Dios. Para que esta generación crea, debe haber palabra de Dios que tenga poder. La Biblia dice que donde está la palabra del Rey, allí hay poder. Y cuando te sometes totalmente al Señor, Él te dará justamente eso; no necesitas ir a buscar a otros dioses.

La liberación profunda limpia la línea sanguínea, y una nueva generación limpia ha sido recuperada. Ahora, la liberación es una cosa, pero mantener la liberación es otra. Permanece en lo sobrenatural, en el lugar secreto donde mantendrás lo que has sido liberado, y permanece conectado a la fuente donde lees la palabra y oras. Así es como tu liberación puede ser permanente. Esto es lo que llamamos verdadera liberación. Todo lo que hayas alcanzado en el lugar de oración después de haber hecho tu liberación, debes mantenerlo con oración. Una manera de saber si alguien ha pasado por una liberación es por el temor de Dios que hay sobre él y su compromiso de mantener la obediencia, la justicia, la pureza y la santidad.

SOMETIMIENTO

"A lo largo de este texto, hemos estado hablando sobre el sometimiento. Pero ¿a qué tipo de sometimiento nos estamos refiriendo exactamente? Santiago 4:7 dice: 'Someteos, pues, a Dios; resistid al diablo, y huirá de vosotros.'

La salvación es otra palabra para liberación. Un hombre liberado busca una vida de quebrantamiento y sometimiento. Donde hay quebrantamiento en un hombre, hay sometimiento. La Iglesia de Cristo hoy está en camino a la apostasía porque no hay quebrantamiento, y no hay sometimiento.

En tal estado, por eso Dios dijo: "Y busqué entre ellos hombre que hiciese vallado y que se pusiese en la brecha..." Cuando no se halló a ninguno, Él dijo: "Vendré a juzgar y a hacer guerra." Apocalipsis 19:11.

Durante más de mil años, cada vez que la Iglesia se enfrió, Dios levantó a un hombre o a un pueblo que se incomodó con el status quo y comenzó a buscar la verdad. Yo creo que ese pueblo somos tú y yo, llamados a destacarnos, hablar la verdad y declarar la Palabra de Dios.

Hoy, hay demasiados juegos y política en la Iglesia. La Biblia dice: "Salid de en medio de ellos," y, "Despiértate, tú que duermes." Esto revela dos tipos de creyentes: los que están dormidos y los que están despiertos.

Los creyentes dormidos ya no se arrepienten, ya no perdonan, y ya no alaban. Muchos han abandonado el fundamento, y por eso tantos se vuelcan a lo extra, como el agua, el aceite o los pañuelos, convirtiéndolos en ídolos. Es como alguien que solo come postre y olvida el plato principal, que es el que contiene toda la nutrición. La Iglesia está comiendo solo postre; el plato principal del menú está desapareciendo lentamente del altar.

Muchas iglesias ahora creen que la unción es simplemente profetizar o hacer que las personas caigan al suelo. Debido a que se ha abandonado el fundamento, hay un aumento en prácticas de hechicería, brujería y adivinación, todo en nombre de la liberación. La Iglesia debe regresar a su verdadero fundamento: el Espíritu Santo, la sangre de Jesús y la Palabra de la Verdad.

Muchos son tan espirituales que pueden ver en el espíritu y profetizar, pero aun así pierden el fundamento de Cristo. Entonces, ¿cuál es el fundamento? El amor. En 1 Corintios 13:1–8, el apóstol Pablo enseña que no importa cuán dotado o sacrificado sea alguien, sin amor, todo carece de sentido. Describe el amor como paciente, amable, humilde, perdonador y duradero. A diferencia de los dones espirituales como la profecía, hablar en lenguas o el conocimiento, que son temporales, el amor es eterno y nunca falla. La verdadera plenitud vendrá un día, pero solo el amor permanece para siempre.

Pablo dijo: "Mas yo os muestro un camino aún más excelente." Hoy, a menudo nos enfocamos en dones, poder y demostraciones, pero no en el camino perfecto, que es el fundamento. Incluso sin profecía ni dones espirituales, puedes llegar al cielo. El espiritualismo de hoy ha llevado a muchos a una profunda decepción, y en algunos casos, incluso a la iniciación de niños, porque las personas están tratando de encontrar soluciones fuera de Dios. Todo lo demás puede perecer, pero lo que permanecerá es la Palabra de Dios y Su verdad. Todo esto sucede porque, como creyentes, no hemos obedecido el llamado a la consagración personal ni nos hemos comprometido a terminar el camino de nuestra salvación con Dios.

Tu liberación y el mantenimiento de tu liberación vienen a través de la total sumisión a Dios. Discierne los espíritus, porque hoy tenemos magos que se hacen llamar pastores, profetas y apóstoles. Dios está investigando, exponiendo y castigando a la Iglesia en el área que a menudo llamamos "milagros", porque muchos de los llamados milagros hoy no son más que juegos mentales.

Muchas personas han sido "liberadas" por un mago que usa aceite ungido, piedras santas, pañuelos, agua o tierra. Eso no es liberación; es adivinación, idolatría y brujería. Cualquier cosa que hagas que vaya en contra de la Palabra de Dios es idolatría y hechicería.

Cuando las personas caen bajo un espíritu falso, a menudo es un espíritu de oscuridad manipulando sus mentes, haciéndoles creer que han tenido una experiencia real con Dios, solo para desperdiciar sus vidas en engaño y oscuridad espiritual.

El llamado que Dios te está haciendo es a caminar en el viaje del sometimiento. Sométete a Dios. Esa es la primera y más vital etapa.

¿Te estás sometiendo a Dios? ¿Cómo sabes si realmente estás sometido a Dios?

Se manifiesta en cinco etapas:

1. Quebrantamiento

Todo comienza con el quebrantamiento. Es a través del quebrantamiento que Dios te introduce a la siguiente etapa.

2. Permanecer

Después del quebrantamiento viene el permanecer en Dios. Jesús dijo en Juan 15:5:

"Yo soy la vid, vosotros los pámpanos; el que permanece en mí, y yo en él, éste lleva mucho fruto; porque separados de mí nada podéis hacer."

Permanecer es permanecer en Su amor, permanecer en Su Palabra. A medida que aprendes a permanecer, el Señor te llama al silencio. En Mateo 22:44 está escrito: *"El Señor dijo a mi Señor: Siéntate a mi diestra, hasta que ponga a tus enemigos por estrado de tus pies."*

Siéntate en la presencia de Dios. Lee tu Biblia. Espera en el Señor y permite que Su Palabra trabaje en ti. En esta generación, los creyentes a menudo están inquietos, corriendo de un lado a otro, diciendo: *"El Señor me dijo que fuera al profeta"* o *"El Señor me dijo que sembrara una semilla."* Pero muchas veces, no es el Espíritu de Dios hablando; es la carne.

Oro para que el Espíritu Santo te arreste, te detenga a los pies de Jesús, para que puedas consagrarte y aprender a permanecer en la Palabra de Dios. Vendrá un tiempo cuando testificarás: *"Ya no soy engañado. Estoy sentado a los pies de Jesús, aprendiendo a permanecer en Cristo."*

Ahora estás practicando cómo permanecer en la presencia de Dios. Y el permanecer trae paz, porque Su presencia es innegable.

3. Santificación

Mientras continúas permaneciendo, el Señor comienza la obra de santificarte—limpiándote, refinándote, transformándote— antes de poder glorificarte.

4. Glorificación

En esta etapa estás siendo perfeccionado por Él, espiritualmente y físicamente, para que puedas habitar eternamente en Su presencia, reflejando Su santidad y gloria.

Después de la santificación viene la glorificación. Entonces entras en:

5. Unidad con el Señor

En esta etapa, tu sometimiento es completo.

Unidad significa que ya no hay separación entre tú y Dios. Estás crucificado con Cristo, muerto al yo, y vivo en Él. Ya no cuestionas a Dios. La cruz ha tratado con tu carne. Ahora estás glorificado en Él, caminando en unidad con Su Espíritu.

Muchos aún no han alcanzado esta etapa, pero **cada día prosigo hacia ella**, creyendo que un día, por Su gracia, lo lograré.

Sé animado.

No te detengas. No seas engañado. Sigue buscando. Sigue creciendo. Este es un camino, una caminata de sometimiento con el Señor.

En esta temporada en particular, oro para que continúes rindiéndote. Oro para que sigas cediendo al Espíritu Santo. Los días que vivimos y lo que está por venir requieren que estés completamente alineado con la voluntad de Dios. Permítele llevarte a Su semejanza para que puedas reflejar plenamente Su imagen.

Ahora es el momento de ponerse serio con Dios.

Dile: *"Señor, tengo hambre de la verdad. Quiero conocerte. Mi corazón anhela Tu presencia."*

Puntos de Oración

1. Entrega Total a la Voluntad de Dios

Señor Jesús, te pertenezco. Me rindo completamente; haz Tu voluntad en mi vida. Moldéame, guíame y haz conmigo lo que desees. Que mi vida refleje Tu propósito y gloria.

2. Amor y Compasión para Ser una Respuesta

Padre, enséñame a amar como Tú amas. Llena mi corazón de compasión, para que yo pueda ser una respuesta al clamor de alguien. Hazme un vaso de sanidad, paz y esperanza en un mundo quebrantado.

3. Gracia para Permanecer y Rendirme

Espíritu Santo, enséñame a permanecer en Cristo. Que Tu amor habite abundantemente en mí. Rindo mis pensamientos, mi voluntad y mis deseos; permíteme permanecer arraigado en Ti, sacando vida de Tu presencia.

4. Sanidad, Liberación y Restauración

Señor, levanto cada corazón que ha sido afligido, ya sea en el cuerpo, el alma o el espíritu. Mientras declaran, "Soy Tuyo", deja que Tu poder sanador fluya. Libera liberación, restaura lo que se ha perdido y establece paz en sus vidas.

5. Verdad y Pureza en la Iglesia

Oh Dios, envía Tu verdad como fuego a Tu Iglesia. Expón toda agenda oculta, manipulación y engaño. Purifica el altar. Levanta un remanente de portadores de la verdad que caminen en santidad y en temor del Señor.

Tú eres la generación que debe llegar a un lugar de quebrantamiento, para que Dios pueda obrar libremente a través de ti.

El quebrantamiento significa rendición, permitir que Dios tenga acceso total a tu corazón, tus planes y tu vida. Cuando estás quebrantado delante del Señor, Él puede formarte, moldearte y moverse a través de ti sin resistencia.

Después del quebrantamiento viene el permanecer—una temporada de esperar en el Señor.

Es en el lugar de permanencia donde Dios comienza a disciplinarte, y esa disciplina conduce al desarrollo del carácter.

Tu don puede abrirte puertas y llevarte a grandes lugares, pero es tu carácter el que te mantendrá allí.

Sí, el enemigo desafiará lo que has recibido. Pero cuando Dios ha estado obrando en tu corazón, formando carácter y enseñándote a permanecer, podrás mantenerte firme.

Así que elige estar quieto. Elige esperar en el Señor. Como está escrito en Isaías 40:31: "Pero los que esperan a Jehová tendrán nuevas fuerzas; levantarán alas como las águilas; correrán, y no se cansarán; caminarán, y no se fatigarán."

Yo elijo permanecer. Yo elijo quedarme en el lugar de consagración hasta que Dios hable.

Yo elijo ser diferente. Esta es la temporada para que todos permanezcamos en el Señor, y en esa permanencia encontraremos nuestra fuerza, porque el gozo del Señor es nuestra fortaleza.

Capítulo 9:
Fases de Liberación

El viaje de liberación que he tomado; he descubierto que hay fases de liberación; esta es solo mi propia experiencia, la cual Dios me guió mientras pasaba por mi liberación profunda de fundamentos.

Fase Uno

Los poderes son tan viciosos y atormentadores, hasta el punto de que ni siquiera puedes dormir. Te despiertas mental y físicamente agotado, sin saber lo que hiciste. He escuchado a algunas personas decir que tienen sueños de estar cultivando toda la noche en la granja de su tío o cargando y transportando cosas de un lugar a otro. Dios está revelando tantas cosas a los hijos de Dios. De lo contrario, no es fácil aprender estas cosas, porque no hay una escuela para este tipo de educación.

Entonces, la primera fase se caracteriza por un miedo a batallas profundas, una tras otra. Los poderes que han estado en control quieren permanecer siempre en control. Cuando quieres superarlos y recuperar tu trono, te declaran la guerra. Estos poderes no tienen problema con cristianos comunes y religiosos; tienen un problema con aquellos que han recibido conocimiento, conocen la verdad y quieren ser libres. Esta es la razón de la batalla. Muchos han abandonado su dominio, autoridad y territorio porque temen ser tocados por el enemigo. Estos poderes prefieren a personas ignorantes; por eso la Biblia dice: No seáis ignorantes de las artimañas del astuto.

La ignorancia ha traído vergüenza y dolor a los hijos de Dios. Es la ignorancia la que ha llevado a los hijos de Dios a asistir a la iglesia y regresar aún con dolor; es la ignorancia la que ha causado que los hijos de Dios lean la Biblia desde Génesis hasta Apocalipsis sin un solo encuentro o impacto duradero. Por eso muchos han decidido conformarse con menos y estar satisfechos con lo poco que tienen; han abandonado su destino dado por Dios, abandonando las promesas de Dios sobre ellos y dejando todo a Satanás. Cuando experimentas una liberación profunda de fundamentos, sabrás que el enemigo es real, y si Dios te da la gracia de pasar por ello y ser liberado, no hay forma de que puedas bromear con las cosas de Dios. Si ves a algún ministro bromeando sobre las cosas de Dios, sabrás que no ha comenzado su viaje de liberación.

El enemigo lanzará ataques contra ti: desilusión, voces malignas, contienda en el ámbito espiritual, reinos satánicos reuniéndose para atacarte, esposos espirituales, serpientes, espíritus de agua, espíritus marinos y brujería. Para asegurarse de que renuncies a este viaje de liberación. Porque ahora se han dado cuenta de que estás en un punto sin retorno, sin importar lo que te hagan.

Santiago 4:7: "Someteos, pues, a Dios; resistid al diablo, y huirá de vosotros."

Muchos de nosotros queremos hacer la segunda parte de este versículo: resistir al diablo y él huirá de vosotros. Pero la parte central de este versículo es la primera parte: ¡someteos al Señor! Todos los que han pasado por una liberación profunda y han alcanzado la victoria, este es el secreto: se han sometido completamente a Dios. Han entregado sus vidas a Dios y han aceptado una vida de pureza, santidad y justicia, porque Él dijo: Sed santos, porque yo soy santo. No puedes decir que Dios es tu padre si tus caminos van en contra de la pureza, la santidad y la justicia. Cuando practicas estas cosas, comienzas a ver la gloria de Dios envolverte porque estas son las cosas que atraen a Dios. Entonces, antes de tocar cualquier batalla de fundamentos, debes examinarte a ti mismo: ¿estás en total sumisión a este Dios? En la liberación profunda, el avance está en la sumisión. A través de la sumisión, las llaves de la liberación te son entregadas, los secretos de la liberación te son revelados, el poder de Dios reposa sobre ti, y se te da autoridad; se envían ángeles para asistirte.

Fase Dos, Ataque Mental:

El enemigo atacará tu mente. Estas no son solo voces en tu cabeza. Sométete completamente al Señor y continúa con tu liberación.

Tu punto de oración debe ser que Dios te dé la gracia para mantenerte enfocado en la asignación, porque esto debe hacerse y hacerse bien. Por eso necesitas orar por gracia y fuerza para luchar hasta el final. Los hijos de Dios han sido explotados por el reino de las tinieblas y les han quitado todo y vendido en mercados satánicos. Pero tú los recuperarás.

Estás recuperando la caja del tesoro de tu linaje sanguíneo y tu derecho de nacimiento. Los poderes, espíritus y personalidades se moverán. Sin embargo, no pueden sobrevivir sin un ser humano, así que siempre buscarán a alguien más, ya que ya se han acostumbrado a esa vida lujosa. Por eso necesitamos educar a muchas personas sobre cómo liberar y hacer cumplir la liberación de sus seres queridos.

En esta segunda fase, el enemigo lucha contra tu mente a través de sueños y encuentros nocturnos extraños como relaciones sexuales con espíritus, ser alimentado en el sueño, nadar en el agua o encontrarte en medio de un bosque o rodeado de desconocidos por la noche. Algunas personas se encuentran en las casas antiguas donde crecieron, desnudos o sin zapatos. Eso señala la presencia de un espíritu de retroceso, vergüenza y deshonra. No debes tratar estos sueños como insignificantes. Tu oración debe ser atar a los espíritus vigilantes con ceguera. Lanzan estos contraataques contra ti porque te has convertido en un terror para su reino. A menudo puedes despertarte tan cansado e indefenso que no puedes evitarlo en ese momento. Preguntas de duda propia y dudas sobre tu salvación y relación con Dios comienzan a revolotear en tu mente: *¿Realmente he nacido de nuevo? ¿Dónde está mi Dios?*

Es un ataque mental; el enemigo está hablando en tu cabeza. Por eso, si quieres luchar contra Satanás y salir victorioso, ignora lo que él te está haciendo durante el proceso. Satanás está haciendo esto para desviar tu enfoque y hacerte comenzar a quejarte en lugar de continuar con la batalla. Dios está consciente y observando; quiere que pases por este fuego para que seas como el oro al salir. Para que el oro sea oro, debe pasar por el fuego. Dios está observando y preparando tu recompensa.

A través de todo esto, lo que traerá la victoria más rápidamente es la constancia y la disciplina en lo que estás haciendo. La constancia es lo que llevará a muchos hijos de Dios a su avance. A medida que persigues, el enemigo puede irse, pero no por mucho tiempo; se quedarán cerca para ver si continuarás con el mismo vigor, siendo constante y disciplinado. Imagina que cuando luchas y descansas, es como si hubieras capturado el territorio. Te vas a descansar y el enemigo regresa para reclamar ese mismo territorio.

> *Mateo 12:43-45: "Cuando el espíritu inmundo sale del hombre, anda por lugares secos, buscando reposo, y no lo halla. Entonces dice: Volveré a mi casa."*

Por eso la Fase Dos es la fase de contención. Todo lo que necesitas es la fuerza de Dios, el Espíritu de Dios y el poder de Dios para atravesar esta fase.

¿Cuáles son las cosas cruciales que debes hacer en este punto? Si sabes que tienes algunas personas que son muy poderosas en oración, ya sea en grupo o un amigo, puedes unirte a ellas a medianoche para neutralizar el poder del enemigo. La Biblia dice que *uno puede perseguir a mil, y dos pueden perseguir a diez mil.*

En esta fase, he descubierto que, aunque Dios tiene el poder para rescatarte y sacarte de la batalla, no lo hará, para que puedas ser moldeado. Si Dios me hubiera rescatado en la segunda fase, no habría conocido la tercera fase. Por eso le digo a la gente que muchas de las cosas me las enseñó el Espíritu Santo. También es importante orar a medianoche porque la medianoche es el período operativo del enemigo mientras los hombres duermen, para así poder robar, matar y destruir. Oro para que Dios te dé la gracia de orar a medianoche.

Como dije antes, Dios a veces permite el dolor, los tormentos y la angustia porque te está moldeando. Su fuerza es tuya, y Él sabe que lo superarás para que puedas ser usado poderosamente como un vaso para liberar a todos los que están atados.

Lucas 22:31-32: "Simón, Simón, he aquí Satanás os ha pedido para zarandearos como a trigo; pero yo he rogado por ti, para que tu fe no falte; y tú, una vez vuelto, confirma a tus hermanos."

No puedes decir que se te ha dado un ministerio para liberar aquello por lo que no has pasado. Eso no es posible. Tienes que pasar por ello: conoces el dolor, el tormento y las noches sin dormir. Así que, cuando estás siendo levantado como un ministro de liberación, sabes exactamente qué hacer. La vida es verdaderamente espiritual. ¿La visita al médico reveló cáncer de mama triple negativo? ¿Cómo el cáncer de páncreas se convirtió en una sentencia de muerte de inmediato? ¿Cómo el cáncer de ovario avanzó al estadio cuatro en solo tres semanas después del diagnóstico inicial? Hoy en día, los cánceres se reparten como caramelos; incluso el autismo ha dejado confundidos a los científicos. No se trata solo de un diagnóstico médico; detrás de esto hay una manipulación satánica para beneficio de su reino. Hijo de Dios, despierta y toma autoridad, porque Satanás no está jugando ni está perdiendo el tiempo. Él está aquí para robar, matar y destruir.

La escuela celestial que el Señor te ha permitido experimentar aquí en la tierra es para enseñar a otros lo que es la realidad, en lugar de sugerir que la negatividad es la voluntad de Dios. ¿Qué tal si cambiamos y decimos que es la voluntad de Satanás y comenzamos a reprender a Satanás inmediatamente y echarlo fuera en el nombre de Jesús? ¿No ves que Satanás está robando, matando y destruyendo nuestras vidas? La Biblia dice,

Efesios 5:14: "Despiértate, tú que duermes, y levántate de los muertos, y te alumbrará Cristo."

Para que estemos despiertos, Dios permite que Satanás nos zarandee; Dios ora para que podamos resistir la batalla, y luego podamos fortalecer nuestro aliento al atravesar estas batallas de la vida. Dios permite las batallas porque muchas personas que las sobreviven terminan siendo grandes soldados y se unen al ejército del Señor. Dios envía a la batalla a personas que sabe que no serán víctimas; traerán la victoria para que Él reciba la gloria. Si eres de Dios, necesitas comenzar a ser serio y ponerte siempre toda la armadura de Dios; el diablo está en contra de tu compromiso total con este Dios. Si entras en esta liberación de cimientos profundos con todo este entendimiento y conocimiento, nada te detendrá, y nada podrá hacerte retroceder. Estás dentro hasta que termines, y la victoria está garantizada, y Dios recibirá la gloria.

Cuando entras en esta fase, tus ojos se abren y puedes ver cosas en los sueños. ¿Por qué sueñas con ciertas cosas? Eso significa que es otro paso de crecimiento en el espíritu. ¿Has oído hablar de personas que nunca sueñan? ¿O que sueñan pero no recuerdan? El enemigo está cerrando su tierra de sueños. Ahora, si sueñas y recuerdas, da gracias a Dios; Dios te está permitiendo tratar con el sueño. No hay sueños inútiles. Los sueños revelan lo que hay en tu fundamento. Dios te muestra, por ejemplo, serpientes en tus sueños. Eso significa que el reino serpentino está oprimiendo tu vida, así que comenzarás el viaje de liberación personal hasta que dejes de ver este reino en tus sueños. No lo ignores pensando que desaparecerá por sí solo; no, mientras no hayas sido liberado de eso, todavía está en tu fundamento, robando, matando y destruyendo. Por eso Dios te lo está mostrando, para que lo arranques, lo derribes, lo destruyas y lo derroques.

¿Cómo sabes que has sido liberado de ello? Ya no sueñas con eso. El reino que ves en tus sueños significa que tu fundamento lo adoró como su dios. Tú no lo sabes; por eso, cuando traes a tu Jesús, ellos luchan contra ti porque estás violando el pacto, y por eso hay una batalla. Sueñas con sirenas; tu fundamento también está en el reino marino. Reúne puntos de oración y videos, y ora hasta que dejes de ver eso. Sueñas con esposos espirituales, lo que significa que la gente de tu fundación está casada con espíritus, específicamente espíritus del agua. Busca puntos de oración para esposos espirituales y videos, ora hasta que dejes de verlos. Esto significa que los esposos espirituales fueron para tus padres y abuelos, lo que quiere decir que todas las generaciones anteriores fueron afligidas por esto, así que tú serás el primero en derribarlos por primera vez. Y esa es la liberación fundamental de ese reino en particular.

Los esposos espirituales son celosos; las personas que están casadas con espíritus tienen turbulencias en sus matrimonios, o no permitirán que te cases físicamente. Causan el aborto de milagros y la pérdida de bebés; es el demonio que roba, mata y destruye. Oro en el nombre de Jesús que Dios te dé la fuerza para apartar tiempo y comenzar tu liberación. La liberación toma tiempo. Nadie puede hacerlo por ti; necesitas a alguien que te guíe sobre qué hacer y cómo hacerlo. A medida que oras y realizas liberación personal, observas el progreso hasta eliminar toda la influencia del reino sobre tu linaje sanguíneo.

Cuando termina la fase de contención, has recuperado la mayoría de los reinos, e incluso tu vida de sueños comienza a cambiar y a tener sentido. Porque están perdiendo toda tu generación, todo tu linaje y todo tu fundamento. Por eso tienen que trabajar duro. Por primera vez, puedes descansar y dormir. Puedes dormir sin tener estos sueños terribles.

Ahora, comienzan a llegar algunos sueños divinos. Dios te está moviendo al nivel de alta disciplina en el Reino de Dios. Cuando piensas en las batallas que has luchado, no puedes darte el lujo de ser liviano. No quieres regresar. Ahora, la Fase Dos, la fase de contención, ha terminado.

Fase Tres: Liberación y Autoridad

Comenzarás a experimentar facilidad tanto en el ámbito físico como en el espiritual. Estás en completo control; ya no hay miedo. Puedes ordenar cosas fácilmente en un sueño y comenzar a ver a los agentes huir. ¿Cómo lo sabes? Comienzas a capturarlos en los sueños. Las mismas cosas que solías ver en los sueños y que te daban miedo, ahora las estás controlando y ordenando. La victoria comienza en el sueño mismo; tu hombre interior se está fortaleciendo tanto que ya no puede ser manipulado. Por eso la Biblia dice que ordenes. Se supone que debes escapar. La Biblia dice que mi alma escapa como el pájaro escapa del lazo del cazador. Todos estos versículos bíblicos ahora comienzan a tener sentido. Cuando tienen tu alma, están ordenando negatividad, pobreza, decepción, enfermedades y aflicciones. Eso sucede porque tienen algo a lo cual aferrarse. Ahora tu alma ya no puede ser manipulada porque ha sido liberada, puesta en libertad y recuperada; está en tus manos.

Y ahora puedes construir felizmente el muro de fuego. La Biblia dice: construye el muro de fuego alrededor de mi ciudad, porque Satanás no se cansa. Seguirá intentando. Mira, incluso si estás siendo liberado, ¿has guardado la ley del Señor? ¿Has guardado los principios del Señor? ¿O has recaído? Entonces, Satanás seguirá intentando.

Después de esta fase, dejas de verte en esas reuniones demoníacas extrañas. En su lugar, comienzas a ver las promesas de Dios cumpliéndose. Es como si te hubieras descubierto a ti mismo; eres una nueva creación. Puedes comenzar a nadar y disfrutar de las bendiciones del Señor. Dios se complace en soltarte todo: puede cumplir las promesas de Jeremías 51:20,

"Tú eres mi mazo de guerra, mi arma de combate. Contigo destrozo naciones, contigo destruyo reinos."

Ahora, la autoridad, el dominio, la gracia y el favor de Dios comienzan a manifestarse plenamente porque el enemigo que detenía todo esto ha sido oficialmente destruido en el nombre de Jesús.

Lucas 10:19: "He aquí os doy autoridad de hollar serpientes y escorpiones, y sobre todo poder del enemigo, y nada os dañará."

Ahora puedes comenzar a pisotear el reino de las tinieblas porque te has separado completamente de ellos; tienes la autoridad de Yahweh. Has arrancado, derribado, destruido y derrocado. Ahora puedes comenzar a edificar y plantar lo que desees. Ningún rey de Persia puede detener nada. Puedes llevar la asignación a otro nivel. El Señor está contigo porque tu destino ahora está libre para que lo tomes.

Capítulo 10:
Fuerzas Demoníacas y Poderes Espirituales en Lugares de Tinieblas

Los espíritus en el reino de las tinieblas son muy reales, pero también difíciles de entender y explicar. Esto les ha dado espacio para multiplicarse porque muchos hijos de Dios no pudieron presentarse para describir lo que estaba ocurriendo; algunos ni siquiera querían que lo supieras. Algunos de ellos tomaron las cosas como si fueran lo normal. Entonces, se multiplican más cuando seguimos ocultándolos y no los exponemos. Y lo que no entendemos es: ¿de dónde vienen estas cosas?

Si no has nacido de nuevo, o si eres un cristiano tibio o religioso, ni siquiera los verás ni los sentirás. Primero, ellos te consideran como uno de los suyos; ninguna de tus oraciones los amenazará ni sacudirá su reino. Así que no pierden el tiempo con personas que no representan una amenaza para ellos.

Todo el infierno se desata cuando alguien se rinde a Jesús. De repente, ves a los cinco reinos viniendo contra ti: brujería, marino, espíritus de agua, serpentino (serpientes) y animal. Eso significa que había una puerta abierta, pero estaban funcionando lentamente desde un lugar oculto, tras bambalinas. Además, no había suficiente fuego para incomodarlos y hacerlos salir de su escondite; es ahí cuando un verdadero nacido de nuevo comienza a descubrir muchas cosas. Los notarás y los echarás fuera. Ahora que has recibido la salvación, te vuelves tan feroz que comienzas a lanzar flechas y misiles, oraciones intensas, ayunos y todo tipo de armas. Es entonces cuando ya no pueden resistirlo. Comienzan a venir como una inundación para pelear contigo. Necesitas una liberación profunda de cimientos. Es más que tu vecino hechizándote. Es más que que tu jefe no te quiera. Ahora se ha convertido en un asunto de fundamentos. La Biblia dice que el Señor conoce nuestras mentes y corazones. Entonces, cuando Dios ve en tu corazón que estás ansioso por saber, deseoso por descubrir, Él te empoderará y te dará el conocimiento y entendimiento necesarios sobre este asunto.

Efesios 6:12: "Porque no tenemos lucha contra sangre y carne, sino contra principados, contra potestades, contra los gobernadores de las tinieblas de este siglo, contra huestes espirituales de maldad en las regiones celestes."

Para aprender las cosas profundas de Dios, necesitas ser empoderado. Es entonces cuando comienzas a ver que tienes un tipo diferente de entendimiento. Comienzas a leer más, a orar más, a ayunar más. El Espíritu Santo entra y te dirige desde adentro; tu vida ya no te pertenece. Una vez que Dios te captura, lo primero que hará es darte un manto de oración y ayuno. Porque en este camino de fe, la oración lo es todo. Los reinos de tinieblas no temen títulos ni fama; temen a alguien que puede orar con autoridad. Cuanto más oras, más descubres; y cuanto más descubres, más recuperas. El Espíritu Santo te dirigirá hacia materiales de liberación como videos para ver y aprender, libros, y el hombre o mujer de Dios a quien escuchar, para que te eduques.

Vengo de un trasfondo católico muy fuerte. Mi mamá fue monja católica romana y mi papá fue sacerdote católico romano antes de que salieran. Incluso después de que salieron, mantuvieron la práctica del Señor en nuestra familia. Sí, algunos de ustedes entienden cuán audaces pueden ser los católicos romanos en sus acciones, consistentes y disciplinados, lo cual es un estilo de vida muy bueno. Así que puedo decirles que éramos un clan que oraba. Mi abuelo era un católico devoto; cuando era hora de orar, todos tenían que obedecer y orar de rodillas por una hora en la mañana y otra en la noche.

Pero cuando comencé a observar la vida de muchos de mis familiares, personas a mi alrededor que están conectadas conmigo —mis abuelos, mis tías, mis tíos, y los jóvenes sobrinos y sobrinas— pude ver que las cosas estaban fallando. Había muchas cosas sucediendo que no entendía. No sabía la causa, y creo que muchas personas entre nuestros familiares se preguntaban qué estaba pasando. Por ejemplo, tuvimos muertes prematuras, muchas muertes prematuras. Como dije antes, era una ocurrencia regular. También había pobreza: personas trabajando muy duro y altamente educadas, incluso internacionalmente, fuera del país en América, Asia y Europa. Pero había pobreza. Los miembros de la familia trabajaban por un tiempo, solo para terminar pobres una vez que se jubilaban. También el problema de la poligamia, idolatría, fornicación, difamación, desobediencia al Señor, ira, enojo, maldiciones, complejidad en los matrimonios y divorcio. Pero si miras alrededor, te preguntas: ¿Qué está pasando? ¿Hay un problema en algún lugar? Pero eso es lo que me di cuenta mientras me hacía esas preguntas: el espíritu de Dios entró en mí. No me estaba haciendo preguntas a mí misma; era como si estuviera comunicándome, y podía escuchar. Puedo escuchar la voz de Dios y recibir dirección sobre qué hacer y cómo hacerlo.

Por eso ves que todos estos versículos comienzan a aparecer. Pero entonces el Señor envió a una persona extraña a mi vida, la misma que me llevó a Cristo. Nací de nuevo. Después de nacer de nuevo, esta persona me dio la Biblia, y me volví curiosa y comprometida a leerla. Mientras leía la Biblia, el Señor me hablaba y me respondía a través de la Palabra. Recuerdo una vez que Dios me dio el Libro de Jeremías 51:20:

"Tú eres mi mazo, instrumento de guerra; contigo despedazaré naciones; contigo destruiré reinos."

Entonces, lo que Jeremías me está diciendo aquí es que soy escogida. Porque me senté con el Señor para hacer preguntas e indagar qué estaba pasando, sentía que mi gente era buena y correcta y que podía asistir a la iglesia. Parecían comprometidos con Cristo. Quiero decir, vivían con temor de Dios. Sin embargo, parecía que ese temor del Señor era su mayor prioridad. Lo que observé fue que la gente era devota en asistir a la iglesia todos los días. ¿Cuántas personas asisten a la iglesia a diario de 6:00 a.m. a 7:00 a.m. por una hora antes del trabajo? Así comenzaban su día; estaban en la iglesia cada domingo. Pero las cosas que observaba, las aflicciones sobre las personas que aman al Señor, no cuadraban.

Y después de que Dios me dio ese versículo, creí que Dios me había escogido, tal vez para ser una portera. Entonces, recordé que lo había llevado más profundo. Comencé a llorar, preguntándole al Señor qué estaba pasando. Ni siquiera entiendo la razón, y nadie jamás puede darme la respuesta a lo que estoy preguntando. El Señor me dirigió a personas, cambiando completamente mi círculo, porque Él quería rodearme de personas que nutrirían mi destino dado por Dios. Así que mi círculo cambió; me encontré en compañía de personas que podían hacer guerra espiritual y orar a medianoche, personas maduras, guiadas espiritualmente para la guerra, para destronar a Satanás de nuestros tronos. Este era el tipo de personas que necesitaba para mi batalla espiritual. Cuanto más oraba a medianoche, más cosas comenzaba Dios a mostrarme: sueños, y mi visión se volvió muy clara.

Y el Señor me dijo que no solo era lo que yo pensaba que la gente sufría o estaba afligida, sino que se trataba del fundamento. Estamos retrocediendo cuatro generaciones. En otras palabras, si miras el presente para encontrar respuestas a las aflicciones que ves, puede que no encuentres la respuesta porque las aflicciones son el resultado de generaciones pasadas: pecado en la primera generación, transgresión en la segunda generación e iniquidad en la tercera generación. Por eso Dios hizo que mis ojos se abrieran y que mis oídos prestaran atención a lo que Él comenzaba a revelarme y enseñarme sobre cómo proceder con cuidado y profesionalismo, para no tropezar en reinos a los que no debo entrar ni sobrepasar mi jurisdicción y cruzar límites tanto espirituales como físicos.

> *Mateo 5:25: "Ponte de acuerdo pronto con tu adversario, mientras vas con él por el camino; no sea que el adversario te entregue al juez, y el juez al alguacil, y seas echado en la cárcel."*

Dios me enseñó que Él es un juez justo, así que no significa que por decir "soy nacido de nuevo", ya esté todo hecho. No, eso es solo un boleto; llévalo y da los pasos correctos para exigir lo que te pertenece del Reino de las tinieblas en el nombre de Jesús. Estamos hablando de cómo quizás tengamos que lidiar con el pecado, la transgresión y la iniquidad de las generaciones anteriores si nadie ha tomado los pasos correctos de liberación en tu linaje. Esto significa confesar, arrepentirse, renunciar y pedir limpieza.

Algunas cosas son más profundas. La Biblia dice que nuestros padres comieron uvas agrias, y los dientes de los hijos tienen la dentera. Así que incluso mi familia, la misma que digo que oraba y obedecía al Señor, orando de 6:00 a.m. a 7:00 a.m. todos los días, esas eran oraciones para sostenerlos en su vida diaria, pero nadie investigó la causa de los patrones negativos, los ciclos, la muerte, etc. Y ahora el Señor me habló sobre el fundamento roto: no importa cuánto intentes sellarlo o negar el fundamento defectuoso, saldrá a la luz; la Biblia dice:

Salmos 11:3: "Si fueren destruidos los fundamentos, ¿qué ha de hacer el justo?"

Como Nehemías, una persona justa debe volver a lo anterior, reconstruir los muros rotos y eliminar los desórdenes, llevándolos a alineación. Además, el Señor comenzó a enseñarme Jeremías 1:10: arrancar, derribar, destruir, derrocar, y luego plantar y edificar. Así que el Señor comenzó a organizarlo para mí, pieza por pieza. Entonces comencé a trabajar seriamente con Jeremías 1:10 y vi algunas cosas: oración diaria de guerra espiritual, oración de medianoche y oración de fuego, y me di cuenta de que las cosas empezaban a desaparecer. Por ejemplo, muerte prematura, limitación, retraso, retroceso, esposos espirituales y ataduras; todas esas cosas comenzaron a irse automáticamente sin siquiera luchar contra ellas. Entrevisté a algunos miembros de la familia, y estaban libres de esposos espirituales. Para mí, eso fue un avance. Algunos de ellos ni siquiera saben por qué ya no ven esas cosas, pero no saben que alguien está peleando esas batallas y haciendo sacrificios detrás de escena. Por eso la Biblia dice que envió Su Palabra y los sanó a todos. Es entonces cuando uno es *liberado;*

Dios puede usar a esa persona para liberar a todos los demás.
Hay verdadera liberación y libertad. La generación está buscando a una persona justa que tome esta asignación en serio y libere a los necesitados. Algunos se veían a sí mismos cerca de cuerpos de agua, y todo eso se detuvo. Algunos de ellos veían sirenas. Ya no podían ver más a la sirena.

Comencé a darme cuenta de que venía de un fundamento defectuoso. Un fundamento que era defectuoso ante el Señor. Quiero decir, ya no era solo algo de la familia; iba más profundo. El Señor abrió mis ojos y me mostró lo que estaba pasando más profundamente en mí y en mi generación. Cosas que no entendemos se esconden profundamente en el fundamento. Ahora, están saliendo lentamente de las profundidades, emergiendo, devorando a las personas con negatividad y aflicciones. Y la gente pensará que es la voluntad de Dios, porque saben que si se manifiestan todas a la vez, uno las descubrirá y las echará de sí mismo. Y por eso dije que las oraciones que nuestros antepasados oraban sostenían a las personas para vivir su vida diaria, ***pero no pudieron arrancar lo que estaba plantado, lo cual hizo que la raíz se profundizara en nuestro fundamento.*** Una vez que hay una persona nacida de nuevo en serio, comienzas a ver estas cosas y te das cuenta de que aún hay más trabajo por hacer, y muchos son inconscientes y han decidido dejarlo en manos de Dios y decir que es la voluntad de Dios. ¡No lo es! Es Satanás obrando.

De lo contrario, si tienes personas que aman esas oraciones frías, estas cosas seguirán permaneciendo haciendo lo que mejor saben hacer: robar, matar y destruir familias. La Biblia dice, 2 Tesalonicenses 2:7: Porque ya está en acción el misterio de la iniquidad; solo que hay quien al presente lo detiene, hasta que él a su vez sea quitado de en medio. Dios está buscando solo a esa persona que entienda este versículo y lo ponga en práctica. Ya que la Palabra está completada, lo que queda es la acción. ¿Y quién debe ponerla en acción? Tú y yo, ahora mismo. Cada familia tiene a esa persona. ¿Quién es en tu familia? ¿Seguirán todos siendo religiosos, asistentes a la iglesia, cumpliendo rutinas y horarios? No, es hora de despertar y luchar; levántate. La Biblia dice en

Efesios 5:14: **"Por lo cual dice: Despiértate, tú que duermes, y levántate de los muertos, y te alumbrará Cristo."** Cristo está listo para alumbrarnos, pero necesitamos despertar.

Cuando aún estás atado por limitaciones fundacionales, no puedes funcionar plenamente en tu destino dado por Dios. Si algo debe emocionarte para hacer liberación, es que tu destino dado por Dios está esperando a que tu liberación se complete. No puedo darme el lujo de morir sin tocar mi destino dado por Dios. Haré lo que sea necesario para que mi liberación se complete y así poder experimentar lo que es caminar en mi destino dado por Dios.

Proverbios 10:22 La Biblia dice que *la bendición del Señor enriquece y no añade tristeza con ella.* Entonces, en el caso de mi familia, como continuamente veíamos muertes prematuras enterrando a los más jóvenes, la gente podía decir con valentía que era la voluntad de Dios. Te puedo asegurar que Dios no estaba en eso. ¿Dónde está la voluntad de Dios? El libro de 3 Juan 1:2 dice: *Amado, ruego que seas prosperado en todas las cosas y que tengas salud, así como prospera tu alma.* Ahora pregunto, ¿por qué esta enfermedad, dolencia, afección? ¿Por qué el dolor, la tristeza, por qué la depresión? ¿Por qué la esquizofrenia? ¿la muerte? ¿por qué la locura? ¿Es esa la voluntad de Dios? No. El libro de Salmos 118:17 dice: *No moriré, sino que viviré y contaré las obras del Señor.* Debes declarar: no más muerte; solo las buenas obras del Señor se hablarán en mi fundamento.

Así es como se detiene el mal. Por lo tanto, puedes ver que después de este punto, mi fundamento contradijo la palabra en la Biblia. Fue entonces cuando supe y dije: *Dios, hay más. Por favor, muéstrame qué poder está funcionando en mi fundamento y qué poder está comandando mi fundamento. ¿Quién es ese hombre fuerte y esa fortaleza?* ¡Debe haber un poder aquí escondido en algún lugar! Hay una fuerza espiritual que se está escondiendo. Dios la está revelando, desenmascarando. De esta manera, también me di cuenta de que mi gente solo eran asistentes a la iglesia, y eran simplemente personas religiosas que nunca fueron serias con las cosas de Dios. O estaban ciegos y no sabían que había más de lo que veían y hacían. Porque la Biblia dice: *Conoceréis la verdad, y la verdad os hará libres.* Así que no conocían la verdad, por lo tanto ni siquiera sabían que estaban en casos de esclavitud; así de grave era. El enemigo los había cegado. Pero dije: "Dios, si me has dado esta gracia, ayúdame para que pueda llevar este viaje a otro nivel; ayúdame a rescatar a mi pueblo."

Entonces comencé a clamar por las misericordias de Dios; al igual que Gedeón, miré y vi las cosas que estaban sucediendo en mi pueblo, mi familia y mi fundamento *en cuanto a pecado, iniquidad y transgresión.* Comencé a llorar, agradeciendo y rogándole a Dios que tuviera misericordia de mi fundamento. Empecé a entrar en un arrepentimiento más profundo, pidiéndole a Dios que perdonara a mis antepasados, que perdonara a mis ancestros, que perdonara, Señor, el pecado, las iniquidades, las transgresiones. Tuve que ir al fondo y entrar en el nuevo pacto con Dios porque me di cuenta de que solo la misericordia de Dios nos ha sostenido hasta este momento.

En el libro de Ester, la Biblia dice;

> **Ester 4:16: "Ve y reúne a todos los judíos que se hallan en Susa, y ayunad por mí, y no comáis ni bebáis en tres días, noche y día; yo también con mis doncellas ayunaré igualmente, y entonces entraré a ver al rey, aunque no sea conforme a la ley; y si perezco, que perezca."**

Entonces supe que lo que estaba a punto de comenzar aquí no sería un viaje fácil. Ester dijo: "Si perezco, que perezca." Yo dije: tengo que elegir entre los dos. ¿Tomaré el viaje o seguiré cabalgando en viajes falsos y dañinos de mi fundamento establecidos por los enemigos? El Espíritu de Dios me dijo: *Ponte toda la armadura de Dios. Iré contigo hasta el final; ciertamente no serás una víctima, serás victorioso. Dios te hablará en un lenguaje que entiendas.* Así que me puse toda la armadura de Dios, la sangre de Jesús y las armas de guerra. Y luego, otra cosa es la constancia. La constancia es la mayor arma de guerra. También la disciplina, luego la batalla de medianoche, diariamente. Y luego tomé muy en serio la oración de fuego y luego ayuné. Así que déjame hablar un poco más sobre las veintitrés armas de guerra espiritual.

Armas de Guerra Espiritual

La primera de la que hablaré es Misiles del Cielo, los misiles de Dios (Efesios 6:16). La segunda es el Arma del Estrépito del Cielo. Hechos 2:2-28 *De repente vino del cielo un estruendo como de un viento recio que soplaba, el cual llenó toda la casa donde estaban sentados.* Armas para estallar hemisferios y estratosferas: el reino galáctico, el OVNI explosivo y el Marino. El hemisferio y la estratósfera deben estallar el espíritu marino tomando control en el nombre de Jesús sobre las rutas aéreas, galaxias, sistemas, esferas, estratósferas, hemisferios, atmósferas, reinos, regiones y dominios. Esas son las armas del estrépito del cielo. Otra arma es Dios. Y luego está otra arma de Inmunidad Divina durante la temporada de afluencia. Todos debemos declarar inmunidad divina, y estaremos inmunes a las bacterias y virus destinados a matar. Otra arma es Salmo 7:13; el arma mencionada es una mortal que lanza "flechas encendidas", representando a Dios como un guerrero que prepara armas mortales, específicamente flechas prendidas en fuego, para usar contra sus enemigos. Esta imagen simboliza el poder destructivo del juicio de Dios contra los malvados. Otra arma es el Estrépito de Destrucción, los Carros de Fuego y el Algoritmo Celestial. La jaula de Faraday sería usada para proteger a los hijos de Dios, como un cerco alrededor de ellos. Ningún mal puede penetrar la jaula de Faraday. Esta torre del Señor es la espada del Espíritu, y otra arma es el Instrumento de Indignación para destruir toda la tierra.

> *Isaías 13:5: "Vienen de lejana tierra, del extremo de los cielos, Jehová y los instrumentos de su ira, para destruir toda la tierra."*

También, del libro de Isaías 13, tenemos cinco instrumentos de indignación; luego hay una lanza y un hacha de guerra para enfrentar a quienes nos persiguen. Según Salmos 35:3, *"Saca también la lanza, y cierra contra los que me persiguen; di a mi alma: Yo soy tu salvación.*" Otra arma cuando estás en la batalla es la Lanza del Señor, el Estrépito que Distrae, el Motor de Guerra, el Ave Rapiña del Señor, el León de la Tribu de Judá, los Carros de Fuego, y las Flechas de Dios. Verás, esas son armas. Además, tenemos armas de interceptación, como interceptores de misiles. Y luego el resplandor de fuego, el código del motor 2 Crónicas 26:15, refiriéndose a máquinas usadas para lanzar cohetes desde ciudades sitiadas. La espada de fuego de la promoción de la liberación de Dios es una de las armas.

Esas son las armas de las que quería hablar. Las armas que necesitas en la guerra, la batalla de oración de medianoche. El enemigo no teme a nada excepto a la guerra espiritual y la oración de fuego. He descubierto que el enemigo no entiende ningún otro lenguaje. El lenguaje que el enemigo entiende es guerra espiritual, y el otro lenguaje que el enemigo entiende es oración de fuego a medianoche. ¿Por qué insisto en esto? Te he dado un ejemplo: crecí con personas que sabía que podían orar, pero aún así estaban luchando; aún estaban nadando entre batallas, sin siquiera acercarse a la zona de batalla. Por eso estoy convencido de que solo la guerra espiritual es lo que el enemigo entiende. Después de hacer eso, puedo decir que no tardó mucho. Comencé a recibir buenos reportes, incluso de mi fundamento. La gente venía a la salvación en Jesús; el avivamiento estaba estallando. Era un informe de alabanza por todas partes, buenas noticias tras buenas noticias. Era como noticias de última hora por todas partes; la gente comenzó a casarse, la gente comenzó a graduarse, los negocios prosperaron, la infertilidad primaria y secundaria fueron eliminadas, y la gente estaba concibiendo trillizos. Hemos visto a Dios. El temor de Dios entró en mi gente; podías ver su compromiso con el camino de la salvación, llevando la cruz de Jesús, era serio. Era como si el velo se levantara del fundamento, del árbol genealógico. Salvación y avivamiento para muchos de nuestros miembros. Una cosa que noté fue que muchas personas estaban dejando sus carreras para servir a Dios.

Cuando escucho lo que está sucediendo allí, solo puedo alabar al Señor porque esas son cosas que no sabía ni creía que se cumplirían tan rápido ante mis ojos. Pensé que estaba sembrando una semilla para la generación venidera. De hecho, pensé que ya era tarde para ver lo que estaba sembrando manifestarse mientras aún estoy aquí. Dios es fiel en verdad.

Jeremías 33:3: "Clama a mí, y yo te responderé, y te enseñaré cosas grandes y ocultas que tú no conoces."

Vi al Señor responder las oraciones más difíciles de esterilidad, resucitar a los muertos en mi familia. Nadie me habló de Dios. Vi lo que el compromiso con Dios puede hacer con muchas cosas que ya habíamos dado por perdidas.

Jeremías 1:5: "Antes que te formase en el vientre te conocí, y antes que nacieses te santifiqué, te di por profeta a las naciones."

Dios es espíritu; para que Él venga aquí y haga el trabajo, necesita un vaso puro. Oro para que estés preparado para ser usado por Dios. Solo háblale y dile: Señor, aquí estoy; úsame; me rindo totalmente a ti.

Jeremías 51:20: "Martillo me sois, y armas de guerra; y por medio de ti quebrantaré naciones, y por medio de ti destruiré reinos."

La gente está buscando el poder en ti. Si dices sí a la obra de Dios y le sirves con todo tu corazón, Él te dará territorios y naciones.

Jeremías 1:10: "Mira que te he puesto en este día sobre naciones y sobre reinos, para arrancar y para derribar, para destruir y para arruinar, para edificar y para plantar."

Aquí es donde está toda la atención para la liberación profunda de fundamentos.

Salmos 11:3: "Si fueren destruidos los fundamentos, ¿qué ha de hacer el justo?"

Eso te dice que Dios siempre necesita una persona que haga algo, y luego Dios usará a esa persona como un vaso. Pero Él necesita a alguien que diga: "Aquí estoy, Señor, úsame." Un ejército de los últimos tiempos para trabajar cuidadosamente con Dios. Esto realmente está funcionando. Las cadenas se rompen. Los grilletes se rompen. Las jaulas se rompen. Las limitaciones se rompen. Todo porque el justo se entregó como sacrificio para rescatar y liberar a los cautivos.

En mi propio caso, veo oraciones respondidas para la restauración del fundamento. Veo niños graduarse con promedios sobresalientes de 4.0 GPA, lo cual habíamos perdido por un momento, pero ahora las buenas calificaciones están regresando al hogar. Veo matrimonios piadosos, sanidad, etc. Eso significa que hemos recuperado lo que el enemigo robó y cambió. Muchas cosas han sido restauradas, no solo restauradas, *sino también con compensación.*

Salmos 126:1: "Cuando Jehová hiciere volver la cautividad de Sion, seremos como los que sueñan."

Y doy gracias a Dios por el Ministerio de Liberación, porque está claro que Dios está exponiendo muchas cosas.

Después de haber realizado varias liberaciones para mi propia familia, el Señor me dijo que necesitaba empezar a orar por otros. Aunque esto no era parte de mi plan de vida, necesitaba adquirir conocimiento sobre liberación para poder ayudar a mi árbol genealógico que sufría. Sin embargo, parece que Dios tenía un plan diferente para mí. A medida que comencé a orar por personas en línea, el poder de Dios se manifestaba, y la gente estaba siendo sanada y liberada. Con solo oír mi voz, incluso sin estar allí físicamente, las personas recibían del Señor. Antes, nunca supe que podría ser usada como un vaso para la liberación de otra persona. Fue una sorpresa que las personas pudieran acercarse a mí y caer si tenían un espíritu en ellos, o que el poder de Dios los sobrecogiera. Todo esto sucedía sin que yo dijera nada; las personas veían fuego solo con estar en mi presencia o cuando hablaba, y comenzaban a correr. Yo estaba tan sorprendida como los que me rodeaban.

Primero, no estaba preparada para la visibilidad global.

Segundo, soy médica, no pastora, así que ni siquiera está en mi campo laboral.

Tercero, todo lo que sufría con este sacrificio era para remover el desorden en mi árbol genealógico y fundamento e introducir orden, construyendo un fundamento sólido en Cristo Jesús, el cual las puertas del infierno ya no pueden prevalecer jamás. Así que Dios no me preparó para esto tampoco. Todavía estoy sorprendida. ¿Cómo puede Dios usar a alguien como yo? Siento que hay muchas personas más calificadas para esta asignación que yo. Muchas personas están dispuestas a hacer la obra de Dios. Para mí, este no fue el camino que elegí. Todo lo que necesitaba era aprender liberación para remover desórdenes en mi fundamento, y luego podría continuar con mi vida. Pero Dios tenía un plan para mí.

Algunas personas vienen a saludarme y caen. Si tenían algún espíritu dentro, se manifiesta. Ahora he comenzado a entender que Dios me está usando, y la razón por la que lo hace es porque *estaba lista*. Trabajé en el templo de Jesucristo, que es mi cuerpo, un odre nuevo, para que se pudiera verter vino nuevo, preparado para la obra de Dios que viene. Así que Dios me dejó trabajar en mi liberación antes de enviarme a liberar a otros, para que Satanás no me acusara ni me resistiera por la inmundicia del fundamento. Dios se preocupa por Su pueblo. Trabajar en Su viña requiere un nivel alto de pureza.

Recuerdo otro incidente: alguien vino de visita, y todo lo que podía ver era el fuego que rodeaba mi casa. La persona que estaba poseída se negó a entrar a la casa y huyó porque cada vez que me acercaba, solo podía ver fuego y gritaba más fuerte, diciendo que el fuego era demasiado.

En los hospitales psiquiátricos, muchos trastornos mentales son espíritus y demonios que solo están drenando el dinero de los contribuyentes. Como esta persona gritaba tanto, los vecinos llamaron a la policía, y la policía no podía entender pero quería llevar a la persona a un hospital mental. Así que, para los trabajadores de la salud, por favor oren por ellos antes de medicarlos; *no es una enfermedad; es un espíritu esperando ser expulsado del cuerpo.* Con la ayuda y autoridad en el nombre de Jesús, el espíritu fue expulsado.

Capítulo 11:
Comprendiendo la Operación del Reino Marino

El universo está compuesto por tres reinos: el primero es el Cielo, luego la Tierra y luego el Agua. Así que, los espíritus marinos son espíritus acuáticos que afectan a las personas. Estos espíritus se originan del agua. Están compuestos por muchos espíritus en diferentes formas, ya sea para atacar o cumplir una asignación. Pueden provenir de animales como los perros, los cuales pueden ser espíritus de agua o marinos. Algunos de los animales que pueden aparecer en los sueños y causar ataques son cocodrilos, peces, serpientes, sirenas y ninfas acuáticas. Y hay señales que indican si este reino está ligado a una persona. La mayoría de las veces, estas personas sueñan que están alrededor de cuerpos de agua: en ríos, mares, estanques e incluso en el océano. Todo tipo de agua.

Como mencioné cuando comencé la liberación de fundamento profundo como creyente nacido de nuevo, me di cuenta de que nacer de nuevo convierte a una persona en un hombre fuerte en el espíritu. Más que antes. Nací de nuevo y descubrí muchas cosas en mi fundamento. Así es como lo entiendo: es como si estuvieras a punto de aprender un nuevo capítulo. Nacer de nuevo es encontrar un nuevo capítulo, pero cae en dos categorías: *carnal* y *espiritual*. Los Carnales aún no han descubierto el nuevo capítulo, pero los Espirituales ya han probado la asombrosa gracia. Estas personas desean que la liberación llegue a cada hijo de Dios porque el velo ha sido levantado, y sus ojos pueden ver lo que otros no ven. ¿Por qué los *Espirituales* son tan serios? Porque la Biblia dice: *"Te mostraré los secretos ocultos que no conoces."* Por ejemplo, estabas siendo atacado por brujería, pero al comenzar a luchar, Dios revela todos los otros reinos además de la brujería que están escondidos y esperando atacar en el momento de tu avance. Estos son poderes de la casa paterna que operan en altares de Baal que no han sido demolidos ni renunciados. Entonces, Dios en Su misericordia te los muestra, y comienzas a renunciar a todos ellos juntos, y avanzas con asuntos importantes de tu destino dado por Dios después de ser liberado de ellos.

Si no has tratado con tu liberación, te puedo asegurar que estamos sentados entre esos cinco reinos. Nuestros fundamentos son defectuosos porque nuestros antepasados no sabían nada mejor. Así que, si no estás soñando nada de eso, es simplemente porque no has tocado la oración real que interrumpe el campamento satánico y comienza a exigir lo que es tuyo. El momento en que comienzas a exigir y a hacer la oración adecuada, es cuando te darás cuenta de que todo este tiempo, tus oraciones estaban avivando a Satanás. Cuando estás persiguiendo, superando y recuperando tan intensamente como David, es cuando comienzas a ver todas estas cosas. Algunas de estas cosas no las aprendiste en ningún lugar; simplemente son experiencias personales. Necesitas estar más cerca del Espíritu Santo para que Él te enseñe y dirija mientras avanzas.

Ciertos países adoran dioses y espíritus marinos, y visitan lugares de agua. Hay diferentes tipos de dioses marinos: reyes del mar y reinas de los ríos. Cuando hablamos de espíritus marinos, nos referimos a altares acuáticos creados en el reino acuático, donde se ofrecen sacrificios. Estamos hablando de adoración a dioses marinos e iniciación en su servicio. La mayoría de las personas fueron iniciadas en los dioses marinos. Nuestros antepasados no sabían más. Nuestros ancestros no sabían mucho. Por eso el libro de los Salmos dice que algunos de los pecados me han concebido en el vientre de mi madre, antes de que siquiera viniera a la tierra. Así que el pecado te está persiguiendo y siguiendo, a menos que cortes el cordón. También, en el libro de Deuteronomio, Dios rastrea el pecado hasta cuatro generaciones, destacando la importancia de la confesión, renuncia, arrepentimiento y búsqueda de limpieza para el linaje de sangre.

Algunos de nuestros padres llevaron a los niños a lavarlos e iniciarlos en el agua; fue entonces cuando los espíritus marinos se apoderaron de ellos inconscientemente. Ahora, están sufriendo.

Los llevaron por protección, y el dios marino les dio protección, pero evacuó todas las demás virtudes, toda cosa buena en ellos, y su vida se convirtió en una lucha hasta que corrieron en busca de liberación. Una vez que te presentas al territorio satánico, le has dado a Satanás una milla, pero él tomará un millón de millas de ti sin que lo notes. Lo que Satanás necesitaba era una entrada, una puerta abierta. Ahora, no solo vino a ti, que lo estabas buscando; ha invadido todo el árbol genealógico, linaje de sangre y fundamento, a menos que alguien se levante y ponga un punto final siguiendo los pasos correctos de liberación. Eso es precisamente lo que nuestros padres nos hicieron, y estamos sufriendo por su ignorancia. Pero hay una gracia asombrosa; gracias, Jesús, porque el velo de la ceguera y la ignorancia ha sido levantado, y Satanás está perdiendo terreno de una vez por todas.

Como hijo de Dios, eres una luz ardiente y resplandeciente. Dios te ha decorado muy bien y te ha cargado con todas las cosas hermosas que Satanás no tiene. Si vas a un altar pagano en busca de ayuda por una sola cosa que necesitas, ellos te dan eso que deseas y vacían todo lo demás que Dios te ha dado. *"Las cosas que aún no has visto, aquellas destinadas a embellecer tu futuro, pueden ser vaciadas por Satanás. Así es como tu destino se vuelve vulnerable: queda expuesto, desnudado, solo por una aparición ante un altar satánico o por una sola frase seductora."* Esto también sucede en iglesias satánicas con falsos profetas que son brujos, hechiceros y magos; hacen lo mismo porque han abierto el tercer ojo; pueden ver a través de tu vida, robarlo todo y vaciar tu destino.

Tener cuidado con tu vida como hijo de Dios es muy importante. Oro para que tengas la fuerza de orar y buscar al Señor por ti mismo, en lugar de andar corriendo de un lugar a otro. Es triste decirlo, pero muchas iglesias se han mezclado con Satanás; la unción de Dios se ha apartado. Porque Dios no es un Dios de confusión, y Él dijo: *"Sed santos, porque yo soy santo."*

Satanás tomará tu destino, tu riqueza, tu gloria y tus bendiciones. A través de intercambios satánicos, pondrá sobre ti brujería, fracaso, retroceso, enfermedad, limitación, muerte prematura, divorcio, rebelión, desobediencia y adicción. Ese es un paquete satánico. Muchas de estas iglesias son en realidad agentes del diablo, cosechando almas. Una vez que eres capturado por su reino, comienza a manifestarse una vida de vagabundeo e inestabilidad, una vida errante. Te conviertes en una estrella errante, sin dirección ni propósito, porque ya no tienes control de tu vida, todo tu destino está en sus manos, y lo único que te queda es decir "sí, señora", "sí, señor", y caer de rodillas.

Aquellos que han sido iniciados en tales iglesias a menudo se vuelven tercos, incluso hacia el Espíritu Santo. No puedes corregirlos ni darles consejo piadoso, porque sus almas están en esclavitud, son cautivos. Será necesario que alguien se levante en oración y guerra espiritual para romper sus cadenas y sacarlos del cautiverio.

Por eso es crucial que cada uno de nosotros observe de cerca a nuestros asociados, y también que todo hijo de Dios pase por una liberación de fundamentos, porque nadie puede escapar de esto. No hay una sola familia que yo haya visto que no tenga un *misterio de iniquidad.* La Biblia dice

> **2 Tesalonicenses 2:7: "Porque ya está en acción el misterio de la iniquidad; sólo que hay quien al presente lo detiene, hasta que él a su vez sea quitado de en medio."**

Nadie puede decir: "Estoy bien; no tengo nada que ver con la liberación." Todo hijo de Dios necesita pasar por liberación. Hemos visto personas ignorar la liberación; ascienden a la cima, y lo que han construido durante años se derrumba en un abrir y cerrar de ojos. ¡A Satanás no se le debe ignorar! Así es como los sabios comienzan a pensar como sabios; a Satanás no se le debe ignorar. No sabemos lo que hicieron nuestros antepasados, pero nuestros sueños pueden revelar que algo está ocurriendo en el árbol genealógico, en la línea de sangre, que no ha sido descubierto ni tratado. Oro para que Dios levante a alguien en tu familia que descubra la causa del misterio de la iniquidad. Parece que intentas vivir una vida santa, siguiendo los principios de Dios, pero aún experimentas negatividad, ciclos, enfermedades y aflicciones; todos estos tipos de cosas. Vives una vida sin plenitud, lo cual va en contra de la Palabra de Dios. Eso significa que el fundamento está defectuoso.

¿Qué hacen los espíritus marinos?

Ese espíritu marino es espiritual. Hay un sacerdote, y luego están las diosas marinas, que son femeninas. Entonces, las diosas (como también puedes encontrar en muchos perfumes) usualmente serán mujeres, y las diosas tendrán una corona. Cuando estamos haciendo liberación, el Espíritu de Dios revelará que alguien tiene una corona, y cuando tienen esa corona, significa que están bajo la opresión del Reino Marino, y esas son las personas que nunca se casan y no tienen pareja; están dedicadas a los dioses del agua. Porque esa es la corona que los anuncia, quienes son. No importa qué poder o qué gobernante haya tomado control de tu vida consciente o inconscientemente; hay un Dios, Él tiene la última palabra. Permanece en oración; todos estos poderes huirán. La liberación a través de oraciones de intercesión es buena, porque elimina todo, toca la raíz del problema. No te apresures con liberaciones de un minuto; no son reales porque la iglesia está corrompida hoy. No quieres exponerte a más espíritus y demonios.

¿Cómo llegamos a esto?

Mucha de la información en el ministerio de liberación la recibimos de adoradores del diablo que fueron liberados. Una vez que son liberados y reciben la salvación, revelan mucha información. Algunos tenían la asignación de proyectar y liberar 150 casos de cáncer de próstata, cáncer de mama, accidentes y muertes como sacrificios cada noche en territorios, vecindarios de sus asignaciones. El enemigo no descansa. Nosotros también, como hijos de Dios, estamos despertando. Por eso la Biblia dice que mientras los hombres dormían, vino el enemigo y sembró cizaña entre el trigo.

Tenemos mucho de lo que Satanás está haciendo a los hijos de Dios. No quiero mencionar ciertos países, pero sacrifican su cabello largo a sus dioses y diosas. Se cortan el cabello, y lo vemos por todas partes. Hacen fiestas, sacrifican a sus diosas, y luego toman su cabello y lo colocan en las tiendas. Eso es lo que compramos. Lo llamamos cabello humano. A veces, cuando están enfermos o pasando por turbulencias, se cortan el cabello y lo llevan a las diosas después de sacrificar a sus dioses, y termina en las tiendas; eso es lo que compramos. Significa que compraste diosas; aflicciones, intercambios, enfermedades, tú también estás siendo monitoreado. Además, compras lo que esa persona está sufriendo y tratando de desechar; eso es lo que compras con tu dinero. Compras cáncer, enfermedades autoinmunes, mala suerte y serpientes con tu dinero. La Biblia dice que mi pueblo perece por falta de conocimiento. Oro para que tú no seas uno de ellos.

Así que, quien esté usando cabello humano, o usando este tipo de cabello artificial, necesitamos orar intensamente por el espíritu de discernimiento, porque muchos de estos han sido sacrificados a las diosas marinas. Los espíritus marinos utilizan animales como cocodrilos, serpientes y lagartijas para operar en el altar marino y afligir a las personas. Entonces, encuentras personas que sienten criaturas moviéndose dentro de sus cuerpos. Algunas encuentran criaturas vivas merodeando por su entorno. Sí, antes de que lo llames una mascota, oración de fuego, clama la sangre de Jesús y luego revierte eso al remitente. Así que no tomes esas cosas a la ligera. El reino demoníaco está realmente activo y trabajando a tiempo completo y con horas extra para superar a los hijos de Dios y derrocarlos. Oro para que siempre estés despierto y con discernimiento en el espíritu, en el nombre de Jesús.

Entonces, el Reino Marino también puede oprimir y destruir matrimonios y familias. Ellos planean reproducir sus espíritus marinos a través de la naturaleza humana, a través de la humanidad. Así que vienen aquí a la Tierra y plantan su semilla. Es como si estuvieran en una misión para extinguir la humanidad. Sí, están en una misión para extinguir la humanidad porque cuando liberas a muchas personas de este espíritu marino, eso es precisamente lo que te dicen. Si preguntas, *¿Cuál era tu trabajo?* *Mi trabajo era acostarme con hombres, seducir a los hombres.* Se acuestan con hombres y luego toman su semen. Lo presentan al reino demoníaco, y luego, ¿qué dicen? Es como si mutilaran a ese hombre; por eso encuentras a tantos hombres que no pueden tener hijos. Está manipulado satánicamente. Si lo verificas científicamente, por supuesto, habrá muchas respuestas que dirán que tienen esperma acuoso o poco esperma. Pero según estas diosas marinas demoníacas, ¿qué dijeron? Una vez que se acuestan con ellos, nunca podrán tener hijos porque saben que si hay un matrimonio legal, un matrimonio de Dios, pueden seguir procreando hijos que serán para el Reino del Cielo. Y su tarea es extinguir completamente a la humanidad. Si obtienen el semen del hombre, lo llevan al laboratorio marino y producen hijos demoníacos.

Por eso, si tienes la gracia de Dios sobre ti, no todas las personas que caminan aquí en la tierra son personas. Algunos de ellos son demonios. Pero necesitas el espíritu de Dios para poder descubrir eso; solo ten cuidado, porque ellos también tienen una asignación especial. No están aquí para jugar; tienen una asignación especial. Así que destruyen el matrimonio, destruyen familias, y lanzan flechas de enfermedad, dolencias y padecimientos desde ese reino a los hijos de Dios, lo que significa que hay un intercambio de salud que estaba en los hijos de Dios. Por eso tenemos tantas muertes prematuras.

Hoy en día, es aún peor. Alguien se despierta y si tiene un pequeño dolor, cuando va al médico, el diagnóstico será cáncer uterino en etapa 4. Estás muriendo. Han intercambiado tu larga vida; tomaron tu vida para alargar la suya. Una persona sobre la cual ponen cáncer para que muera satánicamente y de manera prematura. Oro para que eso no sea tu porción como hijo de Dios. Entonces, la única forma de escapar cuando el médico te da el diagnóstico es decir inmediatamente allí mismo: *Ese no soy yo. Lo devuelvo al remitente.* No digas: *Sí, estoy de acuerdo.* Sabes, eso es un intercambio del Reino Satánico. La próxima vez que vayas a revisarte, ese cáncer de mama en etapa cuatro habrá desaparecido. Así que necesitamos levantar soldados que entiendan que muchas cosas no son reales, son falsas, proyectadas satánicamente; incluso los médicos se sorprenden de que eras su paciente. Te hacían chequeos regularmente todo el tiempo y, de repente, cáncer de mama en etapa cuatro. Eso es lo que es: asignaciones del reino marino. Por la gracia de Dios, también estamos llegando a un fin feroz; ya no estamos tolerando esta tontería en el nombre de Jesús. Si ves personas con problemas en el útero todo el tiempo, tienen abortos espontáneos, abortos, útero sangrante todo el tiempo, menstruación ausente, esterilidad, todas estas cosas son porque su útero ha sido presentado al reino marino y ha sido usado por el reino satánico. Sí, ellos saben que si vas a tener hijos, esos hijos servirán al Señor, y por eso su asignación es detener esa procreación de una generación limpia lo más pronto posible e introducir su agenda malvada. Además, cuando causan abortos espontáneos, puede ser que estén usando ese útero para su sacrificio, lo cual es un sacrificio limpio porque el embarazo es sin pecado.

Entonces, cuando oras con entendimiento, recibes liberación. Tu útero se abrirá, y recibirás hijos en el nombre de Jesús. Tu útero estará protegido contra la manipulación satánica. Hemos tenido a muchas personas así; el reino marino es quien causa eso.

La agenda de los agentes del Reino Marino es detectar estrellas brillantes, estrellas en ascenso, gloria y bendiciones, y asegurarse de encontrar una forma de acercarse a esa persona y evacuar todo lo posible. Cuando tienen éxito, deben reemplazar lo que han intercambiado con otra cosa. Su reemplazo siempre es lo opuesto; es maligno. Intercambian tronos, coberturas malignas, caos familiar y la caída de ministerios. Así que ten cuidado con quién está a tu alrededor. Recuerda, Satanás siempre estará allí, y puede que no lo reconozcas porque está vestido con ropa de oveja. Una cosa que puedo decirte es que la Biblia dice que las malas compañías corrompen las buenas costumbres, así que por favor, si estás rodeado de amigos satánicos, ellos siempre están buscando qué robarte o intercambiar contigo. La Biblia dice, no ignoréis las maquinaciones del maligno. La Biblia dice que solo la oración empujará lejos el Reino de las tinieblas. Oro para que mantengas tu altar de fuego ardiendo en el nombre de Jesucristo.

El sexo es otra arma que el reino marino usa como herramienta, tanto el sexo físico como el sexo espiritual, para aquellos que no han sido liberados de los cónyuges espirituales, el demonio que tiene sexo en los sueños. Todo eso es para asegurarse de obtener fluidos de ti y llevarlos a su altar marino, y tu familia nunca podrá ver la gloria completa de Dios una vez que tengan tus pertenencias, como semen, fluidos corporales, uñas, cabello, ropa, certificados, etc. A menos que luches con fuerza a través de la oración, haciéndolos sentir incómodos en tu cuerpo y morada. Además, enviaré ángeles de Dios para localizar tus pertenencias donde sea que estén en el reino satánico y devolverlas a ti. A través del sexo con un agente satánico físico, pueden acceder a la familia; por ejemplo, si obtienen a un hombre casado o una mujer casada, automáticamente obtienen acceso a los hijos. Comienzan a vaciar los destinos de los niños. Así es como comienzan a manipular a los niños pequeños. Si no estás consciente del reino espiritual, comenzarás a pelear con los niños sin saber que es el espíritu actuando. Algunos de estos cónyuges espirituales han sido parte de toda la familia; por eso a menudo ya están interactuando con los niños pequeños en sueños. He tenido muchos padres que me han presentado casos como esos; como médico, pensarán que es una enfermedad que un niño duerma pero tenga sexo en sueños, como si fuera sexo real. Hasta que Dios abra su entendimiento espiritual, estos padres comenzarán a pelear de rodillas, no en consultorios médicos ni hospitales.

> *Efesios 6:12: "Porque no tenemos lucha contra sangre y carne, sino contra principados, contra potestades, contra los gobernadores de las tinieblas de este siglo, contra huestes espirituales de maldad en las regiones celestes."*

Muchos de estos poderes espirituales, personalidades y demonios han tenido acceso a nuestras vidas porque muchos de nosotros tomamos la oración a la ligera. Mi forma de decir esto es: si le das a Satanás una milla en tu vida, él se sobrepasa y toma cien. Esa es la verdad. Una mujer confesó que una vez que obtienen sexo físico de un hombre, ese es el comienzo de la caída de toda la familia, y su vida nunca podrá recuperarse nuevamente, a menos que sea por la misericordia de Dios. "Recuerda, Satanás ya está en la iglesia. Ese hombre apuesto podría ser un agente satánico, y esa mujer atractiva también podría ser un agente satánico. Ellos saben que la iglesia es un lugar de reunión para personas inocentes, pero por favor, no seas ignorante, el mundo ya está en tinieblas."

Otra arma que el reino marino utiliza es el dinero; una vez que obtienen tu dinero, el dinero que diste con buenas intenciones, lo colocan en sus altares y toman tu dinero real, dejándote luchando con tus finanzas. Esos son solo algunos ejemplos que hemos recibido de personas reales en asignación que hemos tenido la oportunidad de orar por ellos y liberarlos del reino de las tinieblas; alabado sea el Jesús viviente.

Un agente satánico confesó que otra arma que usan es el sexo. Plantan un espíritu vigilante en tu cuerpo. Colocan un anillo espiritual antes del sexo. Cuando entran en la feminidad, lo dejan allí, y su asignación es monitorear todo tu movimiento las veinticuatro horas a través de su satélite satánico. Satanás no está jugando; están ordenando tus pasos una vez que estás bajo su satélite. Sin embargo, la Biblia dice que el Señor ordena los pasos del justo. Oro para que el Señor no encuentre injusticia en ti, y que el Señor te revele las cosas que necesitas reconocer y arrepentirte para que el acusador de los hermanos no encuentre ningún motivo para acusarte. Recuerda que Satanás nunca puede invadirte sin un derecho legal. Satanás es el mejor abogado; conoce todas las leyes físicas y espirituales. Así que no estés en negación; baja tus rangos, tu educación, tu riqueza y fama y corre a Dios para que te limpie y purifique. Necesitas a Dios, y Dios te necesita, pero tienes que ser puro para escapar de Satanás y descansar en las manos del Señor Dios Todopoderoso, porque Él dice: Sed santos, porque yo soy santo. En Zacarías 3:3–5, *Josué, el sumo sacerdote, está delante del Padre, y Satanás está allí para acusarlo porque Josué, el sumo sacerdote, vestía ropas sucias.*

El Reino Marino puede acceder a ti a través de los perfumes. Muchos perfumes se consideran demoníacos, especialmente los de ciertas marcas. Si lees los ingredientes, verás cosas como Medusa, el demonio con muchas serpientes en la cabeza, o diosas, el dios del agua. Entonces eso es lo que te estás poniendo, y eso es lo que estás atrayendo: ángeles satánicos. Ropa marina con piel de serpiente: usas piel de serpiente todo el día y mantienes serpientes en tu casa. Esas serpientes espirituales están asfixiando tu vida, constriñendo tu destino y dirigiendo tu jornada. No puedes ser liberado del reino de las serpientes si aún tienes materiales de serpiente en tu armario. Tienes serpientes en tu perfume y en tus zapatos. Observa también los regalos, como las velas. Muchas velas aromáticas están perfumadas con espíritus. Si estás espiritualmente activo y despierto el día que estas velas entren a tu casa, enfrentarás batallas severas en sueños, viéndote en reuniones extrañas con personas o vagando por bosques, etc. Por favor, ora cuidadosamente sobre todo.

Nuevamente, el cabello humano también es un producto marino lleno de espíritus, y parte de este cabello lo obtienen de personas al morir, por lo que la muerte te estará persiguiendo; en otras palabras, has aceptado su sacrificio; es solo cuestión de tiempo, ya sea por enfermedad o accidente. Por favor, mantente en oración; mi pueblo está pereciendo por falta de conocimiento. Uñas artificiales, la mayoría de las cosas falsas, todas provienen del reino marino; eso hará que una persona cambie de lo que Dios creó originalmente. Oro para que tus ojos se abran, y que realmente empieces a cuidarte a ti mismo con seriedad. Este tipo de personas son difíciles de corregir. Ruego a los pastores que sean pacientes, porque no es que desobedezcan, sino que el espíritu que están vistiendo es el que está a cargo de ese cuerpo.

Además, puedes adquirir espíritus marinos compartiendo artículos, como ropa. También a través de comida sacrificada: primero sacrifican la comida a su dios, y luego llaman a las personas a comer o les dan comida gratis. Ten cuidado con los famosos que no han entregado su vida a Jesús. La mayoría de sus regalos tienen un espíritu adjunto. Vigila y ora. No ignores los planes del enemigo. Si todavía no estás tomando en serio a tu Dios, Satanás ya te está tomando en serio. Recuerda, hay una batalla en el espíritu, y la regla es simple: el poder superior siempre gana. Entonces, mi pregunta es: ¿Tu Dios sigue siendo poderoso, o es solo un nombre? ¿Eres nacido de nuevo y amas a Jesús? ¿Eso es todo? ¿Está todavía puro el vaso que lleva a Dios? ¿Está la palabra de Dios activa en tu vida? ¿Y tu vida de oración? Así es como vas a vencer a todos los otros dioses. La Biblia dice en Hebreos 4:12:

"Porque la palabra de Dios es viva y eficaz, y más cortante que toda espada de dos filos; penetra hasta partir el alma y el espíritu, las coyunturas y los tuétanos, y disierne los pensamientos y las intenciones del corazón."

Y así es como el poder menor se rinde. En muchos restaurantes, sacrifican la comida a su dios. Asegúrate de tomar autoridad y tener dominio dondequiera que vayas, incluyendo territorios, ciudades, aeropuertos, restaurantes y lugares de reunión. Toma el control y toma autoridad. A Satanás le gustan las reuniones, así que en cada reunión, debes saber que también hay agentes satánicos, que tienen una asignación para robar, matar y destruir. Por eso, sé consciente de tomar autoridad como soldado de Dios, reclamando el lugar en el nombre de Jesús. Al hacer eso, estás rescatando a muchos hijos de Dios que todavía son ignorantes del mundo espiritual. La vida es muy espiritual. Pídele a Dios que reduzca tu círculo, y ten cuidado a quién permites en tu círculo íntimo. Si es un ministerio, aún necesitas personas; cualquier cosa en este mundo, aún necesitas personas, pero permite que Dios sea quien las envíe; Él es fiel, y lo hará.

Otra arma que utilizan es la proyección astral en tu vida. Recuerda orar diariamente para cortar el cordón de plata de la proyección astral de cualquier reino satánico; ese debe ser un punto de oración diario. Corta todo cordón de plata de proyección astral de cualquier reino en el nombre de Jesús. Todo lo que sea proyectado contra tus hijos, cónyuge, carrera, negocio, destino, salud, tronos, ministerio, matrimonio o familia fracasará

145

automáticamente y será revertido al remitente. Recuerda cerrar siempre los cielos primero y segundo en el poderoso nombre de Jesús, y interrumpir su sistema de comunicación. Dispersa sus satélites y espejos, y ordena que su sistema de transporte se desintegre en pedazos irrecuperables por la autoridad en el nombre de Jesús. Siempre debes interferir e interrumpir su obra. No te sientes simplemente a orar oraciones suaves. Satanás entiende la contienda y la violencia; por eso la Biblia dice en Mateo 11:12: **"Desde los días de Juan el Bautista hasta ahora, el reino de los cielos sufre violencia, y los violentos lo arrebatan por la fuerza."**

El noventa y nueve punto nueve por ciento (99.9%) de los cristianos nacidos de nuevo que he conocido aún oran en el nombre de Jesús, pero hacen oraciones suaves. Oro para que Dios abra tus ojos y puedas ver lo que rodea a tu familia, comunidad y territorio. Hasta que el velo sea quitado y comiences a ver en el espíritu, en el siguiente momento te unirás a la compañía de los guerreros **y orarás como un profeta loco.**

Los pactos ancestrales pueden hacer que el Reino Marino tenga derechos legales sobre ti.

Nuestros padres adoraban a un dios en los ríos, en el agua, y lo que necesitas hacer es confesar, renunciar, arrepentirte y pedir limpieza; así es como eliminamos los derechos legales.

¿Cómo se cae presa del Reino Marino?

Puede ser a través de tu madre o tu padre. Cuando tus padres biológicos se someten a este dios, o mujeres embarazadas exponen su embarazo, y los bebés que aún no pueden defenderse son vulnerables. Por favor, madres, escondan su embarazo y a sus bebés física y espiritualmente, y oren por ellos.

También se puede caer presa de ataques marinos a través de la música satánica, la cual es encantadora y lanza hechizos. Sus instrumentos, ritmos y rituales, como sus señales de dedos cuando bailan, son para recolectar almas. Algunos incluso van más allá y usan agentes satánicos altamente influyentes donde reúnen a muchas personas a la vez y provocan una estampida, donde habrá sacrificios humanos y de sangre para apaciguar a sus dioses sin que nadie lo cuestione. Las personas espiritualmente ciegas pensarán que fue un accidente; no, detrás de eso hay un espíritu. Que Dios nos ayude a estar abiertos al aprendizaje, porque el mundo se está moviendo a una velocidad para la que muchos de nosotros aún no estamos preparados.

Otra forma en que alguien puede caer presa de los espíritus marinos es consultando poderes ocultos, a través de falsos profetas y falsas iglesias, y visitando santuarios y altares satánicos. Eres hijo de Dios y amas a Jesús, pero te estás sometiendo a un agente del reino demoníaco que es tu pastor. Por favor, mantén tu Biblia cerca y léela para que sepas cuándo comienza la manipulación y puedas huir por tu alma.

¿Cómo detectar iglesias falsas y huir antes de que sea demasiado tarde? Primero, son orgullosos; se exaltan a sí mismos y se deleitan en recibir gloria. Se enfocan más en la fama, la prosperidad, el pecado sin arrepentimiento, sin convicción, sin represión por el pecado y el mal, fornicación, manipulación de las Escrituras para favorecer y encubrir su maldad, relaciones sexuales y embarazos con múltiples mujeres, y ordenar abortos para sacrificar a sus dioses. También sacrifican personas cada año, especialmente aquellas más cercanas a ellos. Ya sea por accidente o por enfermedad, alguien debe morir porque su pacto maligno lo exige. La asignación principal que tienen es cosechar almas para el infierno. Si tu pastor es una de estas personas, no te preocupes por cuántos milagros puede hacer o cuánta riqueza tiene proveniente de los espíritus del agua, porque **Dios Yahweh no está en eso; elige a Dios y huye por tu alma antes de que sea demasiado tarde.**

No te dejes engañar, porque la Biblia dice en 1 Pedro 1:16, *"que así como Dios es santo, los creyentes deben esforzarse por vivir una vida santa, reflejando su carácter y pureza"*; esencialmente, es un llamado a vivir moral y éticamente como lo hace Dios. Por favor, la Palabra de Dios es definitiva; no necesito una explicación. Si no está alineado con la Palabra de Dios, sal de ahí lo antes posible; huye por tu alma e ilumina a otros rescatando a una alma más. El enfoque debe estar solamente en Jesús, solamente en la sangre de Jesús,

no en el hombre de Dios, no en aceite ungido, no en pañuelos, no en agua ungida.

Deja de correr de un lugar a otro buscando una solución; caerás presa antes de que te des cuenta. Busca a Dios; Él es fiel; te hablará a través de Su Palabra. Dios te ha estado hablando, pero estás ocupado con tantas cosas que ni siquiera puedes oír la voz susurrante de Dios. Oro para que el espíritu del Altísimo repose sobre ti y comiences a buscar al Señor con toda tu fuerza.

Ten cuidado con los tatuajes; muchos de ellos esconden espíritus marinos. No es moda, recuerda que Satanás es astuto, así que no seas ignorante.

Algunos esconden poder satánico en esos tatuajes para dirigir sus profecías y poderes, y así aparentar ser reales.

También ten cuidado con los muchos pañuelos que usan. Cuando tocan tu frente con esos pañuelos, pueden estar intercambiando tu destino y estrella, y abriéndote el tercer ojo— conectándote directamente con sus dioses.

> *2 Corintios 2:11: Para que Satanás no se aproveche de nosotros; pues no ignoramos sus maquinaciones. Esta es la palabra de Dios.*

¿Cuáles son las señales de que estás bajo espíritus marinos?

La primera es vestirse con ropa seductora, lo cual me da pena por los hombres, y esto no es solo para mujeres solteras, sino también para las casadas. Me da pena por los hombres, y oro para que Dios esconda sus ojos para que su entorno no los tiente, sino que se enfoquen en Jesús.

La segunda señal de que estás bajo espíritus marinos es exponer partes del cuerpo, los senos y los muslos, y no les importa.

¿Por qué? Porque no son personas; es un espíritu detrás que está en control.

La tercera señal de que estás bajo control marino es tener impulsos sexuales incontrolables. Después de que este pastor me tocó, algunas personas han dicho que ahí comenzó su problema. Así que esos son algunos ejemplos de pastores que son agentes del reino marino. Te tocan; te imparten ese demonio sexual marino, y estás constantemente necesitando sexo.

Otra señal de que estás bajo espíritus marinos es abrir un santuario satánico en tu casa para sexo, por ejemplo, masturbación, pornografía o juguetes sexuales. Al hacer eso, todos los espíritus saben que pueden venir a tu casa en cualquier momento e invitar incluso a más espíritus. En resumen, estás invitando a una batalla que no puedes pelear.

Primero, es difícil echar estas cosas incluso cuando ya las has dejado, porque les diste un hogar, un portal y un altar. Hasta que no cierres ese portal, abras uno piadoso y te pongas serio con Dios, no te dejarán en paz.

Otra señal de que estás bajo espíritus marinos es el fracaso al borde del avance, sexo constante en sueños, espíritus de lujuria, ver perros en sueños, nadar en el agua y caminar en cuerpos de agua en sueños, ver animales marinos, serpientes, cocodrilos y caimanes, y dificultades constantes, no importa cuánto lo intentes; pérdidas inesperadas de finanzas y propiedades; estás bajo opresión y monitoreo marino.

Otras señales son relaciones fallidas, pobreza extrema y crisis financiera.

Otra señal de que estás bajo control marino es recibir objetos en sueños, como joyas, cadenas y anillos.

¿Cómo vencer y destruir a los espíritus marinos?

Confiesa, renuncia, arrepiéntete y pide limpieza. Comienza a vivir una vida que honre al Señor; el temor del Señor es el principio de la sabiduría. Mantén pureza, santidad y justicia.

Y luego deshazte de posesiones satánicas y representaciones satánicas en tu casa. Le he dicho a la gente que limpie sus armarios, porque no puedes echar fuera un espíritu marino mientras tienes tantas cosas en tu casa que representan el reino acuático.

Activa oración de guerra y oración de fuego, lee la palabra de Dios, comprométete completamente con el Señor y sirve al Señor.

Comienza la auto-liberación poco a poco. La auto-liberación hace un trabajo perfecto; la auto-liberación es en verdad Jeremías 1:10, porque se hace cuidadosamente. Cuando haces auto-liberación, tienes la certeza de que ninguna raíz queda sin tocar.

Capítulo 12:
¿Cuál es tu derecho de nacimiento y cuál es un falso derecho de nacimiento?

Derecho de nacimiento generacional

Y esto es lo que el Espíritu de Dios me reveló: la mayoría de nosotros vivimos un falso derecho de nacimiento generacional, y muchos ni siquiera se dan cuenta. Estaba orando durante la Batalla de Medianoche cuando el Espíritu de Dios abrió mis ojos. Vi esta escritura: *"Alguien está viviendo un falso derecho de nacimiento generacional."* Lo dije en voz alta. Luego, el Espíritu de Dios me ministró: según el Salmo 51, el pecado, la iniquidad y la transgresión que heredamos desde el vientre de nuestras madres todavía nos siguen, con el derecho legal de permanecer ligados a nosotros. La Biblia dice: **"He aquí, en maldad he sido formado, y en pecado me concibió mi madre"** (Salmo 51:5). Esta iniquidad ha sido transmitida a través de generaciones: lo que mi madre encontró en su vientre, su madre lo vio en el suyo, y así sucesivamente. Es un misterio transgeneracional de iniquidad; la cadena es larga y continúa mientras nadie la rompa. Es el mismo caso cuando visitas al médico para un chequeo. Te preguntarán sobre enfermedades que se repiten en tu familia. Estas son aflicciones generacionales, y deben tomarse en serio. Uno debe comenzar a rechazarlas, negarles el acceso mediante confesión, renuncia, arrepentimiento y buscando una limpieza generacional.

> *Jeremías 1:10: "Mira que te he puesto en este día sobre naciones y sobre reinos, para arrancar y para derribar, para destruir y para arruinar, para edificar y para plantar."*

Por eso es tan crucial que alguien se levante y detenga esta locura. Es mi oración que este libro despierte a muchos. Necesitamos que alguien se levante y diga "No" a estas maldiciones generacionales. Tu derecho de nacimiento generacional de parte de Dios está alineado con la fe de nuestros antepasados Abraham, Isaac y Jacob. Somos la descendencia de Abraham, la raíz de Isaí, y los hijos e hijas de María. Lo que se menciona aquí es una bendición transmitida de una generación a otra. Pero la generación de hoy está viviendo en contradicción. Nos hemos vuelto vulnerables a patrones negativos y ciclos transmitidos generacionalmente. Pocos están dispuestos a investigar y comprender qué pasó y qué se puede hacer para romper este ciclo. En cambio, muchos lo simplifican diciendo que es la voluntad de Dios. No, no lo es, la iniquidad pertenece a Satanás.

Tu derecho de nacimiento generacional fue intercambiado ¿Quién lo intercambió?

El Señor me mostró que muchos están viviendo un falso derecho de nacimiento generacional, pero uno puede detenerlo si así lo decide mediante confesión, arrepentimiento, renuncia y pidiendo limpieza al Señor por Su misericordia. El derecho que tenemos no es el derecho de nacimiento generacional según el Padre Abraham, sino según Satanás. ¿Por qué? Porque nuestras generaciones pasadas se sometieron a Satanás, y no solo se sometieron ellos, sino que también vendieron todo el árbol genealógico, la línea de sangre, e incluso las generaciones futuras. ¡Esto es maldad a otro nivel! Por eso puedes rastrear el alcoholismo, la adicción, la muerte prematura y otros comportamientos destructivos de una generación a otra, y aún así se culpa a los hijos. ¡No! Si los cimientos son destruidos, ¿qué puede hacer el justo? (Salmo 11:3). Vendieron incluso a la generación que aún no había nacido. Vendieron la buena salud, la riqueza, los tronos, las estrellas brillantes y la inteligencia. Vendieron a sus hijas a espíritus. ¡Ahora, esta generación vive en confusión y en un misterio sin resolver!

> *2 Tesalonicenses 2:7: "Porque ya está en acción el misterio de la iniquidad; sólo que hay quien al presente lo detiene, hasta que él a su vez sea quitado de en medio."*

152

¿Quién es el hombre o la mujer malvada en tu árbol genealógico o línea de sangre? ¿Quién es el agente satánico en tu linaje? Oro para que levantes el nivel de oración más alto que tus contemporáneos en tu árbol genealógico hasta que ese agente satánico oculto sea expuesto.

En el terreno de liberación, los espíritus se manifiestan en las personas. Una vez me encontré con una joven que caminaba como una anciana. Cuando le pregunté por qué, respondió: *"Soy su abuela, mi espíritu vive en esta joven. Obstaculicé su progreso porque su destino fue vendido, y ahora no queda destino para ella."* Otra joven se manifestó como un hombre. Cuando se le preguntó por qué, respondió: *"Vivo aquí para asegurarme de que no se someta a su esposo, o su matrimonio no perdurará. ¿Por qué? Porque hemos comprometido los destinos de todas las mujeres en esta familia, transformándolas en inutilidad."* "Hemos tomado sus úteros; los usamos para sacrificios mensuales de sangre. Les hemos cortado la menstruación (aquí, los doctores dirán que es menopausia prematura) para respaldar su argumento científico. También dirán que hemos cerrado sus vientres, y serán estériles. (Los doctores dirán que es infertilidad)." Dios está en contra de lo que Satanás está haciendo con los hijos de Dios. Dios está respondiendo a Su nombre, y Él está en contra de todas las mentiras satánicas.

Estos problemas provienen de la fundación, pero Dios, en Su misericordia, nos revela estas cosas a través del conocimiento y entendimiento espiritual. Depende de nosotros prestar atención y comenzar a recuperar el daño que Satanás ha causado a nuestra fundación. La Biblia dice que *Jesús vino para deshacer las obras del diablo* (1 Juan 3:8), y el tiempo es ahora. Entonces, cuando veas luchas en familias cristianas, dolor tras dolor, preguntas sin respuesta que causan duda y condenación, puede que estés viviendo un falso derecho de nacimiento. Hay una distorsión en la fundación, una manipulación e intercambio de tu destino. No tiene nada que ver contigo.

Oro por ti en el nombre de Jesús. Por la autoridad en el nombre de Jesús, cualquiera que esté sentado sobre un falso derecho de nacimiento generacional, lo revoco en el nombre de Jesús. Quien haya hecho esto, que el Señor lo localice y lo reprenda en el nombre de Jesús. Ato estas generaciones al espíritu del Dios viviente y declaro que a partir de hoy, solo el derecho de nacimiento del Padre Abraham será efectivo en estas generaciones en el nombre de Jesús. Tomo autoridad en el nombre de Jesús y cierro cada portal satánico que ha sido abierto al falso derecho de nacimiento generacional. Abro un portal divino a esta generación y restauro el derecho de nacimiento original ahora en el nombre de Jesús.

Cuando el Diablo Ha Solicitado Atormentar Tu Vida

El Espíritu Santo me guió a hablar sobre dos tipos de creyentes "nacidos de nuevo": aquellos que simplemente han nacido de nuevo y aquellos que entienden los derechos de un creyente como hijo de Dios.

1. **Recién Nacidos de Nuevo**: Estas personas aman al Señor y buscan seguridad, certeza y protección en Cristo. Desean esconderse bajo el nombre del Señor para que, si mueren, puedan entrar al cielo. Sin embargo, aquí en la Tierra, no luchan mucho. Viven en su zona de confort. Estas personas tienden a rendirse ante el diablo y aceptan lo que venga, incluso atribuyen la desgracia a la voluntad de Dios. Por ejemplo, si un bebé muere o una mujer embarazada fallece con su bebé, podrían decir: *"Es la voluntad de Dios."* Estos creyentes no pueden disfrutar la vida en la tierra porque no buscan el arrepentimiento, la renuncia ni la limpieza para recuperar su derecho original. Como resultado, sus derechos como creyentes son limitados debido a pactos legales que obran en su contra. Esta clase de generación está en esclavitud y permanecerá en esclavitud por siempre, aun estando en Cristo Jesús.

2. **Nacidos de Nuevo que Entienden sus Derechos**: Estos creyentes son como leones y leonas en el espíritu. Han estudiado las verdades espirituales y saben que la vida es espiritual, y que

154

deben luchar para recibir lo que Dios ya les ha prometido. Son persistentes y están determinados a perseguir, alcanzar y recuperar todo. El Espíritu Santo los guía para ver la luz y entender que no han nacido de nuevo solo para el cielo, sino para traer avivamiento a los que los rodean, romper cadenas, cambiar las páginas de generaciones y reescribir la historia familiar.

La pregunta es, ¿por qué el Espíritu Santo te eligió a ti para ser un nacido de nuevo serio? La respuesta es simple: tú eres quien ha visto la luz, y la Biblia dice: *"La luz en las tinieblas resplandece, y las tinieblas no prevalecieron contra ella"* (Juan 1:5). Tu propósito es brillar en medio de la oscuridad y traer luz a los que te rodean, especialmente a los que están "recién nacidos de nuevo" y dicen que todo mal que ocurre es voluntad de Dios. "No tienen ni el valor ni la fuerza para tomar autoridad, destronar al enemigo y desalojarlo con todas sus cargas malignas." Tú, en cambio, llevas el cetro de la verdad y batallas sin compromiso.

En Isaías 47:1: "Desciende y siéntate en el polvo, virgen hija de Babilonia; siéntate en la tierra, sin trono, hija de los caldeos. Ya no te llamarán tierna y delicada." Es tiempo de que alguien se levante y destrone a las hijas vírgenes de Babilonia, porque ya no hay trono para ellas.

Consecuencias de Levantarse como Creyente

Una vez que te levantas como un creyente que entiende sus derechos, te conviertes en una amenaza para el enemigo, especialmente para tu propia *fundación espiritual*. El enemigo, al saber que eres un peligro para sus planes, buscará atacarte espiritual o físicamente porque estás interrumpiendo las operaciones satánicas en tu familia y comunidad.

Existen muchas consecuencias al ser un creyente serio. El enemigo puede intentar destruir tu fundamento, pero mientras avances con determinación, debes recordar que nunca estás solo en esta batalla. La Biblia dice en Santiago 4:7: *"Someteos, pues, a Dios; resistid al diablo, y huirá de vosotros."*

A medida que te involucres en la guerra espiritual, especialmente a la medianoche, debes presentar la sangre de Jesús y el poder de la cruz para confrontar al enemigo. Allí es donde está el poder, y debes tomar autoridad sobre toda operación maligna en contra de tu familia y tu fundamento. Dios está observando, y Él te fortalecerá para vencer; al final, la victoria está garantizada.

Capítulo 13:
Testimonio: Batalla de Medianoche

Cualquiera que haya logrado involucrarse en una batalla de medianoche tiene una historia que contar. Ellos te dirán, *"Fui liberado después de volverme disciplinado y constante a la medianoche."* Cuando hablo ahora de oraciones de medianoche, me refiero a unirte a una compañía de guerreros que luchan juntos. La Biblia dice: *"El hierro se afila con el hierro."* Si no tienes la fuerza para orar solo a medianoche, únete a un grupo de santos que lo hagan. Creo que muchos oran a medianoche, así que encuentra uno.

A la medianoche, venimos como soldados, como un ejército, a hacer huir a mil. Deuteronomio 32:30 dice: ***"Uno hará huir a mil, y dos harán huir a diez mil."*** Así que vienes fuerte y expectante, sabiendo que estás respaldado por Dios en el nombre de Jesucristo de Nazaret. Durante la oración de medianoche, vienes con entendimiento, sabiendo que cada vez que estás allí, al menos una o dos cosas están siendo arrancadas de tu fundamento. No importa cuántos años hayan estado plantadas allí. Si permaneces constante y disponible para esta batalla de medianoche, el mal fundacional será arrancado diariamente.

Otra cosa por la que debes orar es por la gracia de Dios para ayudarte a mantenerte constante en esta batalla. Recuerda, *"orad sin cesar"* (1 Tesalonicenses 5:17). El enemigo puede influir en tu rutina diaria si se lo permites, y antes de que te des cuenta, podrías encontrarte sin tiempo para Dios. Cuando yo era "solo un creyente", a menudo ponía excusas para no orar: *"Estoy ocupada"*, *"Estoy trabajando"*, *"Tengo hijos"*, *"Tengo esposo"*, *"Mi agenda está llena"* o *"Simplemente no tengo tiempo."*

Pero Dios es celoso de nosotros. Un día, escuché una voz susurrante decir: *"¿No soy Yo quien te dio todo esto? ¿Me equivoqué al bendecirte? Te necesito. Vuélvete a Mí, y te mostraré cómo administrar todo esto y aún así tener tiempo para Mí.*

Recuerda, Yo soy tu prioridad número uno." Apocalipsis 4:1 Después de esto miré, y he aquí una puerta abierta en el cielo, y la primera voz que oí, como de trompeta, hablando conmigo, dijo: "Sube acá, y te mostraré las cosas que han de suceder después de estas." Si dejas que Dios te guíe, no estarás frustrado.

Pero luego escuché a un predicador decir: *"Cualquier excusa que des para evitar la oración es en tu contra. Entonces supe que yo estaba en desventaja porque mi vida estaba ocupada."* Me di cuenta de que todo lo que haces en el Reino de Dios es para tu beneficio. Nada pasa desapercibido para Dios, y Él recompensa a los que lo buscan diligentemente. Así que dejé de poner excusas. Me di cuenta de que el enemigo usaba mi agenda ocupada para impedirme orar, para que sus raíces malignas siguieran profundizándose. Pero también sabía que el calendario de Dios siempre reservaría tiempo para mí para orar y me negaría la paz hasta que obedeciera.

También conozco creyentes que simplemente dicen: "Ora por mí", o envían una petición de oración. Aunque esto es bueno, para que una oración sea verdaderamente poderosa, necesita acuerdo. Puedes estar enfermo o pasando por desafíos en la vida, pero te animo a encontrar fuerzas y estar presente en el altar de oración, ya sea por Zoom o en persona. Esté allí y acuerda con otros santos.

La Biblia dice: *"Uno hará huir a mil, pero dos harán huir a diez mil."* No seas la persona que envía una petición de oración y luego se va a dormir. Cuando estás presente y en acuerdo, le da acceso espiritual legal a la persona que ora por ti para entrar en el territorio de tu familia y comenzar a arrancar cualquier plantación o manipulación satánica que te esté afectando a ti y a tu hogar. En otras palabras, necesitas ser consciente de lo que se está haciendo en tu nombre. Además, Dios necesita tu atención directa y no solo la de otra persona. Eso es un compromiso con tu Padre.

Por eso, la oración debe convertirse en nuestra nueva normalidad. Ora en el aeropuerto, en la oficina, en la cocina, en cualquier lugar. Esto es lo que significa orar todo el tiempo. Practica orar en lenguas, pero no confundas *"orar todo el tiempo" con "Batalla de Medianoche."* El enemigo no se rinde fácilmente. Recuerda, eres un comandante de primera generación. Lo que estás haciendo, nadie en tu línea de sangre lo ha hecho antes. El enemigo ha estado aprovechándose de tus bendiciones, gloria y riquezas familiares sin ser confrontado, desafiado ni resistido. Pero ahora, tú eres el primero en decir: *"¡Voy a recuperar lo que el enemigo me ha robado!"*

La Biblia dice: **"Conoceréis la verdad, y la verdad os hará libres"** (Juan 8:32). Ahora que conoces la verdad, estás armado para confrontar al enemigo. La Biblia también dice que *cuando se descubre al ladrón, debe devolver siete veces lo que ha robado* (Proverbios 6:31). Así que vienes en el nombre de Jesús, reclamando lo que te pertenece.

El enemigo intentará intensificar sus ataques contra ti, utilizando armas pesadas para desanimarte. Sin embargo, recuerda que esta batalla no es tuya. La Biblia dice: **"El que mora en los cielos se reirá"** (Salmos 2:4). Dios ya ha ganado la batalla, y la victoria te pertenece porque la batalla es de Jesús.

El enemigo puede intensificar sus ataques, pero tu tarea es resistirlo. **"Someteos, pues, a Dios; resistid al diablo, y huirá de vosotros"** (Santiago 4:7). Tienes que resistirlo repetidamente, sin detenerte. Cuanto más resistas, más débil se vuelve el enemigo. Nuestras armas de guerra nunca se agotan porque la fuente de nuestro poder es Dios mismo, y Él nunca se quedará sin fuerza.

Durante la oración de medianoche, debes vestir toda la armadura de Dios. Las proyecciones astrales del enemigo apuntarán a tus puntos más débiles, pero cuando estás vigilante y oras, desmantelas sus planes. Usarán equipos de alta tecnología para monitorearte y afligirte, pero tus oraciones pueden destruir sus operaciones. Estos ataques pueden manifestarse como enfermedades físicas, pero solo son distracciones del verdadero objetivo del enemigo.

Debes recordar que, al participar en la guerra espiritual, el enemigo busca constantemente oportunidades para atacar. Usará la proyección astral para afligirte con enfermedades, pobreza, rechazo, confusión y otras formas de esclavitud. Pero Dios está observando, y no permitirá que el enemigo gane. El enemigo puede intentar causar discordia en tus relaciones, pero debes mantenerte firme en tus oraciones. Cuando lo resistes, estás revirtiendo todo lo que él intenta hacer.

La victoria te pertenece, pero requiere disciplina constante y oración persistente. No dejes que el enemigo te intimide. Cuando intente afligirte, ya sea con dolor físico, confusión o tentación, no lo aceptes pasivamente. Reviértelo siete veces más fuerte en el nombre de Jesús. Y recuerda: la clave para una guerra efectiva es el arrepentimiento. Sin arrepentimiento, hay un muro entre tú y Dios. Pero cuando te arrepientes y perdonas, eliminas los derechos legales que el enemigo tiene sobre ti.

Así que durante las oraciones de medianoche, mantente vigilante. La constancia es clave. Mantén tu altar fuerte y activo, ardiendo con fuego. El enemigo teme la oración persistente porque destruye sus obras. Permanece en la batalla. Sigue luchando. Recuerda que cada oración de medianoche en la que participas está derribando fortalezas, arrancando el mal y preparando el terreno para la victoria de Dios en tu vida.

Capítulo 14:
Tu Dinero, Tu Fertilidad, Tu Estrella y Tu Destino Espiritual

Cuidando Tu Estrella y Protección Espiritual

En el libro de Mateo, capítulo 2:11-12, dice:

"Y al entrar en la casa, vieron al niño con su madre María, y postrándose, lo adoraron; y abriendo sus tesoros, le ofrecieron presentes: oro, incienso y mirra. Pero siendo avisados por revelación en sueños que no volviesen a Herodes, regresaron a su tierra por otro camino."

Tu estrella está brillando y puede ser vista por dos tipos de agentes: sabios demoníacos o sabios celestiales. Por lo tanto, siempre debes orar para que tu estrella esté en buenas manos. El Espíritu de Dios me ha guiado a hablar y advertir a padres, madres y familias sobre este asunto importante.

En el mundo actual, muchas personas están obsesionadas con las redes sociales. Cuando una mujer queda embarazada, a menudo comparte la noticia en redes sociales. Pero por favor comprende esto: hay agentes satánicos por todas partes, y constantemente están buscando una madre y su bebé. No expongas a tus hijos pequeños en redes sociales hasta que sean lo suficientemente grandes como para comprender los riesgos y defenderse por sí mismos. Entiendo la emoción y la alegría de compartir, pero hay lobos allá afuera. Como padre, es tu responsabilidad proteger a tus hijos, tanto espiritualmente como físicamente.

Estás llevando un embarazo para proteger al bebé dentro de tu vientre, no para exponerlo a todo tipo de influencias negativas de este mundo. Puedes pensar que solo estás compartiendo tu alegría, pero sin saberlo, podrías estar abriendo puertas a peligros espirituales. Estás perjudicando al niño al exponerlo prematuramente a la negatividad del mundo.

¿Cómo se protege al niño durante el embarazo? A través de la oración, declaraciones, comandos y renuncias por el niño no nacido. Recuerda que hacemos esto basado en Jeremías 1:10: para arrancar y romper pactos legales. Un pacto legal aún puede tener poder sobre tu vida mientras exista. Eso significa que aún hay acceso para estas fuerzas opuestas que trabajan contra ti. Por eso ves negatividad pasar de una generación a otra. Los agentes satánicos pueden recuperar todo antes de que el niño nazca porque tú lo has expuesto al mundo. Están vendiendo las bendiciones de tu hijo antes de que llegue al mundo.

Si no has tratado con los fundamentos de tu vida y los patrones generacionales establecidos, tu embarazo podría estar bajo ataque. Si no has roto estos patrones, Satanás puede robarte fácilmente— por control remoto, porque las puertas aún están abiertas. Le es fácil obtener lo que quiere de ti. Si no has tratado con tus asuntos fundamentales a través de Jeremías 1:10, estás vulnerable a flechas satánicas, y están comerciando tu alma en el mercado satánico.

Es esencial tomar el control de tu ámbito espiritual porque quien controla el ámbito espiritual controla el ámbito físico. Tu autoridad espiritual determina cómo va tu día, lo que sucede y lo que permites o rechazas. Puedes preguntarte por qué todo parece desmoronarse a pesar del arduo trabajo, por qué luchas por salir adelante y sigues perdiendo. Eso es porque los pactos en tu línea de sangre aún están activos. El Salmo 51:5 nos dice que fuimos concebidos en pecado, y estas maldiciones generacionales nos persiguen.

Por eso te insto a examinar el fundamento espiritual que estás construyendo antes de concebir. Identifica cualquier pacto presente, decláralo, confiésalo, renuncia y pide limpieza para tu hijo. Ordena la ruptura de cualquier patrón negativo que te haya seguido. Ora para que tu hijo no caiga en las trampas que atraparon a generaciones pasadas. Toma autoridad en el nombre de Jesús y proclama que ningún mal podrá tocar a tu hijo, el fruto de tu vientre. Habla vida sobre ese niño, ordenando que no será víctima de los mismos ciclos de enfermedad, autismo, dolencias o retrasos en el desarrollo. Tú eres el guardián de tus hijos.

Durante el embarazo, es crucial orar continuamente, especialmente en las horas de medianoche, para romper cualquier fortaleza negativa fundamental. Debes estar vigilante en la oración de guerra antes, durante y después del parto. Incluso después de que el bebé haya nacido, continúa orando y protegiéndolo, porque el enemigo siempre está observando una oportunidad para atacar. Ora por su futuro, incluyendo a sus cónyuges, y declara que ningún mal se acercará a ellos. Estás orando para asegurar su futuro y evitar que caigan en trampas generacionales. Debes hacer esto como padre porque Dios te ha confiado Su semilla.

> *Proverbios 22:6: "Instruye al niño en su camino, y aun cuando fuere viejo no se apartará de él."*

Si todos los padres comprendieran esto y asumieran su responsabilidad en serio, se evitarían muchos problemas futuros que aquejan a nuestros hijos.

Lo que sucede en tu vida es resultado de que tu estrella no ha sido debidamente custodiada. Tu estrella puede haber sido atormentada, robada o capturada. Puede haber sido dividida y dispersada, dejándote con una estrella vacía. Cuando el enemigo captura tu estrella, también captura tu alma. Por eso muchas personas no entienden las luchas que enfrentan—tanto su alma como su estrella están bajo cautiverio.

Por eso debes orar para que tu alma escape del lazo del cazador y para que tu estrella sea liberada. Ordena que tu estrella salga del cautiverio y te localice. Ora por la restauración de todo lo que ha sido tomado. Cuando el enemigo controla tu estrella, controla tu vida.

El día del parto, la oración es esencial. Ora para que la primera persona que reciba a tu hijo sea un sabio, no una partera o médico demoníaco que busque robar la estrella del niño. Algunos profesionales médicos son agentes de las tinieblas. Incluso si no puedes controlar quién está allí, sigue orando para que ninguna fuerza maligna tenga acceso a tu bebé.

Protección Financiera: El Poder del Diezmo

Otra área crítica que debemos abordar es el dinero. Como hijos de Dios, estamos destinados a operar con moneda celestial. Ya que has comenzado a trabajar en tu fundamento a través de una liberación profunda, continúa orando y mantente firme en la verdad de la palabra de Dios.

Filipenses 4:19 dice: *"Mi Dios, pues, suplirá todo lo que os falta conforme a sus riquezas en gloria en Cristo Jesús."*

Sin embargo, muchos hijos de Dios no están experimentando la abundancia prometida en este versículo. ¿Por qué? Porque hay un devorador activo. Los pactos de desobediencia hablan en contra de la prosperidad.

Una de las principales causas de la escasez financiera es la desobediencia al diezmo. En Malaquías 3:10, la Biblia nos ordena traer el diezmo completo al alfolí. Dios dice:

"Probadme ahora en esto, dice Jehová de los ejércitos, si no os abriré las ventanas de los cielos, y derramaré sobre vosotros bendición hasta que sobreabunde."

El devorador prospera en la desobediencia. Si no estás diezmando, permites que el enemigo opere en tus finanzas. Como hijo de Dios, te animo a diezmar fielmente y verás cómo Dios te bendice de formas que nunca imaginaste. Recuerda que todo lo que pones en manos de Dios, Él lo multiplica. Él no te devuelve lo mismo que le diste. Esto es seguridad financiera. Jesús tenía solo cinco panes y dos peces para alimentar a la multitud. Los levantó, dio gracias a Dios y los repartió. Cinco mil hombres comieron, sin contar mujeres y niños. Pero lo que sabemos es que Dios multiplicó lo que Jesús le presentó.

Cuando entregues tu diezmo, sin importar cuán pequeño parezca, preséntalo a Dios con un corazón obediente. Ora para que hable por ti, prospere tus manos y tu trabajo. Una vez que el devorador sea reprendido, verás la gloria de Dios manifestarse en tu vida. Experimentarás prosperidad, aumentos inesperados y el cumplimiento de las promesas de Dios, porque la mano del Señor estará sobre tus finanzas.

La obediencia en el diezmo conduce a la seguridad financiera porque estás sembrando para el futuro. La desobediencia, en cambio, permite que el enemigo robe, mate y destruya. El espíritu de destrucción y confusión atormentará tus finanzas si no obedeces los mandamientos de Dios.

Al principio, yo también luché con el diezmo. Pensaba que el 10% de mis ingresos era demasiado para dar, pero el Espíritu de Dios me mostró que no se trata de la cantidad, sino de la obediencia. Dios confía en mí para administrar lo que me ha dado, y cuando le demuestro que puedo ser fiel con poco, Él me confiará mucho más.

Así que, al caminar en obediencia, sabe que Dios abrirá las ventanas de los cielos. Tu prosperidad fluirá, y ningún mal tocará tus finanzas. No trabajarás por dinero; el dinero trabajará para ti. Oro para que recuperes la riqueza generacional y que Dios levante una generación que tema y obedezca Su palabra, asegurando su legado en Su reino.

Para sobrevivir en este mundo oscuro como creyente, necesitas mantener el Libro de la Ley contigo. Que la palabra de Dios te guíe y dirija. Él ha prometido proveer y bendecirte en abundancia, pero tu obediencia abre la puerta a Sus bendiciones. Oro para que recibas sabiduría, entendimiento y el valor de obedecer a Dios en cada área de tu vida, incluyendo el diezmo.

OBEDIENCIA

El mundo en el que vivimos es un lugar oscuro. Te aconsejo que mantengas tu Biblia cerca y sigas solo lo que Dios te ha instruido hacer.

Malaquías 3:10: "Traed todos los diezmos al alfolí y haya alimento en mi casa; y probadme ahora en esto, dice Jehová de los ejércitos, si no os abriré las ventanas de los cielos y derramaré sobre vosotros bendición hasta que sobreabunde."

La desobediencia es el mayor enemigo de Dios y el enemigo de tu destino. Si deseas que tu destino se alinee con el plan de Dios, ora por obediencia. La obediencia al Señor trae el temor de Dios, lo que conduce a la sabiduría. A través de la sabiduría, te acercarás más a Dios, experimentarás Su gloria, atraerás ángeles, recibirás bendiciones y serás disciplinado en las cosas de Dios. También te ayudará a mantenerte constante en tu fe y acciones. La obediencia alejará a Satanás de tu vida y traerá alineación, restauración, sanidad, liberación, prosperidad y flujos continuos de ingresos a través de la moneda celestial. En esta vida, todo lo que estás buscando está revestido de obediencia.

FERTILIDAD

La Biblia dice en Isaías 34:16,

> *Génesis 1:28: "Y los bendijo Dios, y les dijo: Fructificad y multiplicaos; llenad la tierra y sojuzgadla, y señoread en los peces del mar, en las aves de los cielos, y en todas las bestias que se mueven sobre la tierra."*

Esta escritura nos asegura que Dios está en el negocio de la familia. Él reconoce a las familias santas y desea que las familias prosperen.

Génesis 1:28: Dios los bendijo y les dijo: "Sean fecundos y multiplíquense; llenen la tierra y sométanla; dominen sobre los peces del mar, las aves del cielo, y sobre todo ser viviente que se mueve sobre la tierra."

Dios ya nos ha dado la dirección. Nuestras vidas son como un guion que ha sido escrito, y todo lo que necesitamos hacer es seguirlo. Para cada hijo de Dios, nuestras vidas deben alinearse con la Palabra de Dios. Si algo en tu vida no se alinea con la voluntad de Dios, tienes derecho a cuestionarlo.

Muchos de nosotros tenemos preguntas hoy, por eso nos encontramos en ministerios de liberación, buscando respuestas sobre nuestros errores del pasado y aprendiendo cómo vivir una vida libre de manipulación satánica y contienda. También buscamos orientación sobre cómo mejorar el futuro para las generaciones futuras.

Hoy en día, la fertilidad se ha convertido en un tema importante, y el enemigo está trabajando tras muchas manipulaciones. La agenda de Satanás es destruir la semilla pura de Dios y corromper el cuerpo humano. La infertilidad, en muchos casos, es el resultado de una manipulación satánica.

En parejas casadas, muchos experimentan:

1. **Trastornos de ovulación:** Problemas con la liberación de un óvulo del ovario.

2. **Endometriosis:** Una condición en la que el tejido similar al revestimiento del útero crece fuera del útero.

3. **Anomalías uterinas:** Como fibromas, pólipos o una forma anormal.

4. **Daño tubárico:** Obstrucción o daño en las trompas de Falopio.

5. **Problemas de esperma:** Conteo bajo de espermatozoides, mala calidad del esperma o problemas con su movimiento.

6. **Desequilibrios hormonales:** Problemas con la tiroides, estrógeno o progesterona.

7. **Factores de estilo de vida:** Fumar, consumo excesivo de alcohol, obesidad o bajo peso.

8. **Edad:** La fertilidad disminuye con la edad, especialmente en mujeres mayores de 35 años.

9. **Factores genéticos:** En algunos casos, la infertilidad puede ser causada por mutaciones genéticas.

10. **Infertilidad inexplicable:** En alrededor del 25% de los casos, no se encuentra una causa identificable.

Todos estos son factores que afectan el sistema reproductivo y que descalifican a una persona para llevar y alojar a un bebé de cero a nueve meses.

La infertilidad inexplicable es particularmente preocupante. Cuando se abre tu entendimiento y te vuelves a Dios, estos problemas pueden superarse sin gastar dinero. Las parejas aún pueden recibir sus bendiciones, pero deben volverse a Dios para recibir intervención.

¿Por qué trabaja tanto Satanás para detener tu semilla? Porque tu semilla es santa, portadora de una línea de sangre que tiene el potencial de romper maldiciones generacionales y cambiar el curso de la historia. Satanás sabe que si este niño nace, destruirá su reino en la tierra.

Por lo tanto, hará todo lo que esté en su poder para impedir que tu vientre sea fructífero. Te enviará a doctores que te darán razones por las cuales deberías tener dificultades para concebir o nunca lograrlo.

Es entonces cuando debes reconocer que el enemigo está actuando y comenzar a confrontarlo mediante la oración, el ayuno, la renunçia, el arrepentimiento y buscando limpieza para cerrar cualquier puerta legal que el enemigo haya abierto a través de tu fundamento, territorio o estilo de vida.

Salmos 11:3: "Si fueren destruidos los fundamentos, ¿qué ha de hacer el justo?"

BATALLA POR LA SEMILLA DEL VIENTRE

Si no se tratan los fundamentos, el vientre que ha sido cerrado puede abrirse mediante la oración, pero sin abordar los pasos legales, el resultado puede ser un aborto espontáneo, un nacimiento sin vida, defectos de nacimiento o incluso la muerte. Si el bebé sobrevive a estos desafíos, la batalla continúa en el período neonatal, a veces llevando al síndrome de muerte súbita del lactante (SMSL) o incluso a que la madre asfixie accidentalmente al bebé mientras duerme.

Si el niño sobrevive a estas batallas, puede enfrentar luchas en la adolescencia, como adicción al alcohol, las drogas, convertirse en adorador del diablo o confusión de género. Este ciclo continuará a menos que se aborden los fundamentos subyacentes. Si se destruyen los fundamentos, ¿qué puede hacer el justo? La batalla por el vientre no es solo física; es espiritual. Los justos deben levantarse y reconstruir el fundamento roto.

Satanás no ataca sin que haya un pacto legal en vigor. Hay una razón por la cual ciertas batallas continúan en las familias. Mientras la puerta permanezca abierta, Satanás continuará destruyendo cosas. Por eso la oración es tan importante. Orad sin cesar. Los hombres deben orar siempre, porque es a través de la oración que podemos apartar a Satanás del camino.

Es fácil rendirse a Dios, renovar tu pacto con Él y pedirle que comience de nuevo contigo, arrepintiéndote por los pecados, transgresiones e iniquidades de las generaciones pasadas. Cuando haces un pacto firme con Dios, Él traerá bendiciones y restauración donde no parece haber nada, y eliminará los desórdenes que siguen a un fundamento defectuoso. La Biblia dice: *"No veréis la lluvia, pero vuestro valle se llenará de agua."*

Satanás ya ha intentado apoderarse de las generaciones no nacidas debido a nuestra ignorancia y descuido, pero ahora debemos confrontar estas batallas en oración y buscar liberación. Cada "¿por qué?" que preguntas crea una batalla mayor, porque el enemigo se enfurece. Pero debes mantenerte firme en la fe y la oración, sabiendo que estás por encima de ellos, sentado en lugares celestiales con Cristo Jesús a la diestra de nuestro Padre, muy por encima de las potestades de las tinieblas, principados y gobernantes satánicos de este mundo.

CÓMO SATANÁS CIERRA LA FERTILIDAD

Desde una perspectiva médica, los hombres a veces enfrentan desafíos donde su hombría es atacada, dificultándoles tener hijos. Esto puede darse por condiciones como disfunción eréctil (DE) o azoospermia (falta de esperma). Muchos hombres lucharán a pesar de recibir consejería y tratamiento médico. Pero la Biblia dice: *"Someteos, pues, a Dios; resistid al diablo, y huirá de vosotros."*

He visto a Dios restaurar lo que parecía imposible, fortaleciendo nuevamente a las personas y otorgándoles la bendición de los hijos. Satanás también ataca a los hombres mediante la lujuria y los cónyuges espirituales, creando fricción en los matrimonios y haciéndolos sentir desconectados de sus esposas. Estos ataques pueden llevar a la separación o al divorcio si no se está vigilante.

Los órganos reproductivos de las mujeres también son atacados con frecuencia. Algunas mujeres pueden experimentar menopausia prematura o desequilibrios hormonales que hacen que su menstruación se detenga. Pero he visto el poder de Dios moverse de manera milagrosa, haciendo regresar la menstruación y la fertilidad donde los médicos no tienen explicación. Satanás prospera en la ignorancia, pero quienes entienden el ámbito espiritual pueden confrontar estos problemas en el nombre de Jesucristo.

La Biblia dice: *"Os he dado autoridad para pisotear serpientes y escorpiones, y sobre todo poder del enemigo; nada os dañará."*

Cuando confrontamos a Satanás, no lo hacemos con nuestras propias fuerzas, sino en el poderoso nombre de Jesucristo. Vamos armados con la sangre de Jesús, el poder de Dios y el entendimiento de quiénes somos en Cristo Jesús.

La manipulación satánica es real, pero cuando la confrontamos con el poder de Dios, rompemos las cadenas y restauramos lo que el enemigo ha robado. Ya sea mediante guerra espiritual o buscando intervención médica, debemos mantenernos vigilantes y confiar en el poder supremo de Dios para restaurarnos la salud y la fertilidad.

Útero y Guerra Espiritual

La forma en que ocurren los ataques espirituales al útero es a través del envío de cónyuges espirituales, también conocidos como demonios sexuales, en sueños. Estos espíritus se aseguran de tener relaciones sexuales con las personas, manifestándose a menudo en sueños. Son responsables de causar problemas como los fibromas. Existen varios tipos de fibromas, y he visto muchos casos, especialmente en mujeres. Recuerdo una cirugía en la que el fibroma era del tamaño de un embarazo de nueve meses. Al abrir el útero, no era solo un fibroma, sino múltiples, todos creciendo juntos como papas en la rama de un árbol. Me refiero a este tipo de fibroma, donde el útero, que está destinado a nutrir a un bebé, está en su lugar lleno de fibromas. Estos son trucos del enemigo.

Algunos fibromas, particularmente los intramurales, están tan profundamente incrustados en el útero que, incluso después de una cirugía, causan daños significativos. Estos fibromas requieren una extracción profunda, a veces desde las capas más internas del útero. Esto puede llevar a complicaciones que impidan que el útero pueda llevar un embarazo, incluso después de haber sanado. Estas son manipulaciones satánicas del sistema reproductivo diseñadas para impedir que las mujeres den vida. Pero nuestro Dios es fiel. Estas situaciones requieren liberación profunda y detallada. También hay casos donde se forman adherencias que hacen que las capas del útero se unan y ocupen el espacio destinado al bebé. En tales casos, los médicos pueden decirle a las mujeres que quizás nunca tengan hijos. Pero declaro que Dios puede dar hijos a mujeres sin útero o a aquellas en menopausia. Nuestro Dios no debe ser subestimado.

Otros ataques severos del enemigo pueden ser el cáncer de ovario, cáncer uterino y cáncer de cuello uterino. Estos forman parte de la batalla por el vientre. Mujeres, levántense y oren antes de que el enemigo avance. El enemigo busca impedir que cumplan su propósito dado por Dios, y los médicos incluso pueden sugerir la extracción de órganos específicos como el útero. Todo esto es para asegurar que su vientre no dé fruto.

He intercedido por muchas mujeres, y por la misericordia de Dios, he visto giros milagrosos. Dios me preparó no solo como doctora médica, sino también para confrontar al enemigo y declarar, *"Esto es una mentira."* Estos ataques son reales. Los he visto con mis propios ojos. He operado a mujeres cuyas trompas de Falopio fueron cortadas deliberadamente para impedirles concebir. Algunas de estas mujeres quedaron con solo una trompa o un solo ovario. Sin embargo, he sido testigo de milagros de Dios, ya sea que tuvieran una o ninguna. He visto a mujeres que fueron consideradas incapaces de tener hijos, incluso sin útero, llevar bebés desde cero hasta nueve meses. Este es el Dios poderoso al que servimos. Este tipo de milagros deja a los científicos y al mundo asombrados. No hay nada que Dios no pueda hacer. Aún no has visto hasta dónde llegará Dios por sus hijos. Él sigue en el trono, gobierna y obra milagros.

La Biblia dice, ***"He aquí, yo soy Jehová, Dios de toda carne; ¿habrá algo que sea difícil para mí?"*** (Jeremías 32:27). Este es el Dios del que estoy hablando. He visto sus milagros con mis propios ojos. Así que no temas, hijo de Dios. Sométete completamente y resiste al diablo; él huirá de ti (Santiago 4:7).

En Juan 8:32, la Biblia dice, ***"Y conoceréis la verdad, y la verdad os hará libres."*** Solo la verdad te ayudará a reclamar tu destino legítimo, como se menciona en Jeremías 1:10. Hasta que la realidad no penetre en ti, es imposible enfrentar las batallas espirituales. Si no confrontas estas batallas espirituales, no experimentarás el destino fructífero que Dios tiene para ti. Estás llamado a dar a luz a una nueva generación, a reescribir la historia de tu familia y a establecer una línea sanguínea limpia.

El enemigo tratará de impedir que cumplas tu propósito, pero Dios dice lo contrario. Como doctora, he llegado a comprender que las batallas espirituales son mucho más desafiantes que cualquier reto médico. Solía descuidar el ámbito espiritual, desestimando su poder. Pero mientras más resistía la obra de Dios, más confundida me volvía, aunque era una hija de Dios. Enfrenté batallas reales—dificultades para concebir, múltiples abortos espontáneos, y amenazas a la salud de mis embarazos. No fue sino hasta que Dios abrió mis ojos que comencé a ver la verdadera naturaleza del ámbito espiritual.

Fue entonces cuando entendí que había estado descuidando la batalla más importante de todas: la espiritual. Comencé a tomar mi vida espiritual en serio y comprendí cuán vital es alinearse con la voluntad de Dios y tomar autoridad sobre el enemigo. Debemos luchar con conocimiento y orar estratégicamente para asegurar nuestro destino espiritual.

Destino Espiritual y Guerra Espiritual

Como hijos de Dios, nuestros destinos están llenos de bendiciones, gloria y salud. Satanás, sabiendo esto, trabaja incansablemente para interceptar estas bendiciones antes de que siquiera nos demos cuenta de que existen. El enemigo puede ver el potencial de nuestro destino espiritual mucho antes que nosotros. Por eso trabaja sin descanso para robárnoslo incluso antes de nacer. Estas bendiciones son valiosas para el enemigo porque son comercializables en el reino satánico, donde pueden ser vendidas o utilizadas para sus propios fines.

Muchas aflicciones—autismo, parálisis cerebral, síndrome de Down, confusión de género y otros trastornos del desarrollo— están en aumento porque tienen su raíz en la manipulación espiritual. Los diagnósticos médicos a menudo disfrazan estas aflicciones, pero detrás de ellos hay fuerzas espirituales trabajando para sabotear el plan de Dios para la vida de las personas. Algunos médicos están comenzando a darse cuenta de que estos problemas tienen una naturaleza espiritual y están volviéndose a Dios en busca de ayuda.

Debemos orar y mantenernos firmes en nuestra fe para recuperar nuestro destino espiritual. La oración persistente, especialmente durante la medianoche, puede ayudarnos a liberarnos del dominio del enemigo. La oración de medianoche es poderosa porque interrumpe la obra del enemigo, y podemos recuperar todo lo que nos ha sido robado. El enemigo odia a los que son persistentes en la oración, especialmente durante este tiempo, ya que interfiere con su oficio y sus planes.

También debemos orar por nuestras familias y líneas de sangre. Esto no se trata solo de nosotros, sino también de las generaciones venideras. Tenemos que proteger nuestros destinos espirituales, nuestras familias y nuestros hijos con la protección de Dios, y debemos hacerlo de manera constante. Satanás quiere que vivamos con descuido, pero debemos despertar a la realidad de la guerra espiritual.

El destino espiritual de una persona puede quedar vulnerable por ignorancia o negligencia. Esto se conoce como un "destino desnudo", especialmente en el caso de los niños, que pueden ser robados fácilmente. Sin embargo, podemos cubrir nuestro destino y los destinos de quienes nos rodean a través de la oración y la vigilancia espiritual.

La Biblia dice en Juan 10:10, *"El ladrón no viene sino para hurtar y matar y destruir; yo he venido para que tengan vida y para que la tengan en abundancia."* Debemos proteger nuestros destinos espirituales, entendiendo que la batalla es espiritual y que el enemigo solo puede robar aquello que no protegemos.

Con conocimiento y entendimiento, podemos entrar en guerra espiritual y reclamar lo que el enemigo nos ha robado. Debemos armarnos con toda la armadura de Dios (Efesios 6:10-18) y hablar la Palabra de Dios con autoridad, sabiendo que la batalla pertenece al Señor. Cuando hacemos esto, nos convertimos en vasos que Dios usa para paralizar los poderes del enemigo y destruir sus obras.

En cuanto a la fertilidad, si la raíz del problema es una base defectuosa, las mujeres pueden enfrentar abortos espontáneos repetidos o infertilidad. Estos problemas pueden ser el resultado de demonios chupadores de sangre o altares demoníacos en la línea de sangre familiar. Estos espíritus demoníacos se alimentan de la sangre de los miembros de la familia, requiriendo sacrificios para mantener su poder. Tales ataques requieren una guerra espiritual intensa, y las familias deben confrontar y desmantelar estos altares mediante la oración y la liberación.

Capítulo 15:
Levantando el Estándar de la Oración

Levantando un Estándar de Oración que Pone al Diablo en Fuga

Cuando buscamos elevar el estándar de la oración, debemos considerar todos los tipos de oración, no solo uno. El Espíritu de Dios te guiará para saber qué tipo de oración hacer, dependiendo de la situación. Por eso es esencial tener la Palabra de Dios en tu interior, ya que Dios habla a través de Su Palabra. Una oración guiada por el Espíritu Santo es la oración que trae rompimientos y respuestas.

Primero, debes recibir la salvación. La Biblia dice en 2 Corintios 5:17, *"De modo que si alguno está en Cristo, nueva criatura es."* La salvación es esencial porque nos da acceso a las cosas profundas de nuestro Señor Jesucristo.

Segundo, el arrepentimiento es crucial. El arrepentimiento nos separa del pecado y del mal, no solo a nivel personal sino también generacional. Tal como hizo Gedeón, debemos rastrear nuestra ascendencia, arrepentirnos de los pecados de nuestros antepasados y clamar por misericordia. El Salmo 51 proporciona un poderoso ejemplo de arrepentimiento, ya que David lamenta los pecados y las iniquidades de sus antepasados. Esta oración es un clamor por misericordia para nuestra generación, línea sanguínea y árbol genealógico.

Además, el perdón es clave. El enemigo puede usar la falta de perdón para obstaculizar tus rompimientos. Por eso es importante perdonar, no guardar rencor y asegurarse de que tu corazón esté libre. Sin perdón, se vuelve más difícil entrar en una oración de misericordia, como se ve en Gedeón, quien buscó la misericordia de Dios después de descubrir los ídolos que sus antepasados habían adorado.

Nuestros antepasados pueden haber hecho cosas que han causado batallas espirituales, aflicciones y desafíos en nuestras vidas. Estos problemas generacionales requieren que clamemos por misericordia. La Biblia dice, *"Las misericordias del Señor son nuevas cada mañana."* Dios nos renueva diariamente, sin importar nuestra base, pero debemos levantar ese punto de oración, reconociendo los pecados e iniquidades en nuestra línea generacional.

Algunos pactos fundamentales son profundos, y necesitas la ayuda de Dios para enfrentarlos. Una vez liberé a una persona, y el espíritu dijo: *"Hemos estado aquí demasiado tiempo. ¿Quién eres tú para venir a derribarnos?"* Cuando pregunté cuánto tiempo habían estado allí, respondieron: "Antes de Cristo." A veces, los demonios mienten, pero otras veces dicen la verdad. Si un demonio ha estado en una familia por más de 2000 años, y nadie lo ha enfrentado, es tiempo de decir: "¡Basta ya!" y buscar al Señor por sabiduría y liberación.

Este es tu momento. Nadie más lo hará si tú no te levantas para enfrentar estas aflicciones. Tus antepasados quizás se hicieron la misma pregunta: *"¿Habrá alguien que se levante?"* Dios está aquí para ayudarte, y podemos orar una oración de misericordia. Una oración de misericordia nunca falla.

Luego, entramos en una oración de guerra espiritual. La Biblia dice, *"Orad sin cesar"* y *"Orad en lenguas."* Si no has recibido el don del Espíritu, que seas bautizado en el Espíritu Santo en el nombre de Jesús. Ora en lenguas en casa, en el trabajo, en el carro—en todas partes. Antes de que te des cuenta, orarás por horas.

La oración de medianoche es un arma poderosa. Ora entre las 12 a.m. y las 4 a.m. Este es el *"combate de medianoche,"* cuando el enemigo está más activo. Al orar a medianoche, enfrentas al enemigo antes de que pueda actuar contra ti. El enemigo teme la confrontación, y mientras permanezcas pasivo, seguirá prosperando en tu territorio. Pero si lo confrontas, tendrá que huir.

Cuando oras a medianoche, tomas autoridad, decretando que el enemigo no tendrá éxito contra ti. Estás interrumpiendo sus planes y anulando sus ataques con la sangre de Jesús. Estás entrando en su campamento, declarando que no tomarán decisiones contra ti esta noche. Estás participando en una guerra espiritual, devolviendo todas las flechas satánicas dirigidas a ti y a tu familia. Estás bloqueando el avance del enemigo.

Como haces esto, invocas Hebreos 12:29, que dice, *"Nuestro Dios es fuego consumidor."* Por la autoridad de Jesús, libera el fuego de Dios contra los planes del enemigo y los altares que han levantado contra ti y tu familia. Todo lo que planean para afligirte queda anulado y neutralizado por la sangre de Jesús.

La consagración también es esencial. Debes vivir una vida de ayuno, buscando un encuentro más profundo con el Señor. Durante el ayuno, recuerda que *"esta clase no sale sino con oración y ayuno"* (Marcos 9:29). Es durante estos ayunos que Dios arranca y derriba fortalezas, como se describe en Jeremías 1:10. Debes permanecer en un lugar de oración, consagración y ayuno para romper batallas espirituales profundas.

Jeremías 33:3: "Clama a mí, y yo te responderé, y te enseñaré cosas grandes y ocultas que tú no conoces."

A veces, las cosas profundas de nuestras bases requieren que vayamos más profundo en oración y ayuno. Después de ayunar y buscar a Dios a través de Su Palabra, recibirás revelación y entendimiento sobre las cosas profundas que deben ser tratadas.

Dios revelará estos asuntos generacionales a través del ayuno profundo. A través de este proceso, Dios confía en ti como comandante generacional para romper estas cadenas. La Palabra de Dios es tu alimento espiritual, y mientras te alimentas de ella a diario, tu espíritu cobra vida y caminas en lo sobrenatural.

Para caminar en lo sobrenatural, debes ser disciplinado y constante. Somos constantes en asuntos del mundo, pero a menudo carecemos de disciplina en las cosas espirituales, en las cosas de Dios. La constancia y la disciplina son cruciales en la obra de Dios. Cuando eres constante, obtienes acceso a los secretos de Dios, que conducen a rompimientos.

Al levantar el estándar de la oración, recuerda que Daniel oró en el aposento alto, mirando hacia Jerusalén. Este acto significa acceder a las cosas profundas de Dios, un lugar de mayor autoridad espiritual. Para acceder a las cosas profundas de Dios, debes ir más alto. En oración, ayuno y dar, debes ir más profundo. Cuanto más profundo vas, mayor es tu victoria.

Hechos 1-2 revelan que a los discípulos se les instruyó permanecer en Jerusalén hasta que recibieran el poder del Espíritu Santo. Esperaron en unidad, y cuando estuvieron unánimes, recibieron el bautismo del Espíritu Santo. Este es el poder que necesitas para levantar el estándar de oración que pone al enemigo en fuga.

La oración se puede hacer solo, pero es poderosa cuando se hace con otros. La Biblia dice, *"Uno hace huir a mil, y dos a diez mil"* (Deuteronomio 32:30). El poder de Dios se libera en unidad. Como dice en Jeremías 9:17-21, las mujeres se reunieron para llorar y orar por la restauración de su ciudad. La oración en unidad es poderosa; cuando oran juntos, Dios libera Su fuego, poder y ángeles.

Encuentra a alguien con quien orar. Ya sea tu familia, un grupo de oración o un amigo, orar juntos en unidad es crucial. Como se ve en Hechos 2:1-4, cuando los discípulos oraron unánimes, recibieron al Espíritu Santo y fueron capacitados para cumplir su misión. Una gracia y una unción especial se liberan cuando nos unimos en oración. No pases por la liberación solo; encuentra un grupo, únete en unidad y conéctate plenamente para recibir todo el poder de Dios.

ORAR A LA MEDIANOCHE: LA OFICINA DE LA MEDIANOCHE

Esta es la oficina de la medianoche. Desde las 12:00 a.m. hasta las 4:00 a.m., la oración de medianoche puede desbloquear más avances espirituales que cualquier otro momento de oración. Aquí hay cinco razones por las que debes comenzar a orar a la medianoche:

1. La oración de medianoche es un tiempo para encuentros divinos, donde se rompen cadenas y se abren puertas.

2. La oración de medianoche es un campo de batalla del espíritu; más ataques espirituales e intercambios de destino ocurren a la medianoche.

3. La oración de medianoche es la hora de la liberación, el momento en que se activa el juicio divino contra el enemigo.

4. La oración de medianoche es un tiempo de favor divino y cielos abiertos, donde Dios libera favor y bendiciones.

5. La oración de medianoche responde por qué Jesús oró a la medianoche. En Lucas 6:12, Jesús subió al monte y oró toda la noche.

Si todavía estás durmiendo y esperas un gran destino, te toco la trompeta, Hijo de Dios. Despierta del sueño, despierta de la pereza—¡vamos a orar! Esto te recuerda que nunca recuperarás lo que el enemigo robó hasta que agregues más fuerza a tus oraciones y te involucres en la batalla de medianoche.

El propósito de levantarse a esta hora es confrontar al enemigo. Es declarar que ya no tenemos miedo y sabemos lo que el enemigo hizo a nuestros antepasados porque ellos dormían y cabeceaban a la medianoche. Esta generación ha encontrado la verdad. Somos valientes y nos levantamos para la batalla de medianoche con entendimiento. Somos consistentes en nuestra búsqueda para alcanzar y recuperar todo en el nombre de Jesús. La Biblia dice que mientras los hombres dormían, el enemigo vino y sembró cizaña entre el trigo.

Esta es una generación cansada que busca la verdad para ser libre, la generación del "Ya basta". Esta es la generación de Juan el Bautista. La Biblia dice, *"Desde los días de Juan el Bautista hasta ahora, el Reino de Dios sufre violencia, y los violentos lo arrebatan."* La generación de Juan el Bautista ya está aquí. También llevamos el cetro, la Espada de Jehú, para derribar a los reyes babilónicos y asegurarnos de que toda la casa de Acab sea demolida. Ninguna Atalía permanecerá en nuestras familias, fundamentos ni territorios de asignación. Sabemos quiénes somos en Cristo, así que tomamos autoridad en el nombre de Jesús y reclamamos los tronos y coronas que nuestros antepasados entregaron al enemigo por ignorancia.

Es hora de ordenar a las vírgenes hijas de Babilonia que bajen del trono y se sienten en el polvo. Ya no queda trono para ellas. A la medianoche, estamos recuperando nuestros tronos de fundamento, derechos de nacimiento, herencia legal de nuestros padres, y las bendiciones de Abraham, Isaac y Jacob—los tronos de buena salud (3 Juan 2), prosperidad y alineación con la voluntad de Dios.

> *3 Juan 2: "Amado, yo deseo que tú seas prosperado en todas las cosas, y que tengas salud, así como prospera tu alma."*

El enemigo capturó todos nuestros tronos, y estamos viviendo una vida inconsistente con la Palabra y las promesas de Dios. Eclesiastés 10:7 dice, *"He visto siervos a caballo, y príncipes que andan como siervos sobre la tierra."* Todas estas cosas sucedieron mientras los hombres dormían. La Biblia dice: "Mientras dormían, el enemigo vino y sembró cizaña." Estamos despiertos; ya no dormiremos ni cabecearemos. Somos una generación en recuperación en el campo de batalla.

En otras palabras, le estamos diciendo al enemigo que esto no será fácil. Estamos listos para luchar, pero tenemos la certeza de que no seremos víctimas al final de esta batalla. Estamos garantizados con la victoria porque la Biblia promete que la batalla no es nuestra; la batalla pertenece a Jesús. Tomamos control, dominio y autoridad en la batalla de medianoche. La medianoche no es para todos; es para aquellos que ya han entendido su propósito en la oración, para aquellos que han sido entrenados en otros tiempos de oración. Cuando puedes manejar la batalla de medianoche, has graduado de otros tiempos de oración y, espiritualmente, tu rango aumenta. Sabes que algo ha cambiado en el espíritu.

La medianoche es para soldados, como Jehú, Ester, Débora y otros, listos para ejecutar las tareas de Dios aquí en la tierra. La medianoche es para aquellos que portan el cetro generacional y están preparados para abrir el rollo y leerlo. Venimos en el volumen de lo que está escrito sobre nosotros y nuestras familias. La batalla de medianoche es para aquellos que dicen: *"Veré esta asignación completarse desde el principio hasta el fin. Mientras nos recuperamos de esta batalla, quiero ver resultados, frutos y cambios positivos en la familia."*

Cuando te involucras en la oración de medianoche, declaras que no serás uno de los que duerme mientras el enemigo roba. Le dices al enemigo, *"No, ya no tendrás éxito."* Esta batalla termina contigo. No será pasada a la siguiente generación. La batalla de medianoche se trata de confrontación. Le dices a las potestades y principados, *"Hay un nuevo principado del Reino de los Cielos. ¡Fuera del camino!"*

En *Éxodo,* cuando Dios envió plagas a Egipto, Él hizo una distinción entre los egipcios y los israelitas. Cuando liberó las plagas de moscas, afectaron solo a los egipcios, no a los israelitas. Así que, a la medianoche, te levantas y declaras, *"Zona prohibida para moscas."* Puedes volar a cualquier parte, pero no en mi zona.

Cuando oras a la medianoche, estás equipado con armas espirituales: misiles del cielo, flechas de fuego, carros de fuego, etc. Salmo 144:1 dice, **"Bendito sea el Señor, mi fortaleza, que adiestra mis manos para la guerra y mis dedos para la batalla."** Cuando aplaudes con tus manos en oración, aterras al reino de las tinieblas, interrumpiendo su obra. Anulas sus asignaciones con el poder de Yahveh.

Vienes con truenos, fuego y relámpagos en la batalla de medianoche. Apocalipsis 16:18 dice, **"Y hubo relámpagos, voces, truenos y un gran terremoto, un terremoto tan grande como no lo hubo jamás desde que el hombre está sobre la tierra."** Llamas a terremotos, maremotos y turbulencia espiritual para interrumpir los planes del enemigo. También llamas a los ángeles para que te apoyen, ya que esta es una batalla.

Cuando oras a la medianoche, asciendes en el espíritu, y tu posición espiritual cambia. Cierras los primeros y segundos cielos, interrumpes los sistemas de comunicación del enemigo y desmantelas sus altares y santuarios. Ordenas que sus sacrificios se sequen con fuego consumidor. Arrestas y restringes a sus agentes, cortas los cordones de plata de la proyección astral, y ordenas a los ángeles de ceguera que cieguen a todos los espíritus de monitoreo.

Si el enemigo se atreve a tocarte, morirá por corrección. La victoria en la batalla de medianoche llega a través de la disciplina y la constancia. Si haces esto todos los días, ningún enemigo podrá resistirte.

Puedes revertir sus obras malignas enviándolas de regreso siete veces más fuertes. El enemigo también tiene formas de revertir tus oraciones, pero debes enfrentarte al espíritu de represalia, venganza y repercusión por parte del enemigo. Sella cada punto de oración con la sangre de Jesús y ponte toda la armadura de Dios para permanecer impenetrable ante las armas satánicas.

Isaías 54:17: "Ninguna arma forjada contra ti prosperará, y condenarás toda lengua que se levante contra ti en juicio."

El enemigo no se rendirá fácilmente. Continuará lanzando flechas y maldiciéndote, pero tú declaras que sus maldiciones no prosperarán. Levantas un muro de fuego alrededor de tu vida y tus asignaciones.

A medida que participas en la oración de medianoche, el enemigo comenzará a dejarte en paz. Los reinos que te han tenido cautivo—el Reino Marino, Reino de Espíritus del Agua, Reino Serpentino, Reino de Brujería, Reino Animal y los esposos espirituales—perderán su poder sobre ti. Los sueños malignos, como aquellos que involucran parientes muertos o brujería, cesarán. Tus sueños serán reemplazados por sueños divinos, y la victoria será tuya.

Capítulo 16:
La oración de arrepentimiento — Perdón por tus ancestros

Mira el Salmo 51, y consideremos el caso de Gedeón. En el capítulo 6 de Jueces, cuando Gedeón fue escogido, lo primero que hizo fue sincerarse con Dios. Él dijo: *"Mira, mi tribu es la más pequeña, y yo soy el menor en mi familia. No solo mi tribu es la más pequeña en Israel, sino que yo soy el más insignificante en mi casa."* En otras palabras, de todas las tribus, de toda la gente, Señor, ¿no encontraste a nadie más que usar excepto a mí? Fue entonces cuando Dios le dice a Gedeón que es un hombre valiente. Esto muestra que Dios mira más profundo en el corazón de una persona que en las circunstancias externas.

Esto nos lleva a un punto importante: Dios está buscando a una persona en cada familia, clan, cimiento, generación y línea de sangre. Sabe que tal vez no podrá encontrar a todos, pero está buscando al menos a uno. Esa persona es alguien que Él puede usar para transformar a su familia, línea de sangre o generación de la oscuridad a la luz. Es alguien que puede traer luz a las tinieblas.

Dios aislará al individuo elegido y le enseñará grandes cosas, secretos del Reino, hasta que esté listo para la tarea. En el ministerio de liberación, siempre es el caso que quien está listo es elegido. No se puede simplemente estar listo. Cuando sientas un llamado profundo o una carga para entrar en la liberación, significa que ha llegado el tiempo para que tu familia y generación sean liberadas. Dios ha estado enfocándose en ti, y te ha escogido. Esas ideas no son tuyas; es la mente de Dios hablándote, instándote a levantarte, ponerte toda la armadura de Dios y comenzar la obra para liberar a las personas que Dios desea alcanzar a través de ti.

Al mirar Jueces capítulo 6, versículos 15-18, vemos la respuesta de Gedeón en el versículo 15: *"¡Ah, Señor mío! — respondió Gedeón—, ¿cómo podré salvar a Israel? Mi familia es la más débil de la tribu de Manasés, y yo soy el más joven de la casa de mi padre."* Esto nos dice que Gedeón no estaba listo, y nosotros tampoco. No estamos preparados hasta que sentimos ese tipo de fuerza, ese tipo de poder que confronta todo lo que nos niega descanso, paz y sueño. Puedes sentirlo: algo debe hacerse, y cuando miras a tu alrededor, ves que nadie más lo hará excepto tú.

Si estás leyendo este libro o escuchando este mensaje, tú eres esa persona. No es por accidente. Dios te está hablando, diciéndote que ha llegado el momento. Él te ha considerado digno, y te ha escogido para traer luz a tu vida—y a través de ti, a la vida de los demás.

FUNDAMENTO

El tema del arrepentimiento y el perdón por los pecados, iniquidades y transgresiones de nuestros antepasados y ancestros es un asunto profundo. La razón es que, cuando rastreas lo que nuestros ancestros o antepasados hicieron contra el Señor, verás que algunas de estas cosas pueden impactarte. Por ejemplo, hay historias donde, cuando moría un rey, tenía que ser enterrado con 12 jóvenes vírgenes vivas. Esto es solo un ejemplo. O un anciano que no podía pagar una deuda, y debido a su autoridad sobre el clan, tenía que vender a todas las generaciones futuras a espíritus, lo que significa que nunca calificarían para matrimonios físicos. O podía vender a todos los varones del clan a espíritus de estrellas errantes o espíritus vagabundos. Estos son solo algunos ejemplos. Así que, si te preguntas qué está pasando con tus hijos, sus vidas son profundamente espirituales.

Tales cosas no pueden quedar sin castigo, aunque alguien pueda decir: *"Oh, he recibido a Jesús, y todo está bien."* Debemos llegar a un punto de acuerdo. Hasta su último aliento bajo la arena en la tumba, esas almas clamaban ante el Señor. Incluso ahora, siguen clamando. La Biblia dice que la sangre de Abel clamaba continuamente al Señor. Hay sangre que clama, y esa sangre necesita ser consolada.

Mateo 5:25: "Ponte de acuerdo pronto con tu adversario, mientras vas con él por el camino; no sea que el adversario te entregue al juez, y el juez al alguacil, y seas echado en la cárcel."

Recuerda que este versículo está en el Nuevo Testamento, después de Jesús. Esto nos lleva a la conclusión de que Dios es y siempre será un juez justo. Satanás conoce bien las leyes y los derechos legales. Por eso, por nuestra negligencia y falta de atención a los detalles de la Palabra de Dios, Satanás nos acusa cada vez. Cristo y Su sangre, Su muerte, nos ayudan a navegar esto mediante la confesión, el arrepentimiento, la renuncia y el pedir perdón. No puedes simplemente cerrar los ojos y decir: *"He recibido a Jesús; todo está bien."* No, no está bien, hasta que tú, que has visto la luz, te levantes y sigas los protocolos y procedimientos correctos del Reino de nuestro Dios para exigir que tu fundamento sea transformado del Reino de las tinieblas al Reino de la luz. Así es como verás alivio en nuestras familias, comunidad y nación.

Aquí es donde vemos a Gedeón. Cuando fue a derribar los altares, encontró todos los dioses que sus antepasados habían construido. ¿Qué le pasó a Gedeón? Comenzó a sentirse abrumado e inmediatamente vio los ídolos sucios y apestosos en el territorio de sus padres. Él dijo: *"Lo que mis antepasados han hecho, ni siquiera sé cómo agradar a Dios. ¿Qué puedo hacer para agradar a Dios?"* En ese momento, Gedeón buscó la paz con Dios. Dijo: *"Si tan solo pudiera alcanzar la paz con Dios, estaré bien."* Pero después de ver el estado de los pecados de sus antepasados, se dio cuenta de que era sucio y pecaminoso. Fue entonces cuando los ojos de Gedeón se abrieron y reconoció que venía de un fundamento defectuoso. Antes de este momento, Gedeón no era consciente. Muchos de nosotros no somos conscientes de los fundamentos de los que venimos, así que es más seguro evitar la autojusticia. No te creas justo porque no sabes lo que hicieron tus antepasados.

Inmediatamente después, Gedeón construyó un altar, llamándolo el *"altar de paz con Dios."* Gedeón entendió que primero necesitaba asegurarse de que él y Dios hubieran resuelto el asunto. Entonces Dios le dijo a Gedeón: *"Ve, la paz sea contigo."*

Así que nosotros también necesitamos encontrar un lugar. Si eres elegido, tendrás que encontrar un lugar para sentarte, hablar con Dios y clamar a Él. La manera en que yo lo hice fue a través del Salmo 51. Este capítulo es pleno para el arrepentimiento. Comienza diciendo: *"Ten piedad de mí, oh Dios, conforme a tu misericordia; conforme a la multitud de tus piedades, borra mis rebeliones, bórralas, lávame más y más de mi maldad, y límpiame de mi pecado."* Y verás, este versículo dice: *"Porque yo reconozco mis rebeliones, y mi pecado está siempre delante de mí."* Están siempre delante de mí hasta que los renuncie y entre en paz con Dios. A menos que los pecados, la iniquidad y las transgresiones ya no estén allí, siempre estarán delante de mí.

Veamos el versículo 4: *"Contra ti, contra ti solo he pecado, y he hecho lo malo delante de tus ojos."* Para que seas reconocido justo en tu palabra y tenido por puro en tu juicio. Ahora, quiero que prestes atención al versículo 5, donde dice: *"He aquí, en maldad he sido formado."* En otras palabras, no tuve parte en lo que estaba viviendo, pero nací dentro de ello. *"Y en pecado me concibió mi madre."* Incluso el vientre de mi madre estaba lleno de pecado. ¿Cómo se estableció ese pecado en el vientre de mi madre? Significa que mi madre también estaba sentada en pecado en el vientre de su madre. Y mi abuela, desde su madre, y así sucesivamente. Así que, al rastrear este pecado, puedes ver que es un pacto continuo.

Hasta que Dios te hable, puede que no te des cuenta de que esto seguirá a todos, incluidos tus hijos y nietos, si no te mantienes firme para romper esta cadena. Estará ahí hasta que llegues a este entendimiento y lo rompas. En el versículo 9, David dice: *"Esconde tu rostro de mis pecados, y borra todas mis maldades."*

En el versículo 11, dice: *"No me eches de delante de ti, y no quites de mí tu santo Espíritu."*

Esto nos dice que Dios puede apartarse de nosotros por causa de nuestros pecados. La Biblia dice que Dios habla una vez, habla dos veces, y si no lo percibes, se apartará. Si escuchas a Dios decir: *"Hey, comienza tu liberación,"* y te quedas en silencio, eso significa que Él se está apartando. Por eso David dice: *"No te apartes de mí a causa de mis pecados."* Según este versículo, puedo decirte que Dios se ha apartado de muchos de nosotros después de que recibimos la salvación, porque pensamos que la salvación significaba que el trabajo estaba hecho. Pero la salvación es para traer luz a las tinieblas de tu fundamento, para liberar a tu pueblo.

¿Te sorprende que muchos sean nacidos de nuevo, amen al Señor, asistan a la iglesia, pero aún enfrenten problemas indescriptibles? La salvación significa que te vistes de Cristo Jesús y vas a liberar al pueblo de Dios, trayendo sanidad y restauración a los que todavía están en esclavitud satánica. La oscuridad no puede liberar a la oscuridad. ¿Cómo puedes recibir la salvación y quedarte cómodo en tu zona mientras ves a niños desperdiciados desde el vientre, en su juventud, adolescencia e incluso como adultos jóvenes? El enemigo va más profundo para causar muerte prematura y muerte antes de tiempo, y tú solo estás mirando.

Entiendo que antes no sabías qué hacer. Pero ahora, levántate, vístete con toda la armadura de Dios, y vamos juntos a la medianoche para aprender mientras el Espíritu de Dios nos enseña a través de la oración. Pongamos fin de una vez por todas a algunas de estas cosas malignas. Aún podemos hacer de este mundo un lugar mejor.

Dios está esperando que actuemos y rompamos esos pactos malignos. Muchos de nosotros, sin embargo, no queremos profundizar ni hacer el trabajo arduo. Todos quieren plantar y construir, pero ¿dónde estás construyendo? ¿Estás construyendo sobre un fundamento defectuoso? Aunque la base de tu fundamento parezca razonable, la raíz aún está inestable. Por eso, cuando te pones serio con Jesús, ahí es cuando comienza la guerra. Estás perturbando el fundamento defectuoso. Si no has confesado, renunciado ni te has arrepentido, según el enemigo, sigues siendo uno de ellos, aunque hayas recibido a Jesús. Por eso aún pueden tener acceso a ti y molestarte como quieran.

La Biblia dice: *"Si fueren destruidos los fundamentos, ¿qué ha de hacer el justo?"* El justo no dirá simplemente: *"Jesús lo terminó todo."* Tomarán los pasos necesarios para reconstruir el fundamento defectuoso y roto en el nombre de Jesús.

La Biblia nos habla de los hombres necios que construyeron sus casas sobre la arena, y cuando vino el viento, sus casas fueron destruidas. Esto somos nosotros cuando queremos una construcción fácil. Nadie quiere arrancar la raíz primero. Pero no importa cuánto ignores la raíz, seguirá creciendo y extendiéndose.

No queremos profundizar en el fundamento antes de construir sobre él, que debe ser la roca. Un fundamento construido sobre la roca no será movido, y las puertas del infierno no prevalecerán. Si ves que las puertas del infierno prevalecen en tu vida, hay algo en el fundamento que no ha sido tratado. Hay algo por lo que el fundamento clama, esperando que alguien resuelva el asunto. Pero estás ocupado cerrando los ojos, adorando y yendo de un lado a otro a la iglesia mientras los problemas y las pruebas se multiplican. Estás ocupado yendo de un falso profeta a otro buscando liberación. Puedes cambiar de iglesias, pero nadie más se encargará de tu fundamento si no abordas este asunto ahora.

Si escuchas este mensaje y has pensado en liberación pero permaneces en silencio, está esperando por ti. Tal vez tengas más gracia para profundizar completamente en el fundamento de liberación de tu línea de sangre. No sigas evadiéndolo. Permanecerá hasta que alguien dé un paso adelante para enfrentarlo.

¿Cuándo decidirás profundizar y encargarte del fundamento? Veamos Deuteronomio 5:9: *"No te inclinarás a ellas ni las servirás; porque yo soy Jehová tu Dios, fuerte, celoso, que visito*

la maldad de los padres sobre los hijos hasta la tercera y cuarta
generación de los que me aborrecen."

Así que estás de pie sobre el fundamento de personas que aborrecen a Dios. Permíteme repetirlo: estás funcionando desde el fundamento de personas que aborrecen a Dios. Puede que rastrees el pecado de tu pasado hasta cuatro generaciones atrás, pero incluso en tu generación actual, algunos aún pueden estar continuando los pecados de tus antepasados, visitando altares demoníacos. Si están conectados a ti por línea de sangre, aunque hayas nacido de nuevo, tendrás que trabajar muy duro.

Mientras aún estés conectado con personas que no han nacido de nuevo y continúan esas prácticas pecaminosas, todavía pueden arruinar tu camino de salvación.

Cuando van a su altar, pueden intentar derribarte porque eres hijo de Dios. Si permaneces en la presencia de Dios, Él te hablará, y trabajarás para derribarlos. Y esto es porque tu poder es mayor, tú vencerás.

Así que, no solo los pecados de las cuatro generaciones pasadas, sino también los que aún están conectados contigo pueden estar enojando a Dios. Si tienes personas así, tu camino de liberación será el más desafiante porque observarán y examinarán cada paso que tomes. Sentirás que das un paso hacia adelante pero diez hacia atrás porque hay poderes contra ti.

Ahora, debes levantarte, ser valiente y mantenerte constante en oración, especialmente en la oración de medianoche. Comunícate con Dios, y Él continuará dándote secretos. Debes mantenerte cerca de Dios y nunca evitar la medianoche. Muchos son ignorantes de esto, comienzan la liberación pero lo toman a la ligera. Debes ser diligente; no duermas después de haber lanzado la batalla. De lo contrario, el enemigo contraatacará y te derrocará.

Los que entienden esto no juegan. Sin juegos. Sin excusas. Vamos hacia adelante, hacia arriba; no hay vuelta atrás.

Ahora, llegando al punto de estar conectado con personas, por eso necesitas estar airado en el espíritu y alinearte con Dios. Así es como Dios te ayudará, y a través de Él, podrás anular el poder de esas personas. Cuando te consagras, te limpias, confiesas, renuncias y te arrepientes, Dios puede ayudarte a enderezar tu fundamento y el de tu familia. Si vives según los caminos del Señor, agradándole, Dios ve tu corazón. Como estás conectado a esta familia, esta generación, esta línea de sangre, eres como aquel que ve la luz y traerá esa luz a todos los que te rodean. Mientras ellos están en tinieblas, tu luz brillará y eclipsará la de ellos. Eventualmente, no tendrán más opción que rendir sus dioses falsos y volver al único Dios verdadero.

Para aquellos que son tercos, que persistentemente usan el poder de sus dioses para intentar derribarte, serán derribados, tal como en el capítulo 6 de Daniel. Allí, los que conspiraron contra Daniel y lo pusieron en el foso de los leones finalmente fracasaron. Daniel salió vivo. Nuestro Dios es un poderoso guerrero, el León de Judá. No es un Dios que se debe tomar a la ligera. La palabra de Dios nos promete que nunca seremos víctimas. Nunca debemos ser casuales. Al final, hay victoria, pero primero debemos someternos al Señor.

Santiago 4:7 nos dice: *"Someteos, pues, a Dios; resistid al diablo, y huirá de vosotros."* La liberación requiere una sumisión práctica al Señor. No puedes resistir al diablo con tu poder. Sin someterte al Señor, la victoria es imposible. Sométete a Él, vive según sus leyes y agrada a Dios en todo lo que hagas. Vive una vida de oración, lee la Palabra de Dios, sé lleno del Espíritu y aprende a oír la voz de Dios. Así es como te conviertes en amigo de Dios. Muchos dicen que son de Dios, pero no son verdaderamente amigos de Él.

El primer paso en la liberación es establecer amistad con Dios mediante la obediencia, la sumisión y la reverencia. La Biblia nos dice que *"el temor de Jehová es el principio de la sabiduría."* Cuando te sometes completamente a Dios, permites que Él tome el control y dominio de tu vida. Cuando Él tiene el control, la obra de la liberación no es difícil. Se vuelve difícil solo cuando intentamos hacerlo por nuestra cuenta sin someternos al Señor.

Una vez que te hayas sometido, el arrepentimiento seguirá. Clama a Dios diciendo: *"Dios, veo los pecados de mis antepasados. Me arrepiento y pido misericordia."* Éxodo 34:7 declara que Dios visita la iniquidad de los padres sobre los hijos hasta la tercera y cuarta generación. Quizá te preguntes cómo puedes identificar el pecado en tu fundamento. Observa tus sueños. Tu vida onírica revela mucho sobre tu estado espiritual, pero si el enemigo ha cerrado tu mundo de los sueños, evitará que veas lo que está haciendo. El 90% de lo que sueñas está relacionado con tu fundamento. Si sueñas constantemente con reinos como el reino de la brujería, el reino marino o espíritus serpentinos, o si sueñas con esposos espirituales, sirenas, espíritus de cementerio o interacciones con los muertos, estos sueños indican que hay pecado en tu fundamento que aún no ha sido tratado.

Los poderes más difíciles de desarraigar son los fundamentales. Por eso no debes tomar tu fundamento a la ligera. El otro 10% de tus batallas suelen deberse a influencias del mundo—flechas lanzadas por relaciones con agentes satánicos o ataques espirituales externos. Estas son más fáciles de manejar, pero los problemas de fundamento requieren disciplina y un largo camino de liberación. Sin embargo, a medida que avances en la liberación del fundamento, comenzarás a ver cambios en tu vida y en la de toda tu familia. Las cadenas se romperán, y esos espíritus te dejarán.

Existen pactos en el fundamento, por lo tanto, es vital mantenerse cerca de Dios, cultivar una relación con Él y vivir según sus leyes. Solo así recibirás la sabiduría sobrenatural para enfrentar este camino. Incluso después de recibir a Jesús, es crucial revisar tu vida y buscar patrones negativos. Estos deben ser enfrentados si deseas experimentar la liberación que viene a través del poder de Cristo.

Jesús les dijo a sus discípulos que no salieran de Jerusalén hasta que recibieran el Espíritu Santo (Hechos 1:4-5). No puedes enfrentarte a estos poderes fuertes y tercos sin el fuego de Dios. Han estado allí por mucho tiempo, respaldados por pactos legales, por lo que se requiere poder divino para vencerlos.

Lamentablemente, el camino de la liberación no es fácil. No importa qué rango o títulos tengas; la liberación requiere que una persona se siente y revise su fundamento paso a paso. La liberación no respeta rangos, fama ni edad. Pero se vuelve mucho más sencilla una vez que comienzas a hacer lo correcto. El arrepentimiento es crucial. Cuando hay pecado, se crea un bloqueo entre tú y el Espíritu de Dios. Cuando oras, puede que tus oraciones no lleguen al cielo porque los cielos están cerrados y rebotan. El arrepentimiento derriba ese muro como los muros de Jericó y abre los cielos. Una vez que el poder del pecado se rompe, tienes acceso a Dios.

El perdón es otro componente crítico de la liberación. Debes perdonar a todos, ya sea que creas que tienen razón o no. El perdón es para tu beneficio, no el de ellos. No necesitas volver con la persona que te hizo daño. El perdón se trata de liberarlos de tu corazón sin ira, rencor ni resentimiento. Esto asegura que no haya ningún pacto legal que impida tu liberación.

Una vez que te hayas arrepentido y perdonado, eres transformado de las tinieblas a la luz. Dios se convierte en tu amigo, y mientras caminas en alineación con Él a través de sus mandamientos, el pecado que antes te ataba comenzará a romperse. Todo se trata de reinos espirituales—los reinos demoníacos caerán uno por uno, ya que ya no tienen un derecho legal para mantenerte cautivo. Dios es un juez justo, y su juicio caerá sobre ellos si resisten después de que hayas hecho tu parte: arrepentirte, perdonar, renunciar y rechazarlos.

Si después de todos estos pasos continúan siendo tercos, otra opción es llevarlos a la Corte del Cielo y buscar un veredicto. Todo esto se trata de pecado y arrepentimiento.

Lo hermoso es que cuando tomas estos pasos, la liberación no es solo para ti, sino para todo tu fundamento, árbol genealógico, línea de sangre, tu generación entera, así como para la Iglesia y la Nación. Todos los conectados a ti experimentarán libertad. Por ejemplo, si había esposos espirituales en tu familia, esos espíritus afectaban a todos: madre, abuela, etc. Pero una vez que una persona se levanta para derrotarlos, todos serán liberados. Tienes la autoridad para romper esas cadenas y, al hacerlo, otros comenzarán a sentir alivio, un reino tras otro, todo gracias a tu obediencia.

Por lo tanto, debemos mantener nuestros cielos abiertos. Debemos permanecer en comunión constante con Dios, escuchando Su voz a través de Su Palabra. Esa es nuestra arma más poderosa: la voz de Dios. No puedes ser liberado si no escuchas Su voz. Su voz está en Su Palabra. Permanece lleno del Espíritu y constante en la oración y en la Palabra de Dios.

A todos los enemigos tercos que has enfrentado desde el principio de este libro hasta ahora—enemigos que han jurado que no importa lo que hagas, ¡no dejarán en paz tu fundamento ni a tu pueblo! Ahora es el momento de arrastrarlos a todos a la Corte del Cielo.

Sé específico: ¿cuál es tu petición? Debes haber hecho todo lo que hemos discutido desde el comienzo de este libro. Esto incluye principalmente eliminar los derechos legales mediante confesión, arrepentimiento, renuncia, limpieza, perdón, consagración y asegurarte de que has orado y ayunado adecuadamente. Antes de llevar al enemigo a la Corte del Cielo, debes asegurarte de que tu asunto esté limpio, para que el acusador de los hermanos no encuentre ningún fundamento para acusarte.

La Biblia también dice: *"Someteos, pues, a Dios; resistid al diablo, y huirá de vosotros."* Estás viviendo una vida temerosa de Dios, sometido a Él y resistiendo al diablo. Pero si el diablo no parece alejarse de ti, es hora de llevar el caso a la Corte del Cielo. En otras palabras, el enemigo no te encontrará culpable de nada. Lo que estás buscando en la Corte del Cielo es un veredicto. Si te encuentran culpable de algo, perderás. Es igual que en una corte regular aquí en la Tierra.

Entendiendo la Corte del Cielo: Protocolos y Alineación con las Escrituras

En asuntos concernientes a la Corte del Cielo, es imperativo discernir a qué corte estás accediendo para asegurar el cumplimiento adecuado de los protocolos y la jurisdicción. Involucrarse con la corte apropiada es crucial para la validez de tu caso. Además, todas las peticiones y procedimientos deben estar fundamentados en la Escritura; orar sin respaldo bíblico es ineficaz y estéril.

Dentro de la Corte del Cielo, nuestro rol no es meramente orar, sino legislar. Presentamos casos, sometemos peticiones, buscamos juicios y solicitamos documentación para todos los procedimientos. Este proceso requiere una comprensión profunda de la justicia divina y los marcos legales establecidos por la Palabra de Dios.

Acercarse a la Corte del Cielo requiere una postura de humildad, arrepentimiento y fe inquebrantable en la obra consumada de Cristo. Solo a través de Su sacrificio tenemos posición ante el Juez justo. Por lo tanto, es esencial asegurar que todas las acciones dentro de las cortes celestiales estén en total alineación con los principios bíblicos y la guía del Espíritu Santo.

Hay cinco Cortes del Cielo y cómo utilizarlas sin comprometer la fe:

¿Cuáles son las cinco Cortes del Cielo?

1. Corte de Petición

2. Corte de Juicio

3. Corte de Acusación

4. Corte de Redención

5. Corte de Yahvé

1. CORTE DE PETICIÓN

Jurisdicción de la Corte de Petición:

Los creyentes presentan sus peticiones, necesidades y deseos delante de Dios.

– Solicitudes de guía y dirección

– Intercesión por otros

– Oraciones por provisión

– Oraciones por protección

– Oraciones por bendiciones

Oremos:

Padre Dios, mi justo Juez, pido que se abra la Corte de Petición para mí, buscando guía, dirección, provisión, protección y bendiciones.

Oración:

Padre Dios, hoy, en el nombre de Jesús, entro en la Corte de Petición, buscando tu intervención para obtener guía, provisión, protección y bendición.

¿Cómo nos acercamos a la Corte de Petición?

a) Acercarse con acción de gracias

b) Presentar la petición con especificidad

c) Orar con fe y expectativa

d) Alinear la petición con la voluntad de Dios

e) Persistir en la oración hasta recibir el rompimiento

a) Acércate con acción de gracias

Salmos 100:4 nos llama a entrar por las puertas de Dios con acción de gracias y por sus atrios con alabanza.

Oración: Abre tu boca y comienza a dar gracias al Señor. Agradécele por todo—por las oraciones respondidas y también por las no respondidas—porque la acción de gracias es la contraseña para cielos más abiertos.

b) Presenta tu petición con especificidad

Filipenses 4:6 anima a los creyentes a no afanarse por nada, sino que en toda situación presenten sus peticiones a Dios mediante oración, ruego y acción de gracias.

Oración: Padre, oro en el nombre de Jesús, y recibo la gracia para orar y presentar todas mis peticiones con oración, súplica y acción de gracias.

c) Ora con fe y expectativa

Marcos 11:24 dice: *"Por eso les digo: crean que ya han recibido todo lo que estén pidiendo en oración, y lo obtendrán."*

Oración: Mi Padre y mi Dios, por cada oración no contestada que ha debilitado mi fe, hoy recupero mi fe en el nombre de Jesús.

Oración: Hoy vuelvo a creer. Todo lo que alguna vez oré a Dios, lo creo, lo recibo, es mío en el nombre de Jesús.

d) Alinea tu petición con la voluntad de Dios

1 Juan 5:14-15 dice que tenemos confianza en Dios porque si pedimos algo conforme a Su voluntad, Él nos oye.

Oración: Espíritu del Dios viviente, arresta mi alma, mi espíritu y mi cuerpo dentro de la voluntad de Dios, en el nombre de Jesús.

e) Persevera en oración hasta recibir el rompimiento

Lucas 18:1–8 menciona la parábola de la viuda persistente, mostrando *cómo nuestras peticiones ante Dios profundizan nuestra relación con Él.*

Ejemplos bíblicos de la Corte de Petición

Lecciones clave de la petición de Ana: 1 Samuel 1:10–18

1. Oración sincera: Oró desde lo más profundo de su dolor.

2. Persistencia: No se rindió a pesar de los años de esterilidad y burla.

3. Fe con voto: Hizo un voto sincero y lo cumplió.

4. Confianza en el tiempo de Dios: Dejó su carga en manos de Dios y no volvió a estar triste.

La partida de Salomón a Dios, pidiendo sabiduría
1 Reyes 3:3-15

Lecciones clave de la petición de Salomón:

1. Humildad: Reconoció sus limitaciones.

2. Prioridades: Valoró la sabiduría y la justicia más que el beneficio personal.

3. Alineación con el propósito de Dios: Su petición fue centrada en servir a otros.

4. Generosidad de Dios: Dios honra las oraciones desinteresadas y con propósito.

Solomon's petition to God is beautifully recorded in 1 Kings 3:3–15, shortly after he became king of Israel. This moment is often referred to as Solomon's prayer for wisdom.

La petición de Nehemías por Jerusalén, Nehemías 1-2

Lecciones clave de la petición de Nehemías: Nehemías 1:5–12

1. Comenzó con adoración antes de hacer peticiones.

2. Asumió responsabilidad personal y comunitaria por el pecado.

3. Ancló sus oraciones en la Palabra y promesas de Dios.

4. Oró con propósito—porque planeaba actuar.

5. Combinó oración con planificación—no solo oró, también se preparó para reconstruir.

La oración de la Iglesia primitiva por la valentía
Hechos 4:23-31

Lecciones clave de la oración de la Iglesia primitiva (Hechos 4:24–30)

1. Se enfocaron en la soberanía de Dios, no en el temor.

2. Anclaron su oración en las Escrituras.

3. Pidieron valentía, no protección.

4. Oraron como una comunidad unida.

5. Dios respondió inmediata y poderosamente.

Trabajando en Oración;

¿Qué significa "trabajar en oración"?

El término *trabajar* a menudo se asocia con el parto (por ejemplo, Isaías 66:8, Gálatas 4:19), simbolizando el dolor, la persistencia y el esfuerzo enfocado requerido para dar a luz algo.

Gálatas 4:19:

> *"Hijitos míos, por quienes vuelvo a sufrir dolores de parto, hasta que Cristo sea formado en vosotros."*

En la oración, trabajar significa:

1. Gemir o llorar bajo una carga profunda.

2. Laborar espiritualmente hasta que haya un avance.

3. Intercesión intensa, a menudo inspirada por el Espíritu Santo.

Romanos 8:26:

> *"El Espíritu mismo intercede por nosotros con gemidos indecibles."*

¿Cómo Trabajar en Oración?

Paso a Paso:

1. Sé lleno del Espíritu

La oración de trabajo es a menudo dirigida por el Espíritu. Comienza rindiéndote y pidiendo al Espíritu Santo que guíe tu oración.

2. Entra en un lugar de soledad

Este tipo de oración puede implicar llanto, gemidos o un tiempo prolongado. Encuentra un lugar privado donde puedas involucrarte plenamente con Dios sin distracciones.

3. Ora la Palabra de Dios

Deja que tu carga se alinee con la voluntad de Dios. Usa la Escritura para enmarcar tu intercesión.

4. Entrégate a la carga

Puedes sentir un peso o urgencia en tu corazón. Deja que eso impulse tu oración —esto puede incluir lágrimas, gemidos o simplemente llanto silencioso.

5. Persiste hasta el alivio

Así como el parto, la oración de trabajo continúa hasta que haya una sensación de avance, paz o claridad.

Ventajas de Trabajar en Oración

1. Avance Espiritual:

El trabajo a menudo precede al avivamiento, sanidad o liberación. Estás empujando contra la resistencia espiritual.

Isaías 66:8

"En cuanto Sion estuvo de parto, dio a luz a sus hijos."

2. Intimidad Más Profunda con Dios

Este tipo de oración te lleva más allá de la comunicación superficial hacia una comunión profunda con Dios.

3. Nacimiento de los Propósitos de Dios

Muchos avivamientos, ministerios o transformaciones personales comienzan con alguien trabajando en oración. Estás dando a luz la voluntad de Dios en la tierra.

4. Empoderamiento del Espíritu Santo

Enseña la dependencia en la ayuda del Espíritu en la oración, especialmente cuando faltan las palabras.

Romanos 8:26

5. Crecimiento Espiritual

Creces en sensibilidad, autoridad espiritual y comprensión del corazón de Dios.

Peticiones a Dios por Dones Espirituales y Empoderamiento

Oración para Activar los Dones Espirituales:

1. **Enfoque:** Buscar la activación y manifestación de los dones espirituales en tu vida.

2. **Escritura:** 1 Corintios 12:7 *"Pero a cada uno le es dada la manifestación del Espíritu para provecho."*

3. **Oración:** *"Espíritu Santo, activa los dones que has colocado dentro de mí. Concédeme la sabiduría para usarlos para la edificación de la Iglesia y el cumplimiento de los propósitos de Tu Reino. Amén."*

Oración por Empoderamiento para Servir:

1. **Enfoque:** Pedir empoderamiento para servir eficazmente en el Reino de Dios.

2. **Escritura:** Hechos 1:8 *"Pero recibiréis poder cuando haya venido sobre vosotros el Espíritu Santo, y me seréis testigos."*

3. **Oración:** *"Padre, empodérame con Tu Espíritu Santo para servir con fidelidad y eficacia. Capacítame para ser testigo de Tu amor y verdad en todo lo que haga. Amén."*

Oración por Valentía y Coraje:

1. **Enfoque:** Pedir valentía para actuar con fe y coraje para cumplir tu asignación divina.

2. **Escritura:** 2 Timoteo 1:7 *"Porque no nos ha dado Dios espíritu de cobardía, sino de poder, de amor y de dominio propio."*

3. **Oración:** *"Señor, lléname de valentía y coraje para entrar en las asignaciones que has preparado para mí. Elimina todo temor y reemplázalo con una fe inquebrantable en Tu capacidad de obrar a través de mí. Amén."*

¿Cómo puede un creyente Sostener el Empoderamiento Espiritual?

1. **Comunión Regular:** Participa continuamente con otros creyentes a través de servicios, grupos pequeños y eventos comunitarios.

2. **Aprendizaje Continuo:** Estudia las Escrituras y enseñanzas que profundicen tu comprensión sobre los dones espirituales y el empoderamiento.

3. **Servicio:** Sirve activamente en áreas donde tus dones puedan ser usados, como ministerios, evangelismo o apoyo comunitario.

4. **Reflexión:** Evalúa regularmente tu crecimiento espiritual y las áreas donde puedes ceder aún más a la obra del Espíritu Santo.

Oración:

"Padre Celestial, vengo ante Ti con un corazón humilde, pidiendo los dones de Tu Espíritu, no para mi gloria, sino para la edificación de Tu Iglesia y el avance de Tu Reino. Señor, pido dones espirituales y empoderamiento; pido: Sabiduría, conocimiento, fe, sanidad, milagros, profecía, discernimiento, hablar en lenguas e interpretación de lenguas, en el nombre de

Jesús." (Santiago 1:5, 1 Corintios 12:8, 1 Corintios 12:9, Marcos 16:18, 1 Corintios 12:10, 1 Corintios 14:1, 1 Corintios 12:10).

Oración Final:

Espíritu Santo, lléname de nuevo. Que Tus dones operen en mí según Tu voluntad y para Tu gloria. Ayúdame a caminar en amor, el mayor de todos los dones. En el poderoso nombre de Jesús, Amén.

2. LA CORTE DEL JUICIO

Aquí es donde se deciden los asuntos legales según la ley y la justicia de Dios. Este tribunal emite un veredicto, establece justicia y dicta decretos.

Las jurisdicciones incluyen: disputas entre creyentes, injusticia y opresión, conflictos territoriales, asuntos legales en el ámbito espiritual, veredictos y decretos divinos.

¿Cómo nos acercamos a los tribunales de juicio?

a) Presenta tu caso con evidencia;

b) Apela a las palabras escritas de Dios;

c) Basar el argumento en las promesas del pacto;

d) Solicita un juicio justo;

e) Acepta y haz cumplir el veredicto.a) Presenta tu caso con evidencia

a) Presenta tu caso con evidencia;

Isaías 43:26

"Hazme recordar; entremos juntos en juicio; presenta tu causa, para que seas justificado."

Oración:

"Señor, ayúdame a recordar Tus promesas y Tu verdad en toda situación. Te invito a que argumentes mi caso y me defiendas de toda acusación. Que prevalezca Tu justicia y se me declare justo en cada desafío que enfrento. Amén."

b) Apela a la Palabra escrita de Dios

Salmos 119:89

"Tu palabra, Señor, es eterna; está firme en los cielos."

Oración:

"Señor, Tu palabra es eterna e inmutable. Que Tus promesas se mantengan firmes sobre mi vida para siempre. Ayúdame a confiar en Tu fidelidad y a vivir conforme a Tus estatutos cada día. Amén."

c) Basa tu argumento en promesas de pacto

Salmos 105:8–11

Estos versículos alaban a Dios por recordar fielmente Su pacto con Su pueblo. Recuerda Su promesa a Abraham, Isaac y Jacob, confirmándola como un acuerdo eterno para dar a sus descendientes la tierra de Canaán como herencia.

Oración:

"Padre Celestial, gracias por ser un Dios que guarda pacto. Así como recordaste Tu promesa a Abraham, Isaac y Jacob, te pido que recuerdes y cumplas toda promesa de pacto que hayas hecho respecto a mi vida y mi familia. Que Tu Palabra eterna nos guíe hacia la herencia que has preparado para nosotros, en el nombre de Jesús. Amén."

d) Pide un juicio justo

Salmos 7:6–11

El salmista (David) clama a Dios para que se levante contra los malvados y traiga justicia. Pide a Dios que juzgue con equidad y defienda a los justos. David afirma que Dios examina los corazones y las mentes, y es un juez justo que protege a los rectos. Confía en la justicia de Dios para castigar el mal y sostener al inocente.

Oración:

"Juez Justo, levántate y trae justicia en toda área donde la maldad prevalezca. Examina mi corazón, oh Dios, y encuéntrame justo delante de Ti. Defiéndeme contra aquellos que hacen el mal, y que Tu justicia prevalezca en mi vida, porque confío en Tu juicio perfecto y en Tu protección, en el nombre de Jesús. Amén."

e) Acepta y haz cumplir el veredicto

Daniel 7:22 *"Hasta que vino el Anciano de Días y se dio juicio a los santos del Altísimo; y llegó el tiempo, y los santos poseyeron el reino."*

Oración:

"Anciano de Días, levántate y pronuncia juicio a mi favor. Que toda demora sea rota, y llévame a la plenitud del reino que has preparado para Tu pueblo santo. Que este sea el tiempo señalado para que yo posea mi herencia, en el nombre de Jesús. Amén."

Ejemplo bíblico de la Corte del Juicio:

Solomon's Judgement between two mothers; (1 Kings 3:16-28),

Dos mujeres se presentaron ante el rey Salomón, ambas afirmando ser la madre del mismo bebé. Cada una decía que el hijo vivo era suyo y que el de la otra había muerto. Salomón propuso cortar al bebé por la mitad y dar a cada mujer una parte. Una de ellas aceptó, pero la otra suplicó a Salomón que se lo diera a la otra mujer para salvarle la vida. Entonces Salomón declaró que la mujer que mostró compasión era la verdadera madre y le entregó al niño, demostrando así su gran sabiduría.

Daniels's appeal for Israel's restoration (Daniel 9)

En Daniel 9, Daniel ora con fervor a Dios tras darse cuenta, por medio de las Escrituras, de que el exilio de Israel duraría 70 años. Confiesa los pecados de la nación, reconoce la justicia de Dios y suplica por misericordia y perdón. Daniel le pide a Dios que restaure Jerusalén y el templo por amor a Su nombre. En respuesta, el ángel Gabriel se le aparece y le da una profecía sobre el futuro, incluyendo la venida del Ungido y el cumplimiento final del plan de Dios para Israel.

Confrontación de Jesús con las acusaciones de Satanás (Mateo 4:1-11)

Después de Su bautismo, Jesús fue llevado al desierto donde ayunó durante 40 días. Satanás lo tentó tres veces: convertir piedras en pan, lanzarse desde el templo para poner a prueba a Dios, y adorarlo a cambio de los reinos del mundo. Cada vez, Jesús resistió citando las Escrituras. Finalmente, ordenó a Satanás que se fuera, y el diablo se apartó. Luego, los ángeles vinieron y lo atendieron. Este pasaje muestra la fidelidad de Jesús, su fortaleza y su dependencia de la Palabra de Dios para vencer la tentación.

· El clamor de los mártires por justicia (Apocalipsis 6:9-11)

En este pasaje, Juan ve una visión de las almas de los mártires bajo el altar, quienes fueron asesinados por su fe y testimonio. Claman a Dios, preguntando cuánto tiempo más hasta que Él juzgue y vengue sus muertes. A cada uno se le da una túnica blanca y se les dice que descansen un poco más, hasta que se complete el número de siervos y creyentes que también serán martirizados. Esto simboliza la conciencia de Dios sobre su sufrimiento y Su promesa de justicia final.

Orar con Gemidos Espirituales

Pide a Dios que juzgue las áreas de compromiso en la Familia, la Iglesia y la Comunidad

Oración:

"Señor Dios, justo y santo, venimos ante Ti con corazones humildes, pidiéndote que examines Tu Iglesia. Revela las áreas donde hemos comprometido la verdad, permitido el pecado o nos hemos desviado de Tu Palabra. Júzganos con misericordia y guíanos al arrepentimiento. Purifica a Tu Novia, Señor, y restaura la santidad, la unidad y el amor por Tu verdad. Levanta líderes y

creyentes que se mantengan firmes en la fe, y ayúdanos a caminar en obediencia. En el nombre de Jesús, Amén." (Salmo 139:23, 1 Pedro 4:17, Apocalipsis 2:4–5, Salmo 119:105, Salmo 145:8, Apocalipsis 3:19)

Este tipo de oración está destinada a invitar la corrección y la limpieza de Dios, no por condenación, sino por el deseo de que la Iglesia esté completamente alineada con Su voluntad.

Busca un veredicto contra fortalezas espirituales en las comunidades;

Oración:

"Juez justo de toda la tierra, venimos ante Ti en nombre de nuestra comunidad. Pedimos Tu veredicto contra toda fortaleza espiritual de oscuridad, engaño, adicción, violencia y opresión que mantiene cautivas a las personas. Expón los planes del enemigo y dicta sentencia a favor de Tu Reino. Que la verdad, la justicia y la paz se establezcan. Clamamos la sangre de Jesús sobre esta tierra y declaramos libertad en Su nombre. Rompe toda cadena y levanta un pueblo dedicado a Ti. En el poderoso nombre de Jesús, Amén." (Génesis 18:25, 2 Corintios 10:4, Isaías 61:1, Lucas 8:17, Daniel 7:22)

Petición por la ejecución de la victoria de Cristo sobre las tinieblas.

Oración:

"Señor Jesús, te damos gracias por Tu victoria en la cruz. Desarmaste los poderes de las tinieblas y triunfaste sobre ellos. Ahora te pedimos, Rey Justo, que hagas cumplir esa victoria en todo lugar donde aún reine la oscuridad. Rompe cadenas de adicción, opresión y miedo. Que toda mentira del enemigo sea expuesta por Tu verdad. Declaramos que toda rodilla se doblará ante Ti, y toda fortaleza caerá. Que brille Tu luz y venga Tu Reino. En el poderoso nombre de Jesús, Amén." (Colosenses 2:15, Lucas 10:19, Efesios 6:12)

3.EL TRIBUNAL DE LA ACUSACIÓN

Este es el lugar donde Satanás presenta cargos contra los creyentes; este tribunal aborda acusaciones, condenas y guerra espiritual.

Jurisdicciones: cuando hay problemas y maldiciones generacionales, derechos legales reclamados por el enemigo, opresión demoníaca y acoso espiritual.

¿Cómo nos acercamos al tribunal de las acusaciones?

a) Reconocer el pecado genuino y arrepentirse;

b) Aplicar la sangre de Jesús como defensa;

c) Presentar evidencia de tu redención;

d) Refutar acusaciones falsas con la verdad;

e) Permanecer firme en tu posición en Cristo

a) Reconocer el pecado genuino y arrepentirse;

1 Juan 1:9

Si confesamos nuestros pecados, él es fiel y justo para perdonar nuestros pecados y limpiarnos de toda maldad.

Oración:

Señor Jesús, Tú eres la luz verdadera que alumbra a todos. Ilumina con Tu luz cada área oscura de mi vida. Guía mis pasos, elimina toda confusión, y ayúdame a caminar en Tu verdad y claridad, en el nombre de Jesús. Amén.

b) Aplicar la sangre de Jesús como defensa;

Apocalipsis 12:11

Y ellos le han vencido por medio de la sangre del Cordero y de la palabra del testimonio de ellos; y menospreciaron sus vidas hasta la muerte.

Oración:

Padre Celestial, declaro victoria por medio de la sangre del Cordero y la palabra de mi testimonio. Fortalece mi fe para mantenerme firme, y ayúdame a vencer todo ataque del enemigo con Tu poder y Tu verdad, en el nombre de Jesús. Amén.

c) Presentar evidencia de tu redención

Colosenses 2:13-15

13 Y a vosotros, estando muertos en pecados y en la incircuncisión de vuestra carne, os dio vida juntamente con él, perdonándoos todos los pecados; 14 anulando el acta de los decretos que había contra nosotros, que nos era contraria, quitándola de en medio y clavándola en la cruz; 15 y despojando a los principados y a las potestades, los exhibió públicamente, triunfando sobre ellos en la cruz.

Oración:

Señor Jesús, gracias por perdonar todos mis pecados y anular todo registro de deuda en mi contra. Te alabo por triunfar sobre todo poder y autoridad en mi favor. Ayúdame a caminar en la libertad y victoria que Tú ganaste por mí, en el nombre de Jesús. Amén.

d) Refutar acusaciones falsas con la verdad;

Isaías 54:17

Ninguna arma forjada contra ti prosperará, y condenarás toda lengua que se levante contra ti en juicio. Esta es la herencia de los siervos del SEÑOR, y su salvación de mí vendrá, dice el SEÑOR.

Oración:

Señor, gracias porque ninguna arma forjada contra mí prosperará. Condeno toda lengua que se levante contra mí en juicio. Que Tu protección divina me rodee, y que Tu justicia me defienda y me establezca, en el nombre de Jesús. Amén.

e) Permanecer firme en tu posición en Cristo;

Romanos 8:33-34

¿Quién acusará a los escogidos de Dios? Dios es el que justifica. ¿Quién es el que condenará? Cristo es el que murió; más aún, el que también resucitó, el que además está a la diestra de Dios, el que también intercede por nosotros.

Oración:

Padre, gracias porque ninguna acusación puede sostenerse en mi contra, ya que Cristo Jesús intercede por mí. Me mantengo confiado en Tu gracia y protección, sabiendo que soy justificado y aceptado ante Tus ojos, en el nombre de Jesús. Amén.

Ejemplos bíblicos:

Las acusaciones de Satanás contra Job;

Job 1–2

Job, un hombre justo y rico, pierde a sus hijos y posesiones después de que Satanás desafía su fidelidad. A pesar de sus pérdidas, Job adora a Dios. En una segunda prueba, Satanás aflige a Job con llagas dolorosas. Aun así, Job permanece fiel, negándose a maldecir a Dios. Sus tres amigos vienen a hacer duelo con él en silencio.

Josué, el Sumo Sacerdote, delante del Ángel;

Zacarías 3:1-5

El profeta ve a Josué el sumo sacerdote de pie delante de Dios, con Satanás acusándolo. Dios reprende a Satanás y declara perdonado a Josué. Se le quitan las ropas sucias a Josué y se le visten con ropas limpias, simbolizando la limpieza y restauración de parte de Dios.

La mujer sorprendida en adulterio;

Juan 8:1-11

Jesús perdona a una mujer sorprendida en adulterio y le dice que no peque más, después de desafiar a sus acusadores a juzgar solo si están libres de pecado.

La espina en la carne de Pablo;

2 Corintios 12:7-10

Pablo habla de una "espina en la carne" que le fue dada para mantenerlo humilde. Aunque pidió a Dios que la quitara, Dios le dijo: "Bástate mi gracia." Entonces Pablo se goza en su debilidad, sabiendo que el poder de Dios se perfecciona en ella.

Oración de aflicción; En esta corte de acusación, entramos a los tribunales con arrepentimiento.

Oración:

Juez justo, al entrar en Tus cortes, vengo con un corazón arrepentido. Lávame, oh Señor, y silencia toda acusación del enemigo con la sangre de Jesús. Que Tu misericordia hable por mí y restáurame a una posición correcta delante de Ti, en el nombre de Jesús. Amén.

Arrepiéntete del pecado personal y colectivo, silencia las acusaciones del enemigo mediante alabanzas y declaraciones, aplica la sangre de Jesús a las áreas vulnerables.

Oración:

Padre, me arrepiento de todos los pecados personales y colectivos. Silencio toda acusación del enemigo mediante alabanzas y declaraciones valientes de Tu verdad. Por el poder de la sangre de Jesús, cubro cada área vulnerable de mi vida, declarando protección, sanidad y victoria en el nombre de Jesús. Amén.

4.LA CORTE DE REDENCIÓN

Esta corte trata asuntos de salvación, restauración y la aplicación de la obra consumada de Cristo. Esta corte aborda la transferencia legal de propiedad del reino de las tinieblas al reino de la luz.

Jurisdicción: Salvación y regeneración, liberación de esclavitud, recuperación de la herencia perdida, restauración de relaciones, sanidad del cuerpo, alma y espíritu.

¿Cómo nos acercamos a la corte de redención?

a) Presentar la sangre de Jesús como pago;

b) Reclamar tus derechos como hijo redimido;

c) Apelar a Cristo como tu abogado;

d) Solicitar la restauración de lo que fue robado;

e) Aceptar tu nueva identidad en Cristo;

a) Presentar la sangre de Jesús como pago

Efesios 1:7

"En Él tenemos redención mediante Su sangre, el perdón de pecados, según las riquezas de Su gracia."

Oración:

Señor Jesús, gracias por redimirme con Tu preciosa sangre. Recibo el perdón de mis pecados y camino en la libertad y gracia que Tú me has provisto abundantemente. Que Tu misericordia hable continuamente por mí, en el nombre de Jesús. Amén.

b) Reclamar tus derechos como hijo redimido

Gálatas 4:4-7

4 Pero cuando vino el cumplimiento del tiempo, Dios envió a Su Hijo, nacido de mujer y nacido bajo la ley,

5 para redimir a los que estaban bajo la ley, a fin de que recibiéramos la adopción como hijos.

6 Y por cuanto sois hijos, Dios envió a vuestros corazones el Espíritu de Su Hijo, que clama: "¡Abba, Padre!"

7 Así que ya no eres esclavo, sino hijo; y si hijo, también heredero de Dios por medio de Cristo.

Oración:

Padre celestial, gracias por enviar a Tu Hijo para redimirme y hacerme Tu hijo. Por Tu Espíritu, clamo: "¡Abba, Padre!". Ayúdame a caminar en los derechos e herencia completos que tengo como heredero Tuyo, en el nombre de Jesús. Amén.

c) Apelar a Cristo como tu abogado

1 Juan 2:1

"Hijitos míos, estas cosas os escribo para que no pequéis; y si alguno peca, abogado tenemos para con el Padre, a Jesucristo el justo."

Oración:

Padre, gracias por darme a Jesucristo, mi Abogado delante de Ti. Cuando caiga, recuérdame Tu misericordia y guíame al arrepentimiento. Fortaléceme para caminar en obediencia y guárdame del pecado, en el nombre de Jesús. Amén.

d) Solicitar la restauración de lo que fue robado

Joel 2:25

"Y os compensaré por los años que comió la langosta—el saltón, el revoltón y la langosta grande—mi gran ejército que envié contra vosotros."

Oración:

Señor, gracias por Tu promesa de restaurar lo que fue perdido. Oro para que redimas cada año desperdiciado y sanes toda área de pérdida en mi vida. Que fluya la restauración conforme a Tu Palabra, en el nombre de Jesús. Amén.

e) Aceptar tu nueva identidad en Cristo

2 Corintios 5:17

"De modo que si alguno está en Cristo, nueva criatura es; las cosas viejas pasaron; he aquí todas son hechas nuevas."

Oración:

Padre, gracias porque en Cristo soy una nueva creación. Dejo atrás lo viejo y abrazo la nueva vida que me has dado. Ayúdame a caminar cada día en la libertad, identidad y propósito que se encuentran en Ti, en el nombre de Jesús. Amén.

Ejemplos bíblicos:

Rut y Booz en la puerta de la ciudad

Rut 4

Resumen de Rut capítulo cuatro: Booz redime a Rut casándose con ella, asegurando el futuro de ella y de Noemí. Su unión da lugar al nacimiento de Obed, abuelo del rey David, demostrando la fidelidad de Dios en restaurar y bendecir.

La restauración del hijo pródigo

Lucas 15:11-32

Resumen de este pasaje: un hijo menor pide su herencia anticipadamente, la desperdicia en una vida desenfrenada y termina en la miseria. Vuelve a casa arrepentido y su padre lo recibe con perdón y celebración. El hijo mayor lucha con celos, pero el padre le recuerda la alegría de restaurar lo que se había perdido.

La liberación del endemoniado gadareno

Marcos 5:1-20

Jesús sana a un hombre poseído por muchos demonios en la región de los gadarenos. Los demonios salen del hombre y entran en una piara de cerdos, que se lanzan al mar y se ahogan. El hombre sanado quiere seguir a Jesús, pero Jesús lo envía a compartir su testimonio con otros.

La conversión y llamado de Pablo

Hechos 9

Resumen de este pasaje: Saulo, un feroz perseguidor de cristianos, se encuentra con Jesús en el camino a Damasco y es convertido dramáticamente. Queda ciego, luego es sanado por Ananías, recibe el Espíritu Santo y comienza a predicar con valentía que Jesús es el Hijo de Dios.

Oración de Parto Espiritual (Travailing in Prayer):

Recuperar el aspecto de tu llamado que ha estado dormido, buscar la restauración de relaciones rotas dentro del cuerpo, y activar dones espirituales que han sido descuidados.

Oración:

Señor, vengo ante Ti en oración, pidiendo un avivamiento en mi llamado. Reaviva el fuego en cada área dormida de mi vida y restaura todas las relaciones rotas dentro de Tu cuerpo. Activa y empodera cada don espiritual dentro de mí que ha sido descuidado, para que pueda servirte plena y eficazmente, en el nombre de Jesús. Amén.

5. LA CORTE DE YAHWEH

Esta es la Corte del Señor. Es la corte más alta que representa el acceso directo al trono de Dios. Esta corte trata asuntos de adoración, comunión y propósito divino.

Jurisdicción: Encuentros divinos, revelación, adoración y comunión con Dios. Comisionamiento y llamado. Establecimiento del pacto. Autoridad y soberanía supremas.

¿Cómo nos acercamos a la Corte de YAHWEH?

a) Entramos a esta Corte con reverencia y temor santo

b) Nos acercamos a través de la sangre de Jesús

c) Venimos con manos limpias y corazones puros

d) Esperamos en Su presencia con una voluntad rendida

e) Recibimos Su palabra con obediencia

a) Entramos en esta Corte con reverencia y santo temor:

Hebreos 12:28-29

"Así que, recibiendo nosotros un reino inconmovible, tengamos gratitud, y mediante ella sirvamos a Dios agradándole con temor y reverencia; 29 porque nuestro 'Dios es fuego consumidor.'"

Oración:

Padre, ayúdame a servirte con reverencia y temor, plenamente consciente de Tu santa presencia. Enséñame a honrarte con un corazón sincero, sabiendo que Tú eres fuego consumidor que me purifica y refina, en el nombre de Jesús. Amén.

b) Acércate por la sangre de Jesús:

Hebreos 10:19-22

"Así que, hermanos, teniendo libertad para entrar en el Lugar Santísimo por la sangre de Jesús, 20 por el camino nuevo y vivo que él nos abrió a través del velo, esto es, de su carne, 21 y teniendo un gran sacerdote sobre la casa de Dios, 22 acerquémonos con corazón sincero, en plena certidumbre de fe, purificados los corazones de mala conciencia, y lavados los cuerpos con agua pura."

Oración:

Señor, gracias por la confianza de entrar en Tu presencia con valentía mediante la sangre de Jesús. Ayúdame a acercarme con un corazón sincero, lleno de fe y pureza, limpiando mi conciencia de toda culpa, y manteniéndome firme en la esperanza que Tú me has dado, en el nombre de Jesús. Amén.

c) Ven con manos limpias y corazón puro:

Salmos 24:3-4

"¿Quién subirá al monte del Señor? ¿Y quién estará en su lugar santo? El limpio de manos y puro de corazón, el que no ha elevado su alma a cosas vanas..."

Oración:

Señor, crea en mí un corazón limpio y manos puras. Ayúdame a vivir una vida intachable para que pueda estar digno de entrar en Tu santa presencia. Que mi alma te busque sinceramente, en el nombre de Jesús. Amén.

d) Espera en Su presencia con una voluntad rendida:

Isaías 6:8

"Después oí la voz del Señor, que decía: '¿A quién enviaré, y quién irá por nosotros?' Entonces respondí yo: 'Heme aquí, envíame a mí.'"

Oración:

Aquí estoy, Señor; ¡envíame! Estoy dispuesto y listo para responder a Tu llamado. Úsame para Tu propósito y guíame en cada paso, en el nombre de Jesús. Amén.

e) Recibe Su palabra con obediencia:

1 Samuel 3:10

"Y vino el Señor y se paró, y llamó como las otras veces: '¡Samuel, Samuel!' Entonces Samuel dijo: 'Habla, porque tu siervo escucha.'"

Oración:

Señor, háblame claramente como lo hiciste con Samuel. Ayúdame a reconocer Tu voz y a responder con obediencia cada vez que me llames. Abre mi corazón para oír Tu guía diariamente, en el nombre de Jesús. Amén.

Ejemplos bíblicos:

Moisés en el monte Sinaí – Éxodo 24:15-1

Cuando Moisés subió al monte, la nube lo cubrió. Durante seis días, la nube cubrió el monte, y al séptimo día el Señor llamó a Moisés desde dentro de la nube. A los israelitas, la gloria del Señor les parecía un fuego consumidor en la cima del monte. Entonces Moisés entró en la nube al subir al monte. Y permaneció en el monte cuarenta días y cuarenta noches.

La visión de Isaías en el templo – Isaías 6

Resumen: En este capítulo, Isaías tiene una visión de la gloria de Dios en el templo. Se siente indigno pero es purificado con un carbón encendido del altar. Cuando Dios pregunta: "¿Quién irá por nosotros?", Isaías se ofrece como mensajero, listo para llevar Su mensaje al pueblo.

La transfiguración de Jesús – Mateo 17:1-8

Jesús se transfigura ante Pedro, Santiago y Juan en un monte alto. Su rostro resplandece como el sol y Su ropa se vuelve blanca como la luz. Moisés y Elías aparecen y conversan con Él. Una voz desde una nube brillante declara: "Este es Mi Hijo amado... escúchenlo." Los discípulos caen con temor, pero Jesús los tranquiliza.

La visión de Juan en Patmos – Apocalipsis 4–5

Capítulo 4:

Juan es llevado en visión al trono celestial de Dios. Ve la gloria de Dios, rodeado por 24 ancianos y cuatro seres vivientes que lo adoran continuamente, declarando Su santidad y poder como Creador.

Capítulo 5:

Juan ve un rollo en la mano de Dios que nadie puede abrir, hasta que el Cordero (Jesús), que fue inmolado, es hallado digno. El cielo estalla en adoración, alabando al Cordero por redimir a personas de toda nación y hacerlas un reino y sacerdotes para Dios.

Travailando en oración;

Reserva tiempos prolongados de adoración y espera, busca revelaciones frescas del corazón y los planes de Dios, y colócate en posición para recibir el empoderamiento pentecostal.

Ora:

Padre, aparto este tiempo para adorarte y esperar en Tu presencia. Revela más de Tu corazón y Tus planes divinos para mi vida. Posicióname, Señor, para recibir un nuevo derramamiento de Tu Espíritu, empodérame de nuevo, tal como lo hiciste en Pentecostés, en el nombre de Jesús. Amén.

A lo largo de mi jornada de liberación profunda, he utilizado todas estas cortes. He trabajado en oración con conocimiento, sin traspasar ninguna jurisdicción espiritual. La liberación profunda requiere conocimiento, entendimiento, sabiduría, obediencia y humildad delante del Señor; solo entonces Dios realmente puede ayudarnos. No es posible buscar una liberación profunda por uno mismo. Dios busca un vaso dispuesto, guiado por el Espíritu Santo, para llevar a cabo esta obra y rescatar almas que están en profundo tormento espiritual, clamando cada día: "Abba."

Hoy, me alegra decir que mi familia ha experimentado las misericordias de Dios a través del trabajo en oración. En Colosenses 4:12, Pablo menciona a Epafras como alguien que *"siempre está luchando fervientemente por ustedes en sus oraciones."* De la misma manera, hemos sido testigos de restauración en casi todas las áreas de nuestra base, línea de sangre, árbol genealógico y hogar. Más importante aún, el mayor avance ha sido la salvación y el avivamiento; muchos se han vuelto a Jesús y ahora sirven fielmente a Jesucristo de Nazaret.

A través de esta jornada de liberación, he aprendido que la verdadera iglesia de Cristo no es tan fácil como todos pensábamos. Dios dijo: Sed santos, porque yo soy santo. Para que los creyentes puedan encontrar el cielo, muchos necesitarán encontrar al Cristo verdadero a través de la confesión, el arrepentimiento, la renuncia, la obediencia, la pureza, la santidad y la justicia. De lo contrario, el cielo está lejos de muchos de nosotros, incluso aunque sigamos en la iglesia proclamando a Jesús y leyendo la Biblia desde Génesis hasta Apocalipsis. Mateo 7:13 *"Solo pueden entrar en el Reino de Dios a través de la puerta estrecha. El camino al infierno es amplio, y su puerta es ancha para los muchos que eligen ese camino."*

Este proceso es para individuos espiritualmente maduros. No se puede decir simplemente, *"Voy a las Cortes del Cielo."* La madurez espiritual es esencial porque requiere haber caminado la jornada de liberación, asegurándose de que todo esté en orden. Cuando ya lo has hecho todo, y aún parece que no estás completamente libre—cuando todavía hay cosas que no entiendes aquí y allá—entonces es momento de acercarse a las Cortes del Cielo. Para este punto, muchos de los espíritus, demonios y poderes de oscuridad ya pueden haberse ido, pero aún puedes sentir algo que sigue volviendo, aunque pienses que estás libre. Es entonces cuando debes acceder a las Cortes del Cielo.

En este punto, debes entender que estás entrando en otra dimensión espiritual, un ámbito donde obtendrás resultados porque estás entrando en una esfera judicial más alta en el espíritu. El primer paso es limpiar tu línea de sangre. En la liberación, el poder te desafiará si hay algo en tu línea de sangre que haya hecho un pacto demoníaco. Por eso accedemos a la sangre de Jesús. Como mencioné, ya habrás hecho la mayoría de esto al aplicar la sangre de Jesús, pero aún podrías ver que ciertas cosas suceden.

Por ejemplo, los demonios asignados para secar tu dinero, tu matrimonio, tu vida espiritual o tu familia pueden estar operando a través de un pacto demoníaco. Si te encuentras en esta situación, no importa cuán educado seas, cuán emprendedor seas, o cuánto trabajes. Si esta fuerza demoníaca está secando todo, te encontrarás exhausto. Es entonces cuando este espíritu debe ser confrontado en las Cortes del Cielo.

Puedes orar:

"Padre, vengo ante Ti, y te pido que la sangre de Jesús limpie mi línea de sangre y elimine todo pacto demoníaco, como dice Hebreos 12:24. Que la sangre de Jesús rompa cualquier pacto que me ate a mí y a mi linaje. Me pongo en la brecha por los miembros de mi familia: mis padres, hermanos y hijos. Me arrepiento en nombre de mi familia, y pido que la sangre de Jesús los limpie."

A veces, los pactos legales se forman a través de maldiciones. Por ejemplo, si has maldecido a tu cónyuge, hijos u otras personas, esas palabras pueden formar pactos legales. Debes arrepentirte y pedirle a Dios que anule esos derechos legales. Ora:

"Padre, me arrepiento por cada palabra que he dicho contra mi esposo, esposa, hijos, padres, congregación o pastor. Pido que la sangre de Jesús anule toda palabra negativa que haya pronunciado, sea consciente de ello o no. Que todo derecho que el enemigo reclame sea revocado ahora en el nombre de Jesús."

Luego, comienzas a profetizar vida sobre tus circunstancias. Como está escrito en Daniel 7:10, el tribunal se sentó y los libros fueron abiertos. Hebreos 10:19 nos dice que cuando entramos al Lugar Santísimo por la sangre de Jesús, estamos calificados para entrar al ámbito del Espíritu y acceder a los libros del Cielo. En esta corte, te paras junto al Señor y proclamas Su palabra.

Debes preguntar: *"¿Qué está escrito en el libro del Cielo sobre mí?"* Comienza a declarar tu destino conforme a lo que está escrito en el libro del Cielo. Por ejemplo, si tienes una profecía que aún no se ha cumplido, comienza a declarar:

"Señor, te pido sabiduría, conocimiento, favor, gracia y poder para cumplir el propósito que Tú has escrito en mi libro."

Luego, incluso si tu vida no está reflejando lo que está escrito en el libro del Cielo, debes hacer una petición a Dios. Pide misericordia y que Dios revele cualquier cosa en tu vida que esté impidiendo tu destino. Di:

"Señor, si hay algo que está deteniendo Tu propósito en mi vida o en la vida de aquellos que represento, te pido que lo juzgues ahora en el nombre de Jesús."

En este punto, puedes encontrar resistencia en tu caminar espiritual, tu vida familiar u otras áreas. Si hay poderes de las tinieblas causando división en tu familia, pide a Dios que los juzgue. Ora:

"Cualquier resistencia contra mi familia nuclear, que cause divorcio, separación familiar o caos, te pido, Señor, que lo juzgues en el nombre de Jesús. Declaro, como Josué: yo y mi casa serviremos al Señor."

Luego, di:

"Señor, que todo lo que está escrito en los libros del Cielo sobre mi familia comience a manifestarse ahora. Que todo sea puesto en orden divino. Que se emitan las decisiones y los veredictos en el nombre de Jesús."

Estás de pie en la Corte del Cielo, haciendo peticiones para la manifestación de la palabra escrita de Dios sobre ti y tu familia.

Acércate a la Corte del Cielo desde tres áreas: como Padre, como Amigo y como Juez.

1. **Como Padre:** En Lucas 11:1, los discípulos de Jesús le preguntaron: "Señor, enséñanos a orar." La vida de oración de Jesús era poderosa porque se comunicaba con Su Padre. Tú también debes acercarte a Dios como un Padre amoroso, pasando tiempo en Su presencia.

2. **Como Amigo:** En Lucas 11:5-7, Jesús enseña una parábola sobre un amigo que pide ayuda a medianoche. Cuando te acercas a Dios como un amigo, entras al "Consejo del Señor", donde presentas tus peticiones ante Él.

3. **Como Juez:** Finalmente, cuando te acercas a Dios como Juez, entras a la Corte del Cielo, donde se toman decisiones sobre tu vida. Jeremías 23:18 habla de aquellos que están en el consejo

del Señor, escuchan Su palabra y la entienden. Aquí es donde se emiten los juicios a tu favor.

Después de presentar peticiones en estas tres dimensiones (Padre, Amigo y Juez), debes declarar que el enemigo no tiene ningún derecho legal para oponerse a ti. Puedes decir: *"Señor Jesús, conforme a Colosenses 2:14, todo decreto escrito en mi contra ha sido clavado en la cruz. Declaro que todo problema, todo ataque persistente contra mí y mi familia es roto en el nombre de Jesús. Todo pacto legal que el enemigo tenga sobre mi vida queda revocado ahora en el nombre de Jesús."*

En este punto, debes esperar recibir una liberación. Sentirás una paz y libertad cuando el veredicto de Dios sea emitido. Las fortalezas del enemigo serán quebrantadas, y te sentirás más ligero en espíritu, alma y cuerpo.

Recuerda, los Tribunales del Cielo se acceden por fe. Notarás un inmenso alivio una vez que hayas pasado por estos pasos. Ya no experimentarás los ataques que sufrías antes, y te sentirás más liviano. Este proceso funciona por fe y por el Espíritu.

En conclusión, después de seguir estos pasos y entrar a la Corte del Cielo, serás liberado de las ataduras espirituales que te han retenido. Dios responderá a tu petición, ya sea que vayas individualmente o como representante de un grupo o nación. Debes seguir trabajando diligentemente, asegurándote de que no quede ningún derecho legal para el enemigo. La luz vendrá a tu línea de sangre, tu fundamento y tu generación, porque has sido llamado a ser una luz ardiente y resplandeciente (Juan 5:35).

Una vez que hayas pasado por la Corte del Cielo, espera avances y respuestas a tus oraciones. El Señor es fiel, y Su juicio traerá libertad.

Peticiones más profundas:

Otra manera de acercarse a las Cortes Celestiales es por medio de la *petición*. Por ejemplo, si algún reino de oscuridad permanece obstinado, puedes comenzar tu acercamiento por medio de la petición. Podrías decir: *"Padre Nuestro, estamos en una nueva temporada de apelación ante la Corte del Cielo contra la manipulación del reino de las tinieblas sobre los hijos de Dios. Muchos hijos de Dios han sido manipulados. El hombre fuerte que nos persigue, conocido como pobreza, crisis financiera, principados, brujería, hechicería, adivinadores, magos, brujos, fortalezas y poderes oscuros, ahora deben inclinarse. Padre, tenemos una asignación divina a través de la oración intercesora para traer Tu propósito aquí en la tierra a cumplimiento.*

Señor, te pedimos que, mientras presentamos nuestra petición, esos poderes oscuros y principados, brujería y magos que han estado proyectando enfermedades, dolencias, enfermedades incurables como el cáncer, insuficiencia cardíaca, insuficiencia hepática, enfermedades pancreáticas o cualquier otra enfermedad del sistema corporal sobre los hijos de Dios, sean confrontados y avergonzados. Pedimos que cualquier acusación que tengan contra Tus hijos que les conceda jurisdicción sea anulada.

El hombre fuerte llamado Parax, el demonio que está absorbiendo todo de nuestras vidas, debe ser juzgado, Señor, y su derecho legal eliminado. La Biblia dice, Padre, que la liberación es el pan de los hijos. Cuando nos arrepentimos de nuestros pecados, Dios es fiel en Su misericordia para liberarnos completamente. Padre, que el hombre fuerte y todo el reino pierdan su derecho legal. Que los derechos legales del reino marino en nuestras vidas sean eliminados. Que los derechos legales del espíritu acuático en nuestras vidas sean eliminados. Que los derechos legales de la brujería sean eliminados. Que los derechos legales del reino serpentino sean eliminados. Que los derechos legales de los matrimonios espirituales sean eliminados. En el poderoso nombre de Jesús.

Padre, en el nombre de Jesús, según el Salmo 7:11, me acerco a Ti como Juez justo, y pido acceso a las cortes—Corte de Gracia y Misericordia, Corte de Intercesión, Corte de Destino, Corte de Vida, Corte del ADN Divino, Corte de Medicina Divina, y

Cancelación. Padre, que se convoquen en la Corte de Yeshúa Hamashiach los Siete Espíritus de Dios, conforme a Isaías 11:1-3, y la Nube de Testigos, según Hebreos 12:1-2.

Padre, te pedimos todos los documentos relacionados con el reino de la brujería, el reino serpentino, el espíritu acuático, el reino marino y todas sus ramificaciones en nuestra línea de sangre, ADN y fundamento. Padre, te honramos como santo. Muchas de las cortes incluyen pactos o acuerdos hechos por nuestros antepasados, todo el infierno, pisos de intercambio, plagas, veredictos, juicios, la corte de enfermedades, la corte del cáncer, enfermedades incurables, enfermedades terminales y muerte prematura. Que la Corte esté en cohesión, según Daniel 7:9-10.

Padre, Tu palabra declara que si confieso mis pecados, Tú eres fiel y justo para perdonarme y limpiarme de toda maldad. La Biblia dice en 1 Juan 1:9, "Gran Juez del universo, hay muchos pecados, iniquidades y transgresiones que nuestros antepasados han cometido contra Ti. Hemos cometido violencia y quebrantado Tu ley." Reconocemos que el pecado se ha acumulado, causando que nuestro cerco protector se derrumbe, y el infierno se desate sobre nosotros y nuestros hijos. Demonios, brujas y magos están causando familias rotas e infidelidad dentro de la eclesía (la Iglesia), resultando en hijos rotos, la mezcla de demonios con la humanidad y matrimonios espirituales que obstaculizan los matrimonios divinos con Tus hijos en los reinos del espíritu serpentino y acuático.

Te pedimos, Señor, que presentes las acusaciones contra nosotros para Tu evaluación. Abba, Padre, somos culpables y pedimos perdón y misericordia. Mateo 5:25 dice que debemos estar dispuestos a arreglarnos con nuestro adversario. Por lo tanto, Padre justo, estamos de acuerdo con todas las acusaciones y pedimos que se eliminen sus veredictos, muerte, castigo y contaminación.

Padre, también te pedimos un ángel especial para rescatarnos a nosotros y a nuestra línea de sangre del demonio principal

Parax, brujería, espíritus acuáticos, poderes marinos y poligamia de brujería. Que su reino, red, ciencias, consejo científico, dioses y diosas, hombres y mujeres fuertes, maleficios, brujos, magos y otras entidades u organizaciones sean llevados ante la justicia. Espíritu Santo, que cualquier material artificial usado por estos reinos para causar enfermedad, dolencia y enfermedad sea consumido por fuego líquido. Pedimos que los reinos que comparten nuestra humanidad sean convocados para presentar los documentos de derechos sobre nuestra posesión en los diversos compartimentos de nuestra sociedad.

Dios misericordioso, las tecnologías que militan contra nosotros son dañinas para nuestra salud, provocando enfermedad, dolencia y muerte prematura. Isaías 53 proporciona los detalles mientras oramos por liberación total de toda enfermedad y esclavitud. Tú llevaste nuestros pecados y cargaste nuestras penas. Esta negatividad nos ha robado la vida, Padre. Que se nos compense en el nombre de Jesús.

Apelo a la Corte de Cancelación y solicito que todos los archivos y registros sean borrados, como se instruye en Colosenses 2:14-16. Pido una desincronización total de toda la negatividad mencionada anteriormente para que ya no tengan control sobre nosotros. Que la corte emita un veredicto, un veredicto restrictivo. Gracias, Padre Celestial, en el nombre de Jesús. Amén.

Así que, esta es otra manera de acercarse a las Cortes del Cielo. Cuando me acerqué a la Corte del Cielo de manera agresiva, siempre hice ambos enfoques. Y Dios es misericordioso. Recuerdo una vez en las Cortes del Cielo, de repente me sentí mareado y podía ver el suelo elevarse. Estaba temblando. Creo que estaba transmitiendo en vivo durante la Batalla de Medianoche, y está capturado en la grabación, que está disponible en YouTube. Nunca lo olvidaré. Estas sesiones en las Cortes del Cielo son potentes, y participar en ellas significa que el enemigo no puede persistir. Después de eso, no hay forma. Descubrirás que recibes lo que has estado clamando y pidiendo. Llegarás a un lugar de descanso y solo lidiarás con asuntos menores, como esas flechas que vuelan de día y de noche. Pero en lo que respecta a los asuntos de fundamento abordados, creo que has cerrado muchas puertas.

Capítulo 17:
Orar Sin Ver Respuestas

El Espíritu de Dios me llevó al caso de los tres jóvenes hebreos—Sadrac, Mesac y Abed-nego—y al caso de Daniel. A veces, cuando estás orando, especialmente cuando has emprendido un viaje de liberación profunda y estás desarraigando raíces muy arraigadas, este es el camino más desafiante que jamás tomarás. Requiere un compromiso serio, sacrificio, pureza, santidad y justicia. Si alineara a 100 siervos de Dios aquí, podría decirte que solo unos pocos han tomado esta ruta. Muchos han decidido servir al Señor sin buscar la liberación. Por eso se ve tanta confusión en la Iglesia hoy en día. Es el sacrificio necesario para consagrarse por el pueblo de Dios, para que puedan ser limpiados y liberados. La vida de consagración no es para muchos en la Iglesia hoy en día, así que necesitamos la gracia de Dios para ayudarnos en esto.

La liberación es profunda; es un proceso, un viaje. No es fácil. Es como nadar en medio de batallas; estás completamente solo. Aquí es donde muchas personas se encuentran en medio de la nada, llorando en medio de la noche, preguntando: *"¿Dios, todavía estás ahí? ¿Sigues conmigo? ¿O estoy completamente solo?"*

En este punto, ya has hecho todas las cosas correctas. Ya no eres un creyente inmaduro. Has pasado ese punto; estás muy por encima. Normalmente no enfrentarías estas batallas si fueras un creyente normal o inmaduro. Pero ahora, estás navegando por encima del nivel de madurez. Estás entrando en un tipo diferente de reino. Ya no estás en el reino natural, sino que estás caminando en lo sobrenatural.

Cada rango viene con su dolor. Dicen que cada promoción viene con un tipo diferente de desafío, y eso es lo que quiero decir. Si tuviera que expresarlo con más precisión, lo diría así. En este punto, cuando ves muchos avances, no son solo los avances lo que ves. Ojalá la gente pudiera ser más abierta sobre lo que atraviesan.

Veamos el libro de Daniel y los tres jóvenes hebreos. Incluso hasta el punto en que fueron arrojados al horno de fuego, ya habían pasado por momentos dolorosos—momentos tan dolorosos que parece que estás paralizado. Pero luego, llegas a un punto en el que no puedes retroceder. Solo puedes seguir adelante, y en ese momento dices: *"Es demasiado; es demasiado doloroso. Que la muerte me lleve porque sé que mi muerte es ganancia."*

¿Por qué? Porque sé que descansaré de todas estas cosas y me iré con mi Padre para encontrar descanso. Eso es lo que quiero decir cuando llegas a ese punto. Ahí es cuando sabes que tu avance está a la vuelta de la esquina.

Dios a veces permite que las personas pasen por una experiencia dolorosa. Eso significa que estás en el horno de fuego, y nunca podrás volver a ser normal cuando salgas. Para que el oro sea oro, tiene que pasar por el fuego. Así que ahora puedes convertirte en oro y estás calificado para ser oro. Las personas así siempre servirán a Dios con temor y temblor, predicando arrepentimiento y advirtiendo a otros del costo de ignorar la verdad de la Palabra de Dios o de escoger un mensaje que solo favorece sus propios intereses. Aquellos que han pasado por el horno de fuego son cuidadosos con el pecado y con su unción. Eso es lo que se necesita para ser ungido por Dios.

Daré mi testimonio y revelación. Pero primero, déjame decir esto: Si hubiéramos visto a los tres jóvenes hebreos siendo arrojados al horno de fuego y hubiéramos presenciado el fuego físicamente, habríamos llorado por ellos. Pero para ellos, era mejor porque deseaban algo diferente. Para ellos, sentían que era mejor morir y descansar que renunciar a su Dios y servir a otro dios. Para los hijos de Dios, la muerte es ganancia, y la vida es Cristo. Pero Dios los encontró cuando ya estaban listos para rendirse.

Oro para que seas lo suficientemente fuerte como para decir no a lo que comprometería la asignación de Dios para tu vida. El Espíritu Santo también trajo a mi mente el caso de Jonás. Cuando el pez se tragó a Jonás, él debió haber pensado: *"Ahora puedo morir y descansar de todos mis problemas."*

Hay momentos en la vida en los que parece mejor morir, porque cuando mueres, sabes que vas con tu Padre. ¿Por qué deberían seguir atormentándote demonios, brujas y hechiceros en la tierra por nada?

Cuando el pez se tragó a Jonás, y él estaba en el vientre del pez, pude ver que estaba agradeciendo a Dios. *"Que este viaje termine aquí. Sé que voy con mi Padre y tendré un descanso permanente."*

Los tres jóvenes hebreos: No sabes por lo que pasaron hasta que fueron arrojados al fuego. Fueron torturados física y espiritualmente y drenados emocionalmente. Me refiero a esto para aquellos que están pasando por un serio viaje de liberación— no es fácil. Antes siquiera de enfrentar el fuego, hay momentos dolorosos. Y creo que la Biblia ni siquiera nos cuenta todo. Mientras camino en mi viaje de liberación, y mientras el Espíritu de Dios sigue llevándome de regreso a esto, veo que es lo mismo que estoy atravesando mientras persigo mi liberación.

Mira el caso de Daniel. No sabes por lo que él estaba pasando antes de ser arrojado al foso de los leones. Daniel decidió en su corazón que solo adoraría a su Dios y a ningún otro. Él dijo: *"Si quieren matarme, la muerte es ganancia, y mi vida es Cristo."*

Permaneció enfocado en su asignación, sin importar lo que lo rodeaba o lo que veía. Aunque sus adversarios querían que dejara de orar a su Dios y orara al dios de ellos, Daniel se negó. Subió a la habitación alta, abrió las ventanas que daban a Jerusalén y oró tres veces al día.

A pesar del alboroto en la vida de Daniel, él encontró la fuerza para orar. Cambió su entorno para orar: subió a la habitación alta, un lugar por encima del nivel normal, donde clamó al Espíritu de Dios, pidiendo misericordia. Todo lo que hizo fueron esfuerzos creativos para tocar el corazón de Dios. En otras palabras, él decía: *"Estoy cansado. ¿Qué más puedo hacer? Estoy intentando ser creativo en todo lo posible."* Incluso en su oración, se notaba que ya estaba en dolor. Estaba emocionalmente agotado, físicamente atormentado y espiritualmente torturado. Oh, Jesús. Cuando hablamos de tormento, el tormento espiritual es real.

Después de todo esto, llegó el punto en que lo arrojaron al horno de fuego. En su caso fue el foso de los leones, y ahora decía: *"Gracias a Dios, que el león me devore para poder ir con mi Padre."*

¿Por qué? ¿Crees que esa era la voluntad del Padre? Pregúntate: ¿Por qué sirvo a este Dios? Comienzas a pensar: *"No he hecho nada malo. He hecho todas las cosas correctas. He seguido los principios de Dios. Camino en justicia según la Biblia. No hay razón para que esté pasando por esto."* Es ahí cuando el Espíritu de Dios revela que lo que estás atravesando no se trata de ti. Está relacionado con fundamentos defectuosos. ¿Por qué se te está mostrando? Porque en este punto no hay batalla que no puedas soportar. Es entonces cuando te levantas y dices: *"Déjame hacer algo. Sé que esto puede ser demasiado, pero ahora conozco la verdad, y debo hacer algo."*

En el caso de Daniel, deseaba poder morir y descansar en paz. La Biblia lo dice: ¿Por qué han de decir las naciones, "¿Dónde está su Dios?" Ahora, en este punto del camino de la liberación, duele aún más cuando las naciones se burlan de ti. Tienes que tragarte todo porque no entienden lo que tú ves, lo que estás atravesando. Estás persiguiendo a tu Dios, y sabes que Dios está contigo. Incluso la Biblia dice que llegará un punto en que la gente preguntará: *"¿Cómo puedes ser hijo de Dios y ser atormentado así?"* ¿Cómo puedes ser hijo de Dios y llorar de esa manera? ¿Cómo puedes ser hijo de Dios y tener al diablo tras de ti día y noche, causando vergüenza, dolor y decepción?

Hubo un tiempo en que fui atormentado, no una vez, ni dos, sino muchas veces. Hay algo que llamamos una jaula de Faraday. Dios coloca una barrera protectora alrededor de Su pueblo para protegerlo de los ataques del enemigo. Sé que cuando necesitaba una jaula de Faraday, estaba siendo atormentado. Liberan tormento cuando el enemigo no puede alcanzarte por otros medios. Es como estar exprimido, como si cada parte de tu cuerpo doliera, incluso tus uñas, tus huesos. Quieres quedarte en la cama porque tu cuerpo está en un dolor insoportable, pero no sabes por qué. No hiciste ejercicio ni nada que lo causara. Es entonces cuando clamas a Dios: *"¿Por qué tengo que pasar por esto?"* Pero ahí es cuando entra el Salmo 79. Incluso las naciones preguntan: *"¿Dónde está su Dios?"* Comienzas a sentirte como una oveja sin pastor.

En ese momento dices: *"Dios, ¿por qué tengo que pasar por esto?"* Y te preguntas si siquiera deberías seguir orando. Pero ahí es cuando dices: *"Hágase Tu voluntad."* Recuerda cuando Jesús oró: *"Hágase Tu voluntad."* Ese es el punto del que hablo. Dios, si este fuego debe consumirme, apresúrate; ya es suficiente.

Cuando fue arrojado al foso de los leones, Daniel dijo: *"Hágase Tu voluntad."* Y fue entonces cuando Dios intervino. No tenía más remedio que actuar. Puede que la gente se burle de ti, pero Dios puede permitir estas cosas porque ya te ha confiado entre los soldados celestiales de más alto rango. Solo permitirá que enfrentes lo que puedes soportar, aunque sea doloroso.

Cuando nos sentamos y discutimos todas las batallas espirituales que hemos atravesado, algunas de estas cosas pueden ser difíciles de entender. Es mejor ver a alguien sufriendo físicamente que experimentar el tormento indescriptible de la guerra espiritual.

Oh, Jesucristo. Déjame decirte, respeto profundamente la liberación. Haré todo lo que pueda para ayudar a muchos. Dios está con nosotros, y estamos casi allí. En esos momentos en que sientes que has hecho todo bien y la guerra se intensifica, incluso cuando no sabes qué es lo que te está atacando, recuerda: la liberación no es una broma. Es profunda, y no es para todos. La liberación es para los escogidos con un septum especial para liberar fundamentos, territorios y naciones en el nombre de Jesús.

Dios se lleva toda la gloria. Mientras Él sepa que puede obtener la gloria a través de ti, te hará pasar por todo lo que puedes soportar, porque te ha probado y te ha aprobado.

Conclusión

Mi batalla en la vida fue la batalla de los escogidos. A través de estas batallas, he descubierto que también soy predicadora, ministra de liberación, intercesora con visión de águila, guerrera, atalaya, portavoz de Dios y avivadora de los últimos tiempos. Comenzó como un asunto familiar, pero a través de las luchas de la vida, Dios me entregó un micrófono en una plataforma global desde el púlpito. Lo que el enemigo quiso para mal, Dios lo ha transformado en bien para mí y para mi familia.

El deseo de Dios para ti no es una vida de lucha, derrota u opresión interminable. Él no te ha llamado para vivir en las sombras de la esclavitud, ni te ha destinado a ser prisionero de fuerzas que vienen a robar, matar y destruir. Su voluntad para ti es la victoria—una vida marcada por la libertad, el gozo, y el poder de Su presencia obrando en ti y a través de ti. Cristo ya ha asegurado esa victoria, rompiendo cada cadena, silenciando cada voz de condenación y triunfando sobre toda fuerza de oscuridad que una vez te tuvo cautivo.

Pero la victoria no es automática. Aunque Cristo ya la ha hecho disponible, aunque el precio ha sido totalmente pagado, y aunque las puertas de tu prisión han sido abiertas de par en par, tú debes decidir salir. Debes elegir caminar en la libertad que ha sido comprada para ti. No basta con saber que la liberación es posible; debes tomar posesión de ella. No basta con oír la verdad; debes actuar en ella. Cada revelación que has recibido, cada principio que has aprendido, y cada verdad iluminada en tu corazón debe ahora aplicarse con fe inquebrantable y obediencia radical. La liberación no es una experiencia pasiva; es una búsqueda intencional. El enemigo no se hará a un lado para permitirte caminar hacia la libertad sin resistencia. Pero se te ha dado la autoridad para reclamar lo que es tuyo.

Las cadenas que una vez te ataron no tienen poder a menos que tú se lo permitas. Las voces que una vez te atormentaron no tienen autoridad a menos que tú les des lugar. Toda opresión, todo ciclo de aflicción, todo bastión que antes gobernaba sobre ti ya ha sido derrotado en Cristo. Ahora debes levantarte en la fuerza de esa verdad y declarar que no serás atado nunca más.

Es tiempo de avanzar, de rechazar el temor, la duda y la complacencia, y de silenciar toda mentira que diga que nunca serás libre. Es tiempo de tomar la armadura de Dios, permanecer firme en la fe, y caminar en la plenitud de lo que Cristo ha puesto a tu disposición. Tu libertad no está en duda—ya ha sido ganada. Tu victoria no es incierta—ya ha sido asegurada. La única pregunta que queda es si reclamarás lo que es tuyo o si te conformarás con menos de lo que Dios ha ordenado para ti.

¡La puerta está abierta! ¡Las cadenas han sido rotas! ¡El enemigo ha sido derrotado! Ahora, hijo(a) de Dios, entra en tu victoria. Vive en la libertad que te ha sido dada. Camina en obediencia, muévete en fe, y nunca más permitas que nada te arrebate lo que Cristo ya ha hecho tuyo. La victoria no es una esperanza lejana; es tu realidad presente. Ahora, ve y disfrútala.

Reconocer los libros de Robert Henderson sobre las Cortes del Cielo fue una herramienta de gran ayuda para completar mi viaje de liberación profunda y fundamental.

www.ingramcontent.com/pod-product-compliance
Lightning Source LLC
Chambersburg PA
CBHW051142120626
46547CB00012B/917